INTELLIGENT
TRANSPORTATION

智能交通

影响人类未来10—40年的重大变革

李彦宏◎著

人民出版社

荐 语

随着大数据、人工智能、5G、物联网、云计算、区块链等技术与交通行业加速融合，智能交通在我国呈快速发展态势，已成为交通强国建设的先行领域，越来越受到业内人士和相关研究机构的重视。

百度公司多年来一直关注我国交通发展，致力于智能交通创新与实践，无论在百度地图、自动驾驶、共享无人车等技术发展，还是在城市智能交通整体解决方案上，都取得了一定成效，积累了许多经验。李彦宏先生的新书反映了百度这些年在智能交通领域的思考和探索，它的出版对我国智能交通行业进一步创新发展有着积极的作用。

——翁孟勇（中国公路学会党委书记、理事长）

当下，智能驾驶发展迅速，并促进智能交通不断加速"新旧动能"的转化，构建起一个横向多模块联通、纵向多层面协同的宏大的智能交通体系，促进社会经济向高质量发展阶段迈进。本书汇集了李彦宏先生和百度在智能驾驶和智能交通领域的理论思考、技术创新和产业实践，向我们展现出这一"交通＋人工智能"的时代议题，将给人类社会带来深刻的变革。

——孙逢春（北京理工大学教授，中国工程院院士，
首任电动车辆国家工程实验室主任）

深度学习和智能机器人正在重构未来的汽车、交通和城市。李彦宏先生用精炼的语言、深度的思考和独特的视角为我们展现了"一个安全、畅通、低碳的交通网络，一个自由、个性化、不断学习和进化的移动生活和工作空间"。他的崭新观点和战略思维给智能交通的科学家、产业领袖及政策制定者都带来新的启示和灵感。

——张亚勤（清华大学讲席教授，中国工程院外籍院士，
美国艺术与科学院院士）

智能交通经过二十多年的发展，取得了巨大的成就。随着前沿科技与交通的深度融合，智能交通跃上新的发展快车道，将为交通基础设施智能化、交通发展模式绿色化、交通运行自动化和交通出行人性化等方面提供强力支持，并给社会带来生产和生活方式的极大改变。智能交通发展要与社会和经济发展相协调，充分发挥企业主体作用，综合考虑技术实用性和商业化效益，形成可持续发展的产业生态。百度在近年的实践中，立足自身产业特色，针对中国特色道路场景，围绕人民高质量出行需求，在智能交通领域进行了许多创新性探索，本书给大家呈现了百度在这方面的实践和对未来的思考。

——王笑京（国家智能交通系统工程技术研究中心首席科学家）

新汽车产业链是信息通信技术与机电一体化形成的生态圈产业链，从这个意义上看，汽车公司正朝着软件公司的方向转型。人工智能、云计算、大数据、物联网等新一轮科技变革不断催生新产业、新业态、新模式，深度改变着汽车行业以及更大范围的交通产业。李彦宏先生在书中极其系统地阐明了，大变局之下必有大机遇。相信未来，百度和吉利会在新能源汽车、无人驾驶、人机交互、智能出行等领域的创新机遇中碰撞出更多火花。相信彦宏的著作一定能够为中国的交通寻求更加安全、更加高效的解决方案提供有效帮助，这也是彦宏对中国智能交通事业的贡献。

——李书福（高级工程师，正高级经济师，
吉利控股集团董事长）

序　一

随着新一轮科技革命和产业变革的加速演进，智能交通已成为现代交通发展的重要方向，为经济社会高质量发展注入了不竭的动力。习近平主席在第二届联合国全球可持续交通大会开幕式演讲中明确指出，要推动大数据、互联网、人工智能、区块链等新技术与交通行业深度融合，使人享其行、物畅其流。

智能交通的持续创新和快速发展，正在为人们构筑起一个更加安全、高效、绿色、便捷的交通运输和出行服务体系。随着5G通信、人工智能、大数据等技术加速推广应用，交通领域逐步呈现"车路协同""车网互联"态势。"车路协同"依托智能网联技术，汇聚多渠道实时信息，为自动驾驶提供超越感知视野的认知智能，实现新能源汽车与智能交通、智慧城市的深度融合，也为驾乘员和行人提供了更好的安全保障。"车网互联"通过交通装备与道路网、物联网、能源网等多网融合，打通客流、物流、信息流，实现信息与城市、交通、充电设施的互联互通，降低了自动驾驶的成本，提高了汽车交通的经济性和便捷性。

2017年以来，百度积极落实新一代人工智能发展规划的战略部署，牵头承担首批"国家新一代人工智能开放创新平台"中的自动驾驶平台建设任务，不断加强汽车、信息领域的关键核心技术研发攻关，并全力打造开源创新生态，加速了高校、科研机构与企业，特别是初创企业的跨界协同，有效推动了智能交通的技术创新和产业发展。

《智能交通：影响人类未来 10—40 年的重大变革》一书总结了自动驾驶、智慧交通领域的创新、探索和实践，呼应了"交通强国"的时代议题。希望智能交通行业继续把科技创新作为立身之本，在技术创新能力、应用落地能力、安全保障能力、生态建设能力等方面协同推进，为构建更加安全、高效、绿色、便捷的交通运输和出行服务体系作出更大贡献！

万　钢

中国科学技术协会主席

序　二

　　改革开放四十多年来，我国在薄弱的科技基础上，充分发挥体制机制优势，不断激发创新活力，经过短短几十年的艰苦奋斗，已发展成为具有重要影响的世界科技创新大国，科技创新能力实现了历史性跨越，科技创新已经成为经济社会发展的第一生产力。

　　科技是强国之基，创新是民族之魂。习近平总书记指出，"纵观人类发展历史，创新始终是一个国家、一个民族发展的重要力量，也始终是推动人类社会进步的重要力量"。当今世界正经历百年未有之大变局，以人工智能为代表的新一轮科技革命与产业变革方兴未艾，以数字化、网络化、智能化为特征的信息化浪潮蓬勃兴起，正在深刻影响世界发展格局，深刻改变人类生产生活方式。

　　党和政府高度重视科技事业。特别是党的十八大作出了实施创新驱动发展战略的重大部署，党的十九届五中全会又进一步提出坚持创新在我国现代化建设全局中的核心地位，把科技自立自强作为国家发展的战略支撑，吹响了建设世界科技强国的号角。

企业是技术创新的主体，不仅有直接面向市场需求的灵敏机制，更有实现持续自主创新的条件和把科技成果转化为生产力的先天优势。近年来，以百度为代表的一批科技企业，对技术创新保持了高涨的热情，也在促进产学研用深度融合方面蹚出了一条新路。在诸如自动驾驶、车路协同等领域的技术实力，已经能比肩世界第一方阵，产品和技术也在全国多个省（自治区、直辖市）逐步落地，让用户亲身体验到高新科技带来的变化。令人甚感欣慰之余，更期待百度进一步提升创新格局、强化创新能力、聚集创新要素，抓住新一轮科技革命孕育兴起、产业和经济竞争的赛场发生转换所赋予的历史机遇，加强前瞻布局，抢占科技制高点，在"无人区"实现变道超车。

李彦宏先生的《智能交通：影响人类未来 10—40 年的重大变革》是一次难能可贵的探索。作为企业创始人，他的这本新书没有拘泥于百度自身的技术产品细节，而是从更具历史观的视角入手，思考交通与经济社会的辩证关系、梳理交通智能化的发展脉络、展望交通运营管理甚至人机关系的未来形态。由于百度在智能交通诸多领域，包括自动驾驶、车路协同、智能信控、智慧高速、智慧停车、智慧出行服务、智能交通运营商等方面都有具体的实践，因而该书实证丰富、思路清晰、可读性颇高。

创新永无止境，探索未有穷期。在这本书付梓之际，衷心希望李彦宏先生和百度能够不忘初心，继续坚持技术创新的立身之本，为中国的智能交通事业发展作出新的贡献。也希望有更多企业家和创新企业愿闯、敢闯"无人区",用原创性、根本性的基础研发创新支撑起应用技术创新,推进我国在科技自立自强的道路上行稳致远,再创辉煌!

白春礼

"一带一路"国际科学组织联盟(ANSO)主席、

中国科学院院士

序　三

　　人工智能概念在 20 世纪 50 年代首次确立时，就被界定为：让机器能像人那样认知、思考和学习，即用计算机模拟人的智能。

　　回顾过去六十多年来人工智能的发展和演变，有一个非常重要的经验，就是人工智能的发展有两个动力：一是来自 AI 研究的内部驱动力，二是来自信息环境与社会需求的外部驱动力。人工智能此前之所以屡遭挫折和低谷，最大的问题就是太相信内部驱动力，缺乏内外之结合。实际上，外部动力要比内部动力更强。此次，人工智能迎来新一轮的世界性大关注，不仅在政界、学界迅速升温，也是产业界积极推动的结果，就是最好的证明。

　　在 2015 年中国工程院决定设立"中国人工智能 2.0 发展战略研究"重大咨询项目前，我们已看到，人工智能走向了 2.0 时代。人工智能的发展不但已从过去的学术牵引，迅速转化为需求牵引，而且基于互联网与移动网的普及、传感网络的渗透、大数据的涌现和网上社区的崛起等信息新环境的重大变化，智能经济、智能社会、智能城市、智能交通、智能制造、智能医疗、智能家居等从宏观到微观的领域将有一次大的智能化发展和升级浪潮。在这样的形势下，中国需要进行前瞻性研究，尽快布局。

当前，在智能交通领域，我国和美国、日本、欧洲等国家和地区一样，已经在加速出台相关政策，鼓励智能交通的科技创新、产业发展和社会深度融合。相比较而言，我国新能源汽车实现了大规模产业化，销售量、保有量均居全球首位。同时，我们也看到，以百度为代表的一批科技企业，通过自身长年的研发投入，在自动驾驶、车路协同等领域的技术创新方面，已经能持平甚至赶超欧美一流水准，智能交通的产业级应用也正在全国不同省（自治区、直辖市）陆续展开。以此为基础，我国可以充分发挥体制机制、市场空间、信息通信技术等方面的优势，构建中国特色的智能交通体系，争取发展主动，为广大民众建设一个更安全、更高效、更绿色的智能出行时代。

2018 年 10 月，科技部授牌了四个国家新一代人工智能开放创新平台，百度负责的是无人驾驶国家新一代人工智能开放创新平台。李彦宏的这本《智能交通：影响人类未来 10—40 年的重大变革》可谓应运而生。令人高兴的是，作者并不局限于无人驾驶，而是有一个广阔的视野。它从自动驾驶切入，逐渐向车路协同、智能信控、智慧高速、智慧停车、智能交通运营和服务等领域扩展，建立起一个关于智能交通技术创新与产业实践的系统架构，其意义深远。

智能交通实在是一个兼具深度和广度的智能大系统。例如，在公路上行驶的汽车群，符合一种群智系统的结构模型。① 在此模型中，汽车群若要高效安全地行驶，公路平台的路面和信息供给水平

---

① Yunhe Pan, "Structure Analysis of Crowd Intelligence Systems", https://doi.org/10.1016/j.eng.2021.08.016.

十分重要。我很高兴地看到，此书专辟了关于智能交通的运营和服务等数章。这方面的创新研究和实践，一定能推动和引领国内外智能交通的新发展。

我国已提出加快建设科技强国，把科技创新的地位和作用提升到前所未有的战略高度。进一步发挥企业在科技创新、技术创新以及体制机制创新方面的作用，则是推进科技自立自强，加快推进建设世界科技强国整体目标中的重要一环。期待在未来，能够看到中国智能交通领域的广大科技工作者、企业家、管理者，聚焦重大需求，推动交流合作，为中国智能交通安全、有序和可持续发展，形成有效的协同机制和价值链条，携手为中国在新一代人工智能的发展浪潮中卓然领先作出更多贡献！

潘云鹤

中国工程院院士，国家新一代人工智能战略

咨询委员会主任

▶▶▶ 目　录

自　序

从交通安全说开去

　　大城市的车辆"限购""限行"还要持续多久？拥堵问题能彻底解决吗？如何把交通安全事故降低90%？我们离无人驾驶还有多远？未来城市会是什么样子？

▶▶▶ 扫码听音频

　　2015年9月24日，李书福带着吉利的管理团队大约40人来访百度。那时候，我们的自动驾驶技术研发才开始两年，但外界已经有不少报道了。李书福听了我们的介绍之后说，自动驾驶技术虽然好，但不是车厂最需要的。如果我们的技术能让汽车的安全性有明显的提升，吉利一定愿意买单。这件事在我心目中留下了很深的印象，我从此开始关注交通安全问题。

　　不注意不知道，一注意吓一跳。每天都有各地发生交通事故致人伤亡的消息，根据国际公路安全协会（Association for Safe Inter-

图 0-1　全球每年约有 135 万人死于道路交通安全事故

资料来源：国际公路安全协会：《2018 年全球道路安全状况报告》。

national Road Travel ，ASIRT）发布的数据，每年约有 135 万人死于交通事故（见图 0-1），这意味着全球平均每 24 秒就有 1 个人在交通事故中丧生；另外，每年还有 2000 万—5000 万人在交通事故中受伤。其中印度死亡人数最多，2019 年道路交通事故死亡人数超过 15 万人。

在中国，酒驾、醉驾是严重危害交通安全的行为。2010 年 8 月 23 日，第十一届全国人大常委会第十六次会议审议通过《中华人民共和国刑法修正案（八）（草案）》，将醉酒驾车、飙车等危险驾驶定为犯罪。根据 2021 年最高人民法院提交给全国人大审议的工作报告，2020 年全国法院审结醉驾等危险驾驶犯罪案件 28.9 万件，高居刑事案件第一位，远超排名第二的盗窃罪。

2020 年因为新冠肺炎疫情的暴发，大家出门少了，危险驾驶行为也相应地变少了。同口径的 2019 年，中国危险驾驶罪案件 31.9 万件，在刑事案件中占比为 24.6%（见图 0-2）。这表明，大约 4 件一审刑事案件中就有 1 件是危险驾驶罪。而且危险驾驶罪及涉及酒后危险驾驶罪的数量，都是逐年增加的，数字触目惊心（见图 0-3）。

图 0-2　2019 年中国排名前十的一审刑事案件

资料来源：第十三届全国人民代表大会第二次会议通过的最高人民法院工作报告。

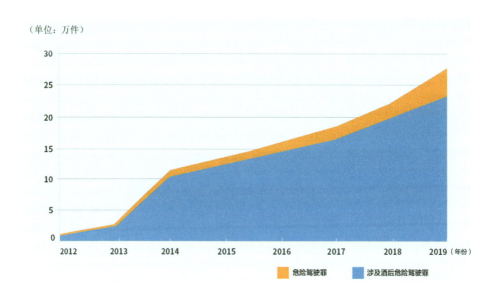

（单位：万件）

图 0-3　2012—2019 年危险驾驶罪及涉及酒后危险驾驶罪增长图
资料来源：第十三届全国人民代表大会第二次会议通过的最高人民法院工作报告。

"司机一滴酒，亲人两行泪"，这句话几乎家喻户晓。交通事故给每一个受伤害者、死者的家庭带来巨大的悲痛，同时交通事故造成的经济损失也是惊人的——这些损失包括误工费用、医疗费用、法律诉讼费用、应急救助费用、保险费用、财产损失等。国际公路安全协会官方网站数据显示，道路交通事故可能使各国损失其 GDP 的 2%—8%。

交通对气候的影响，是另一个全球关切的重大议题。交通运输的温室气体排放量占全球总排放量 510 亿吨的 16%（见表 0-1），在全球实现零碳排放目标过程中，交通运输是需要解决的大问题。根据世界资源研究所的数据，交通运输行业二氧化碳排放占中国全国总排放量的近 9%。交通运输部门的排放中，道路交通排放占绝大多数，占比超过 80%。是减排的重要发力点。

表 0-1　源于人类活动的温室气体排放量占比

人类活动类型	占比（%）
生产和制造（水泥、钢、塑料）	31
电力生产与存储（电力）	27
种植与养殖（植物、动物）	19
交通运输（汽车、飞机、卡车、货船）	16
取暖和制冷（供暖系统、冷却系统、制冷系统）	7

资料来源：[美] 比尔·盖茨：《气候经济与人类未来》，陈召强译，中信出版社 2021 年版。

　　2021 年 6 月，百度也正式公布了"碳中和"发展路线图，计划在 2030 年实现集团运营层面"碳中和"，并确立了"数据中心、办公楼宇、碳抵消、智能交通、智能云、供应链"六大具体路径。通过智能交通"构建全链条减碳技术"路径，助力全国道路交通碳排放量减少。

　　这几年，我从关注自动驾驶解决安全问题开始，一点一点深入，也一点一点放大关注的尺度——关注人类司机危险驾驶的问题，以及自动驾驶、智能交通、智慧城市等问题。同时，我也以全国政协委员的身份，从 2016 年开始每年都提交自动驾驶、智能交通相关的提案。

　　2021 年全国两会，我提交的一份提案是《加快自动驾驶商用和智能交通普及，让老百姓出行更绿色便捷，实现碳达峰目标》。我认为，大力发展低碳交通，利用人工智能、5G 等新技术，加快自动驾驶商用和智能交通普及，能有效缓解交通拥堵，让老百姓出行更绿色便捷，实现碳达峰与经济高质量发展的协调统一。

　　2021 年 8 月 24 日，工业和信息化部发布公函，正式回复了这个提案——"将加快建设完善智能网联汽车标准体系，明确分阶段建立适应我国国情并与国际接轨的智能网联汽车标准系统的任务目标；将继续坚持'单车智能＋网联赋能'发展战略，加大网联基础设施建设力度，加快道路基础设施升级改造，营造良好的网联化发展环境。"

事实上，随着我对交通问题的关注越来越深，看待自动驾驶的维度也发生了显著的变化。百度的发展方向也从自动驾驶，逐渐延伸到车路协同、智能交通、数字城市运营。在这个过程中，有很多的实践，也踩过很多的坑。但是，我越来越确定以下的事情：

一个智能交通系统，可以大大降低交通事故发生的概率。大约 94% 的交通事故是人为因素导致的，包括上面讲过的酒驾等危险驾驶行为。我相信，随着时间的推移，人们会越来越认识到，自动驾驶比人类驾驶更安全些。而随着无人驾驶进一步成熟，"聪明的车"、"智能的路"、车路协同、智能的交通管理系统等，都会让交通事故发生的概率降低，无论是骑自行车的人、骑摩托车的人，还是步行的人，出行都更加安全。

一个智能交通系统，应该能够有效地解决拥堵问题。根据百度地图发布的《2020 年度中国城市交通报告》，如果你是北京的"打工人"，每天平均通勤时间将近 47 分钟，高峰期交通平均时速只有大约 27 公里。据分析，在北京每一天单程通勤时间超过 60 分钟的达到 150 万人左右。北京市、南昌市、长春市、兰州市、贵阳市、杭州市、成都市等城市先后实施尾号限行；北京市、贵阳市、上海市、广州市、天津市、杭州市还通过推行"限购"政策，力图解决拥堵问题（见表 0-2、表 0-3）。

表 0-2　百度地图：2020 年各大城市通勤高峰拥堵指数和实际通行速度

2020 年度排名	环比 2019 年度排名升降	城市	2020 年度通勤高峰拥堵指数	2020 年度通勤高峰实际速度（公里 / 小时）
1	—	重庆	2.260	24.06
2	↑ 1	贵阳	2.079	26.08
3	↓ 1	北京	2.063	26.91
4	↑ 4	西安	1.987	26.41
5	↑ 2	上海	1.932	24.94
6	—	广州	1.887	29.84
7	↑ 12	昆明	1.861	28.22
8	↑ 31	青岛	1.838	27.63
9	↑ 3	南京	1.822	27.11
10	↓ 5	长春	1.789	27.22

表 0-3　百度地图：2021 年第二季度各大城市平均通勤时耗

2021Q2 排名	排名环比升降	城市	平均通勤时耗（分钟）	平均通勤时耗环比 2021Q1
1	—	北京	46.99	↓ 2.20%
2	—	上海	42.97	↓ 2.63%
3	—	天津	42.13	↓ 2.00%
4	—	重庆	40.93	↓ 4.62%
5	—	广州	39.70	↓ 3.66%
6	↑ 22	杭州	39.66	↑ 13.69%
7	↑ 3	大连	39.13	↑ 4.49%
8	↑ 4	南京	38.92	↑ 5.37%
9	↓ 2	成都	38.63	↓ 4.24%
10	↓ 4	武汉	38.49	↓ 4.67%

　　解决拥堵问题只能靠"限购""限行"吗？我认为，可以通过智能交通更好地解决。通过测算，以车路协同为基础的智能交通，将能够提升 15%—30% 的通行效率，5 年之内，中国的一线城市将不再需要"限购""限行"；10 年之内，靠交通效率的提升，基本上拥堵问题就可以解决了。

一个智能交通系统，可以提高通行效率，节约能源，降低空气污染的水平，帮助碳达峰和碳中和惠及每一个有出行需求的人。当前，拥堵、停车效率低、不合理的出行结构等交通问题，都在加剧城市的碳排放，让环境污染问题更加严重。通过建设高等级智能道路，大力发展车路协同和自动驾驶，构建安全、便捷、高效、低碳的智能化出行服务体系等，可以让我们的城市更绿色。

一个智能交通系统，并不依赖于自动驾驶技术的普及。相反地，它要长期面对行人、有人车、无人车等各种道路上的目标混杂移动的局面。因此，要综合考虑各个利益相关方的诉求，根据全量实时的数据，作出最佳的调度。比如，用全量实时的数据来感知交通实际情况：城市每一辆车所在具体位置、每一个红绿灯路口有多少辆车、这些车移动的方向等。通过对这些情况进行全局调整，可以大幅度提升城市交通运营效率。

一个智能交通系统，需要有一个专属的运营商，运营商的职责就是不断优化这个系统，不断提升交通的效率和可靠性。这就像电信运营商，通过不断升级网络，优化手机通信效率一样。而从更宏观的角度看，智能交通是未来数字城市运营的缩影。智能交通运营商模式，将给交通、城市甚至经济社会带来颠覆性的创新和深远的影响。

广州市黄埔区采用了百度 Apollo 的 ACE 智能交通解决方案，在城区 6 条主干道实施了动态绿波的控制策略，每条道路平均行程时间下降了 25%，平均遇红灯停车次数由 3—4 次下降为 0—1 次，其中核心干道开泰大道东往西方向实现了一路绿灯通过 12 个路口。广州市黄埔区通过建设"智慧路"，让开车的市民一路绿灯通行，不再依赖"好运气"。

涉足自动驾驶、智能交通这些年，我到过全国很多城市，感受到交通的点滴变化。小到交通信号灯的控制优化，大到搭建城市交通 AI 引擎；从公交到地铁，从公路到港口，交通各行业、各领域都在开展智能化尝试，局部的效率改善比比皆是。与此同时，经济成长的速度也非常快，一时畅通的路段很快就变得拥堵不堪，以至于有些城市的管理者会用交通拥堵的程度来证明当地经济发展的水平。

从全球来看，波士顿咨询一份报告预测，到 2030 年将有超过 7.5 亿人口居住在超大城市中（拥有至少 1000 万居民的大都市）。世界经济论坛（World Economic Forum，WEF）的数据显示，全球汽车数量将从 2019 年的 11 亿辆攀升到 2040 年的 20 亿辆。

从中国来看，第七次全国人口普查数据显示，我国常住人口超过 1000 万人的城市共有 18 个，其中重庆市、上海市、北京市、成都市四市常住人口已超过 2000 万人。公安部交通管理局公布的数据显示，截至 2021 年 3 月，中国私家车保有量超过 200 万辆的城市有 33 个。2021 年第一季度全国新注册登记机动车同比增长 67.31%，创同期历史新高，我国汽车保有量达 2.87 亿辆。

越来越大的城市、越来越多的汽车、越来越多的人口，让交通问题变得前所未有的迫切、前所未有的严峻。这也是本书出版的初衷，为交通安全、交通拥堵、碳排放等问题，寻找最优解，让我们每个人的出行变得安全、高效、经济和绿色。

交通，关系到每一个人的每一天，它既是一个经济问题，又是一个民生问题。人工智能技术几十年的发展，加上一个有为政府的顶层设计和统筹协调，终于可以让交通真正地智能起来，每每想到这个可能性都让我兴奋不已。

当然，我清楚地知道，当前的交通基础设施还很不完善，大多数地方的数字化还未完成：信号灯还是设计给人看的，而不是给机器看的；摄像头的数据还不能实时处理；交通规则还没有为无人驾驶做过什么改变。我也知道，交通基础设施的建设和交通法律法规的制定可能涉及很多部门，实施起来也不是那么容易。

但是，亲历了过去两年智能交通在一些城市特定区域的实践，看到技术给当地普通人的出行带来切切实实的改变，我对未来充满了信心、充满了期待。

《智能交通：影响人类未来 10—40 年的重大变革》将为我们呈现，一个安全、畅通、低碳的交通网络，一个自由、个性化、不断学习和进化的移动生活空间究竟是怎样形成的。

李彦宏

百度创始人、董事长兼首席执行官

第一章
穿越历史的交通

今天下，车同轨，书同文，行同伦。

——《礼记·中庸》

▶▶▶ 扫码听音频

"交通"来源于《易经》——"天地交而万物通，上下交而其志同"。交通是一个王朝联系疆域和信息传递的重要方式，是体现国家强盛的重要标志，更是与百姓生活息息相关的重要内容。衣、食、住、行，特别是"行"，在我国历史上具有重要意义，在世界上其他国家发展史中也占有重要地位。在整个人类历史长河中，"交通"重要的承载就是"车"与"路"。

第一节　古代的道路

一、中国古代的道路

人类最早的交通方式是靠走路。东汉刘熙《释名》曰："道者，蹈也；路者，露也。"意为道路是经过人们踩踏而成的。大约公元前 4000 年，人类就使用驯化了的牲畜作为交通工具。考古发现，至少在公元前 3500 年，轮子就被发明了。

传说中，我国马车的发明者是四千多年前生活于夏王朝初年的奚仲。马车的发明，不但解决了落后的交通问题，而且促进了道路设施的发展，扩大了商贸运输和文化交流活动。

《礼记·中庸》记载："今天下，车同轨，书同文，行同伦。"所谓"车同轨"指的是规定车辆上两个轮子之间的距离，表面上是交通之政的统一，其实质是古代社会政治上的大一统。

"秦直道"，是中国历史上最早的"国道"（见图1-1）。秦统一六国之后，为阻止和防范北国匈奴的侵扰，令大将蒙恬率30万大军用两年时间修筑了一条军事通道。这条通道南北长达700多公里，南起陕西林光宫，北至今内蒙古包头九原郡，是咸阳通往北境阴山间最便捷、距离最近的道路，大体南北相直，故称"（秦）直道"。秦直道的开通除威慑敌人之外，还对南北政令统一、经济繁荣以及文化交流起到了无可替代的积极作用。秦直道始建于秦始皇

图1-1　秦直道

资料来源：视觉中国。

3

图 1-2　秦直道地图

三十五年（公元前 212 年），建成之后的秦直道直到清朝才逐渐被废弃。

事实上，从秦始皇二十七年（公元前 220 年）起，秦朝陆续以首都咸阳为中心修建了三条驰道：第一条是向东直达过去的燕、齐地区的驰道；第二条是向南直达吴、楚地区的驰道；第三条就是咸阳通往九原的直道（见图 1-2）。驰道宽 50 步，车轨宽 6 尺。

这种交通的标准化，使得秦王朝大约耗时 10 年，形成了以驰道为主、以咸阳为中心、向四方辐射的全国交通干线，适应了全国范围内军队调动、邮传驿递、情报传送等的大量需要。

"车同轨"是秦国统一的重要战略举措。秦统一六国之后，规定车辆上两个轮子的距离一律改为六尺，也就是"车同轨"。古时候都是土路，车轮反复碾压之后会形成与车轮宽度相同的两条硬地车道。马车长途运输的时候，让车轮一直放在硬地车道上，行走平稳，能够显著减少畜力消耗和车轴磨损，就如同现代车辆走在柏油马路上一样。秦朝制定"车同轨"法令，能够使全国各地的道路在几年之内，压成宽度一样的硬地车道，也就是"道同距"。这不仅能够减少商品和旅客运输过程的成本，而且有利于秦国军队带着物资快速到达全国任何郡县。秦朝"车同轨"后，对交通的建设几乎被后世统治者看成了执政的主要条件。

中国最早的城市道路网，是大唐都城的棋盘式道路网。唐朝都城长安，是当时世界上最繁华、人口最多、面积最大的城市。由于无数的外国友人来到了长安，使得唐王朝的城市结构发生了很大的变化，真正的"条条大路通长安"的道路建设就此起步。古长安的城市道路建设蔚为壮观，道路网是棋盘式的，中轴对称布局，规划严谨，街坊整齐。位于中轴线的朱雀大街宽达 150 米，道路两侧有排水沟和行道树，布置井然，为城市道路建设树立了标杆。

唐朝陆路上的交通主要为驿路。由于国力昌盛和国土面积辽阔（约为 1237 万平方公里），唐代的驿路规模和马匹人员的配备达到了一个令人震惊的数据。基本上每隔 30 里就设置一个驿站，每驿根据具体情况配备马匹数十到数百不等，如有特殊地理需求则配备的马匹数更多。驿路的建设覆盖全境，满足了唐帝国在军事、文化、经济、信息传递等方面的陆上需求。

二、外国古代的道路

谈到外国古代的道路，古罗马帝国的成就至今让人叹为观止。日本女作家盐野七生的畅销书《罗马人的故事》系列中，专门有一本叫《条条大路通罗马》，讲述罗马的道路和桥梁等的建设成就。她在书中写道："罗马是庞大帝国的心脏，四通八达的交通网络，将资源源源不断地送到帝国的各个角落，把罗马人引以为傲的公共

图 1-3　古罗马的道路

资料来源：视觉中国。

建设推广到西方文明。"

罗马的道路建设虽没有中国开始的早，但在交通系统的网络化方面，却要比古代中国更先进（见图 1-3）。古罗马建立了发达的交通系统，罗马大道由公元前 500 年开始建设，罗马的士兵征服哪里，就把道路通到统治下的疆土，随着古罗马共和国及罗马帝国版图的扩大而延伸。始于帝国心脏罗马的大道有 12 条，四通八达的道路网络以首都罗马为中心向外辐射，东至伊拉克巴格达，西抵摩洛哥，南通埃及孟菲斯，北达不列颠群岛的帝国全境。这些罗马道路为罗马军队、官员及平民带来了便捷的交通路径，更促进了陆上通信及贸易。

古罗马帝国最鼎盛的时候，建成了 30 条大型军事公路，加上将 110 余行省连接起来的 370 余条大道，帝国境内道路总里程超过 40 万公里，其中超过 8 万公里为石质硬面公路，相当于现代的国家高速。据说，当时无论身在古罗马帝国的任何地方，人们只要沿着路一直走下去就能抵达首都罗马，这也正是"条条大路通罗马"这句谚语的出处。

罗马大道主要由石头铺成，部分混入金属材料。道路由弧形的石头组成，这些石头形式高于路面的行人道以方便排水，而道路两旁除有行人道外，还有马道和排水沟渠。罗马道路的建设有赖于精确的测量工序，包括用桥连接河流和沟壑，湿滑的地面部分用木桩作地基支撑等。

第二节　汽车取代马车的划时代意义

在汽车出现之前，马车是古代陆上交通的主要工具。世界上最早的车出现在中东地区和欧洲。在两河流域、中欧及东欧都发现了公元前 4000 年代后期的车。1974 年，在叙利亚的耶班尔·阿鲁达发现了一只用白垩土做的轮子模型，这也是中东地区最早的车轮模型。此模型现被收藏于叙利亚阿勒颇（Aleppo）考古学博物馆（Archaeological Museum）。

2004 年，中国社会科学院考古研究所在对河南省偃师二里头遗址的发掘中，发现了两道大体平行的车辙痕，车辙长 5 米多，且继续向东西延伸。这一发现，将我国用车的历史推至距今 3700 年左右的夏代。

夏商时期，马车就已经成为人们的主要交通工具。商朝晚期的陪葬坑中出现了大量的马和马车遗骸。春秋战国到秦朝，由于这一时期战争频繁，所以马车多用于战车，常以战车的数量比喻国家实力，比如"千乘之国"和"万乘之国"等。现代成语"驷马难追"，出自《论语》，其中的"驷马"，就是四匹马拉的车，是当时速度最快的战车。秦国的战车主要为"高车"，因驾驶与乘坐这种车要站立在上面而得名，这种车的设计符合了作战要求。

宋朝时期，商品经济发达，社会富足。车作为主要的陆上运输工具，又得到了进一步的发展。宋朝时期出现的"太平车"，非常适宜于在地势平坦的地区短途运输大批量东西。在《清明上河图》中，就出现了几辆用两匹或四匹健骡拉的太平车。太平车在中原地区一直使用到 20 世纪 80 年代。元明清时期，中国古代马车技术的发展进入停滞时期，唯一的改善只是车上加了个车厢。

汽车取代马车走过了一段惊心动魄的历程。在汽车发明前，马车已经形成一个庞大而复杂的产业。据相关资料，伦敦当时有 30 万匹马，有私人马车、出租马车、公交马车、有轨马车等各类交通工具，有车夫、马夫、马车生产商、马厩管理员、马粪清理工等许多工种（见图 1-4）。靠马车等交通运输工具吃饭的人口将近 10 万人，而当时伦敦人口是 200 万人。

与看起来精致、优雅、高贵的马车相比，当时的汽车看起来简直就是一个"铁憨憨"，外形古怪、噪音很大、冒着黑烟，人们对它既恐惧又嫌弃，避之唯恐不及。

图 1-4　1896 年美国纽约的马车

1865 年，由于惧怕汽车速度过快撞到行人，英国议会出于安全考量通过了一部《机动车法案》，即后来备受嘲笑的"红旗法案"。法案规定，汽车在郊外需限速 4 英里／小时，市内限速 2 英里／小时，而且在汽车前方几米远的地方，要有一手持红旗的男人先行，提醒人们注意安全。

媒体和公众都视汽车为洪水猛兽，欧洲报纸甚至刊登描绘汽车爆炸场面的漫画，坐车的人血肉横飞，以此恐吓人们不要乘坐汽车。今天，媒体和公众对无人驾驶汽车的担心，也颇为相似。

但是，新技术、新物种的发展，势不可挡。1896 年英国政府废除"红旗法案"，汽车成为主要的城市交通工具。据相关资料，其间伦敦的马车铺、马车公司和马车夫就进行了上千次罢工和抵制。但是，历史的车轮总是滚滚向前。

图 1-5 是两张相隔 13 年的照片，都是拍摄的复活节当天纽约第五大道，仅仅 13 年的时间，路就从"马车路"变成了"汽车路"。车也从马车变成了汽车。可见，技术的发展、进步和迭代远比我们想象的要快得多。

2021 年夏季的一个周末，受好奇心的驱使，我在北京市长安街上随手拍了一张照片（见图 1-6）。在熙熙攘攘的车流里，镜头里恰巧也有一辆具备自动驾驶能力的汽车。我想，再过十几年，到 2035 年左右，长安街上跑的绝大多数车都应该是具备智能化、自动化、网联化和电动化特征的自动驾驶车辆吧，图 1-5 中两幅图的场景会不会也令人惊奇地重现呢？

图 1-5　1900—1913 年美国纽约第五大道 13 年间的变化

图 1-6　2021 年北京市长安街车流中只有一辆带自动
驾驶功能的汽车

第三节 高速公路：汽车时代的产物

世界上第一条封闭道路出现在 1908 年的美国纽约州（见图 1-7），叫作 Long Island Motor Parkway，这条路只允许车辆行驶，对行人封闭，并且用立交桥取代了交叉路口。

作为古罗马人的后裔，意大利人也曾在道路建设史上留下浓墨重彩的一笔。1924 年 9 月 21 日，世界上第一条高速公路在意大利建成通车。这条现在被称作 A8 的高速公路，东起米兰，西至瓦雷泽，全长约 40 公里。虽然双向单车道的设计现在看来已有些过时，但要知道，当时意大利境内的机动车总量不足 8.5 万辆。自建成之日起，各国工程师和学者纷至沓来，学习相关先进经验，最终让高速公路铺向世界。因此，A8 高速公路也被称作"高速公路之母"。

随着汽车的普及，高速公路迎来大发展，高速公路必须只供汽车行驶，两侧不设非机动车道和人行通道，不允许非机动车或行人进入，不设平面交叉口，中央护栏不间断。由于采取了这些措施，高速公路是所有类型的公路中最安全的。

2006 年，人们在整个欧洲的高速公路上的行驶里程超过总里程的 25%，而死亡人数仅占总死亡人

图 1-7 世界上第一条封闭道路

数的 8%。德国联邦高速公路研究院提供的报告显示了 2010 年各国公路上总里程和高速路里程的死亡人数比较（见表 1-1）。

表 1-1　2010 年各国公路每 10 亿公里行驶里程死亡人数

（单位：人）

国家	奥地利	比利时	捷克	丹麦	芬兰	法国	德国	斯洛文尼亚	瑞士	美国
总里程	7.32	8.51	16.22	5.65	5.05	7.12	5.18	7.74	5.25	6.87
高速里程	2.15	2.87	3.38	1.92	0.61	1.79	1.98	3.77	1.04	3.62

资料来源：德国联邦高速公路研究院提供的报告。

据统计，目前全美约有 400 万英里（1 英里约合 1.6 公里）的公共道路，其中约 74% 的公路是两车道的乡村公路，其余是城市和农村的多车道公路。州际公路约为 4.7 万英里，仅占美国全国道路总里程的 1%，却占美国每年车辆行驶里程的 24%[①]、卡车行驶里程的 41%，可见其对商业运输的重要性。

一、美国高速公路："美国梦"的重要载体

美国国家高速公路系统（National Highway System，NHS）是美国国内的战略公路网，由州际高速公路、美国国道、州内高速公路及郡内公路四部分组成。美国交通部联邦高速管理局的统计数据显示，这个高速公路系统总长度为 16 万英里，约合 26 万公里。

州际高速公路 Interstate Highways，连接美国各州之间的公路

---

① 联邦公路管理局（Federal Highway Administration，FHWA），见 https://www.fhwa.dot.gov/policyinformation/pubs/hf/pl11028/chapter1.cfm。

系统，全称为 The Dwight D. Eisenhower National System of Inter-state and Defense Highways，得名于主持修建工程的美国总统艾森豪威尔。此类公路的管理和养护分别由美国的联邦政府和州政府负责。

1944 年，罗斯福总统授权建设名为"州际高速公路的国家系统"的农村和城市高速公路网络，却迟迟得不到资金支持。直到 1956 年艾森豪威尔总统签署了《联邦援助公路法案》，明确州际公路建设费用由联邦政府支付 90%，州政府出资 10%，其中联邦资金由"联邦公路信托基金"提供而不会增加政府财政负担，州际公路项目才开始实施建设。

美国国道 US Highways，该公路系统的全称为 United States Numbered Highways（美国编号公路），历史较为悠久。该公路系统的协调及维护分别由美国国家公路及运输协会（American Association of State Highway and Transportation Officials）及各州 / 当地政府进行。

被誉为"母亲之路"的 66 号公路就是美国国道，全长约 3939公里，是贯穿东西的交通大动脉，美国西部大开发的生命线。不仅见证了美国中西部发展，也被认为象征着自由与进取的精神。美国小说家约翰·斯坦贝克在小说《愤怒的葡萄》中写道："66 号公路是母亲之路，是飞翔之路"，反映了美国人民对 66 号公路的特殊情感。66 号公路也为很多美国电影、音乐提供了创作的源泉。《阿甘正传》《末路狂花》《荒野生存》等，都发生在 66 号公路。《Route 66》可能是美国翻唱次数最多的歌曲。

美国的州内高速公路 State Highways，位于各州州内的高速公路系统，通常是主次干道的混合。此类公路的标准及质量各有

图 1-8　繁忙的美国硅谷 101 号公路

资料来源：视觉中国。

不同。其中，使用程度较高的公路是依照州际高速公路的标准修建的。

加州一号公路，属于州内高速公路，是自驾游爱好者在美国的必打卡之地。这条公路从北至南连接旧金山与洛杉矶，全长超过1000 公里，一面是碧波浩荡的太平洋，另一面是悬崖峭壁的奇伟盛景。沿线还有索尔文风情小镇、老渔人码头、卡梅尔小镇，一路浓浓的美国风情，让人流连忘返。

硅谷地区著名的 101 号公路也属于美国州内高速公路。从圣何塞到旧金山这段路的公路等级不亚于与之平行的州际高速 280，且车流量更大。硅谷有句调侃的话，"湾区经济好不好，就看101号公路堵不堵"。101号公路被美国众多榜单评为"全美十大地狱塞车公路"的第一名，它的堵车也被戏称为"硅谷经济繁荣的标志之一"（见图1-8）。

郡内公路（County Highways or County Roads，简称CH或CR），是最低行政级别的高速公路，由各郡县进行维护。这种公路的状况千差万别，既有可能是经常使用的多车道高速路，也有可能是偏远地区的土路。并非所有的州都有郡内公路；而在有此类公路的地方，路上也有可能不出现任何标识。

高速公路，深刻改变了美国的经济、社会和生活。1913年，福特公司开发出世界上第一条流水线生产大众化的T型车。从此，开着私家车驶往郊区的住宅成为美国人的梦想。

20世纪30年代，弗兰克·赖特的"广亩城市"论（Broadacre City）认为，随着汽车和电力工业的发展，已经没有把一切活动集中于城市的必要，分散居住、就业等功能，将成为未来城市规划的原则。"每一个美国的男人、女人和孩子们都有权拥有一亩土地，让他们在这块土地上生活、居住，并且每个人至少有自己的汽车。"赖特希望，每个美国人都可以住在浪漫的独立地带，但是同时享受着都市的经济机会和社交，这一思想被评论为"现代乌托邦"。

这一幻想迅速被美国政府的经济刺激政策化作现实。为应对大萧条，罗斯福政府创造了一个为发展郊区住宅提供财政支持的金融系统——特定银行只资助郊区的住宅建设并提供抵押贷款，联邦政府为这些贷款担保，而在中心城区购房就得不到这些贷款。这一经济刺激加速了欧美中产阶级郊区化运动。一对美国夫妻，在城市上班，在郊区买一栋别墅，拥有一个带草坪的花园，两个孩子，一条狗，两辆车，这就是典型的美国中产阶级生活。

但是汽车的发展速度后来还是超过了交通基础设施的发展速度，随着交通成本的不断上升，拥堵时间的不断拉长，2011 年以后，美国的郊区化趋势发生了逆转，为了生活（获取服务）和工作（讨论交流）的方便，人们再次选择居住在高人口密度的城市。

《城市的胜利》一书提出了许多反常识的观点：如果你真心热爱自然，就远离瓦尔登湖，到拥挤的市中心去定居。因为城市居住面积更小，更节能环保；上下班不需要长距离开车，碳排放量要远远低于农村或郊区；由于聚集效应，城市更具活力和效率。总之，政府应该鼓励人们在中等规模的城市高楼里居住，而不是引导人们购买大型的郊区豪宅。

二、中国高速公路：改革开放成就的先行官

中国高速公路起步较晚，但发展迅速，其间历程波澜壮阔，对改革开放的贡献，怎么强调都不为过。交通是国民经济的先导性、基础性产业，被赋予国民经济先行官的重要使命，具有重要的战略意义。

20 世纪 80 年代，正值世界发达国家考虑建设跨区域、跨国的高速公路网络时，中国内地多数人还无法理解高速公路"全封闭和全立交"这一理念，仍习惯于"有路大家跑车、有水大家行船"。中国政府组织有关专家，在经济较发达地区先行建设高速公路。

1984 年 6 月 27 日，沈阳至大连高速公路（最初为一级公路标准）动工建设，成为中国内地第一条开工兴建的高速公路，并先于中国首条规划的京津塘高速公路施建。1988 年 10 月 31 日，沪嘉

高速公路建成通车，成为中国内地首条投入使用的高速公路。

1991年中国提出了"五纵七横"国道主干线的系统建设规划，计划用30年的时间，总投资超过9000亿元建成中国公路交通的大动脉。"五纵七横"国道主干线工程，是我国规划建设的以高速公路为主的公路网主骨架。"五纵"指同江—三亚、北京—珠海、重庆—北海、北京—福州、二连浩特—河口。"七横"指连云港—霍尔果斯、上海—成都、上海—瑞丽、衡阳—昆明、青岛—银川、丹东—拉萨、绥芬河—满洲里。"五纵七横"国道主干线工程在2007年全部贯通，比原计划提前了13年的时间。

"五纵七横"国道主干线总规模约3.5万公里，贯通首都、各省省会、直辖市、经济特区、主要交通枢纽和重要对外开放口岸，约覆盖全国城市总人口的70%，连接了全国所有人口在100万人以上的大城市和93%的人口数量在50万人以上的大城市。

近年来，中国建成了很多高难度的高速公路，比如雅康高速公路（见图1-9）。雅康高速东起雅安市对岩镇，经过天全县、泸定县，西至康定市炉城镇，全长约135公里；该项目桥隧比高达82%，是目前全国桥隧比最高、施工难度最大的高速公路之一。全线的海拔高差达到1900米。控制性工程二郎山特长隧道长13.4公里，居全国在建高速公路隧道第二；长达50公里的隧道群穿越高山峡谷，工程施工极其困难。

2020年6月28日开工建设的南中高速公路，连接广州市南沙区与中山市，全长共有32.4公里，而全程都为桥梁工程，所以桥隧比达到了100%。南中高速公路不仅桥隧比高，其标准也是很高的，采用双向六车道高速公路标准设计建设，设计时速100公里，

图 1-9　雅康高速公路

资料来源：视觉中国。

而且为方便与其他高速公路更好地连接，还设置了 9 处互通，这将大大提高这条高速公路的使用率。如此高标准高难度的设计，其费用也是很高的，整个项目总投资超 200 亿元，平均每公里超 6.17 亿元，是一条"烧钱"的高速公路。

中国高速公路连接着不同的地区、呈现着特色的风景、传递着发展的动力。比如，最繁忙的高速公路是北京—港澳高速公路，全长 2285 公里，被称为"黄金大通道"，是南北交通大动脉。连云港—霍尔果斯高速公路于 2014 年 12 月 31 日通车，以"中国最长的高速公路"著称，从江苏省东部沿海延伸至新疆维吾尔自治区西部边境，全长 4395 公里。它是"一带一路"建设的重要交通大动脉。

截至 2020 年年底，中国全国公路总里程 519.81 万公里，其中高速公路里程 16.1 万公里。①

百度地图 2020 年也公布了一个数字，道路里程覆盖超 1000 万公里。为什么有这么大的差异呢？

一个原因是，交通运输部所指"全国公路总里程 519.81 万公里"，包括高速、国道、省道、快速，不包括内部路、小区路、园区路、村路等。但百度地图的数据采集，是覆盖了全中国的"毛细血管"型的路，甚至包括了不能通车、仅能行人的小路、胡同小巷，为的是给地图用户提供更精准的导航、定位等服务。另一个原因是，按照测绘行业惯例，一些高等级道路因为车道多、通行条件好，数据采集和制作时会分上下行方向单独采集和制作。

高速公路是经济运行的"晴雨表"、民生发展的"温度计"。高速公路建设提高了我国商品和货物流通的速度和效率，有效地降低了物流成本，提高了经济运营的效率。据调查，目前我国物流成本在 GDP 中的比重为发达国家的 2—3 倍，甚至比一些发展中国家还要高。高速公路的建设则能显著地降低当地企业的物流成本。

另外，交通运输部门还在不断优化运营管理，进一步降低物流成本。据交通运输部公布的消息，2019 年全国高速公路撤销省界收费站，高速公路还将实施差异化收费，全年交通领域降低物流成本达 800 亿元。

---

① 中华人民共和国交通运输部：《2020 年交通运输行业发展统计公报》，见 https://xxgk.mot.gov.cn/2020/jigou/zhghs/202105/t20210517_3593412.html。

高速公路是乡村振兴的坚实基础。"要想富，先修路"，便捷的交通可以为那些有旅游资源的乡镇带来人流量，促进乡镇旅游的发展。交通快捷，也大大缩短了水果、蔬菜等农产品从田间地头到厨房餐桌的时间。四通八达的高速交通网络，对乡村的人流、物流、资金流，都起到了强有力的推动作用，势必加快乡村振兴的步伐。

第四节　从马厩到停车场

1898 年 5 月 24 日，美国第一个公共停车场在波士顿开业。此后，不断有马厩被改为停车场。

随着城市化的加剧，城市用地紧张的局面在不断加深，人口密集区域停车非常困难而且成本高昂。有统计表明，人们开车总时长中，有 1/3 的时间是用来寻找车位的，这又进一步加剧了城市的拥堵情况，增加了碳排放，影响了空气质量。

20 世纪 40 年代至 70 年代，美国很多城市出台了最低停车限制（Minimum Parking Requirements）。这种政策的初衷，是防止新落成的建筑物产生的停车需求会阻塞周边交通，使得临近的建筑和街道更难到达。今天，美国有 2.6 亿辆车，却有超过 20 亿个停车位。

近年来，随着电商的普及，即使在黑色星期五，大型商场的停车场也经常空空如也。随着人们环保意识的增加，更多人选择走路或乘坐公共交通出行，导致美国大量的停车场闲置，造成城市土地资源的巨大浪费。

中国的情况则正好相反。近年来，随着我国汽车保有量的不断增长，"停车难"已经成为一个老大难的问题。根据国家统计局发布的《2020年国民经济和社会发展统计公报》，截至2020年年末，我国民用汽车保有量达2.8087亿辆（包括三轮汽车和低速货车748万辆），比2019年年末增加1937万辆。① 按照停车位与汽车保有量的比例（1.1∶1）计算，我国停车位需要达到3.08亿个。而截至2020年年末，我国停车位只有1.194亿个左右，还存在近2亿个的停车位需求缺口，导致停车场供需矛盾日渐加剧。

除总量供需矛盾外，管理落后和信息不对称造成了大量车位闲置。受制于传统运营模式的不规模和非经济，停车场整体运营效率低。根据行业数据，全国仅9%的城市车位使用率在50%以上，深圳市最高也仅达到55%的利用率。资源错配问题导致了城市车位使用率的低下，也进一步加深了城市停车难的困境。

从2016年住房和城乡建设部、国土资源部印发的《关于进一步完善城市停车场规划建设及用地政策的通知》来看，中国从政策上仍然是鼓励城市建设停车场的。

为解决停车场建设用地难以落实的问题，促进土地节约集约利用，《关于进一步完善城市停车场规划建设及用地政策的通知》从分层建设、规范供地、盘活存量用地等方面给出了具体规定。明确可利用地下空间分层规划停车设施，地块用地规划性质为相应地块性质兼容社会停车场用地。同时，明确以出让等有偿方式供地的，可按地表出让建设用地使用权价格的一定比例确定出让底价。明确要规范编制停车场供地计划，要求停车场用地供应应当纳入国有建设用地供应计划；闲置土地依法处置后由政府收回，规划用途符合要

---

① 中华人民共和国国家统计局：《2020年国民经济和社会发展统计公报》，见 http://www.stats.gov.cn/tjsj/zxfb./202102/t20210227_1814154.html。

求的，可优先安排用于停车场用地，一并纳入国有建设用地供应计划。明确鼓励增建公共停车场，鼓励盘活存量用地用于停车场建设。

为解决停车场建设吸引社会资本难的问题，《关于进一步完善城市停车场规划建设及用地政策的通知》从多个方面给出了具体政策：鼓励停车产业化，在不改变用地性质、不减少停车泊位的前提下，允许配建不超过 20% 的附属商业面积；鼓励超配建停车场，新建建筑超过停车配建标准建设停车场，以及随新建项目同步建设并向社会开放的公共停车场，可给予一定的容积率奖励，并对超过停车配建标准建设地下公共停车场，超配部分可不计收土地价款。《关于进一步完善城市停车场规划建设及用地政策的通知》同时明确简化停车场建设规划审批，明确停车场权利人可以依法向停车场所在地的不动产登记机构申请办理不动产登记手续。

住房和城乡建设部还将研究出台相关政策，鼓励路内停车泊位和政府投资建设的公共停车场实行特许经营，以进一步促进城市停车行业健康发展。政府对停车场建设政策与财政支持不断，但城市停车难依然很普遍。

随着自动驾驶技术发展，"自主泊车＋智慧停车"为解决停车困难提供了新思路。百度在 2018 年就发布了自主泊车（Automated Valet Parking，AVP）解决方案，目前已经在威马、广汽、长城等汽车上量产落地，可以做到出门就有汽车主动来接，下车以后汽车自己找车位自己停车，每一位车主都将不再为停车难、寻车难而烦恼，实现"最后一公里自由"。

第五节　交通信号灯：最早的车路协同

交通灯最早出现在 1858 年的英国伦敦，在这之前，交警需要人工指挥交通流。随着交通工具种类越来越繁多，数量越来越庞大，而且公路交通网也越来越密集，那么就必须要有一整套行之有效的管理系统。交通信号灯可以说是人类交通史上最基础也是最重要的发明之一。

1858 年，英国伦敦主要街头安装了红、蓝两色的机械扳手式信号灯，用以指挥马车通行，这是世界上最早的交通信号灯。

1868 年，英国机械工程师纳伊特在伦敦威斯敏斯特区的议会大厦前的广场上，安装了世界上最早的煤气红绿灯。它由红、绿两色以旋转式方形玻璃提灯组成，红色表示"停止"，绿色表示"通行"。就在它运作的第 23 天，煤气灯突然爆炸，一位正在执勤警察当场丧命，遂被取消。

1914 年，电气启动的红绿灯出现在美国。这种红绿灯由红、绿、黄三色圆形的投光器组成，安装在纽约市 5 号大街的一座高塔上。红灯亮表示"停止"，绿灯亮表示"通行"。

信号灯的出现，使交通得以有效管制，对于疏导交通流量、提高道路通行能力、减少交通事故有明显效果。从最早的手牵皮带到 20 世纪 50 年代的电气自动化控制，从采用计算机控制到现代化的电子定时监控，交通信号灯在科学化、自动化上不断地更新、发展和完善。

中国最早的红绿灯出现在上海的英租界。1923 年，上海公共租界开始在部分十字路口使用机械装置指示车辆停止和前进，同年

4 月 13 日，南京路两个重要十字路口，最先安装红绿灯交通信号装置。

即使到今天，交通信号灯也是我们城市道路中最重要的基础设施，而且随着智能技术的应用，智能交通信号灯正在迎来大变革。2019 年年底，百度 ACE 智能交通与保定市交警共同启动保定市智能交通一期项目，探索 AI 技术在智能交通中的应用场景。针对以往保定市经常出现"绿灯空放"现象，系统为保定市 84 个路口实施路口自适应控制，最大限度地减少各方向绿灯空放，缩短无效等待时间。据统计，路口自适应控制运行后，路口全天平均延误时间较之前降低约 23%。

不仅如此，系统还实现了动态干线协调控制，通过协调各个路口的绿灯启亮时差，保障车辆一次起步，连续多个路口绿灯通行，大大缩短了车辆的行程时间，提高了行驶速度。据统计，自适应动态干线协调控制在保定市的 4 条主干道上运行后，车辆行程时间平均缩短约 20%，车速平均提高约 6.5 公里 / 小时。

我相信，这只是智能交通的小试牛刀。如果通过对全城进行时空一体化交通组织优化设计，可以大大提升交通效率，解决交通拥堵等问题。

第六节　交通在经济社会中的地位

习近平主席在第二届联合国全球可持续交通大会开幕式上的主旨讲话中指出，交通是经济的脉络和文明的纽带。我们要顺应世界发展大势，推进全球交通合作，书写基础设施联通、贸易投资畅通、文明交融沟通的新篇章。习近平主席还强调，要大力发展智慧交通和智慧物流，推动大数据、互联网、人工智能、区块链等新技术与交通行业深度融合，使人享其行、物畅其流。

交通既关系国家经济发展又关系民生改善，各级政府都给予了高度重视。

一、政府为什么要投资交通基础设施

据公安部交通管理局发布的消息，2020 年全国机动车保有量达 3.72 亿辆，其中汽车约 2.81 亿辆；机动车驾驶人达 4.56 亿人，其中汽车驾驶人 4.18 亿人。2020 年全国新注册登记机动车 3328 万辆，新领证驾驶人 2231 万人。[①]

汽车是国民经济支柱产业之一，稳增长、保就业离不开汽车。2020 年，国内汽车制造业营业收入为 8.16 万亿元；如果按每辆车每年 2 万元维护费用（包括加油、保险、车后市场等）来计算，这个市场大约为 7.44 万亿元。两项相加约为 15.6 万亿元。2020 年，我国国内生产总值约为 101.6 万亿元。比较起来看，汽车产业的规模和重要性不言而喻。

交通带来了便利，无论是对人们的日常生活出行，还是企业的生产工作，完善交通基础设施建设，加大投资力度，都可以为各项经济活动的开展提供更完善、更全面的基础性服务，属于一项公共服务项目。通过加大交通基础设施投资，可以加速地区与地区之间的经济联系，因此，在促进经济增长方面，交通基础设施投资具有

---

① 公安部交通管理局：《2020 年全国新注册登记机动车 3328 万辆　新能源汽车达 492 万辆》，见 https://app.mps.gov.cn/gdnps/pc/content.jsp?id=7647257。

极强的推动作用。

政府在交通基础设施建设上的投资也呈逐年增加的趋势。根据交通运输部发布的《2020 年交通运输行业发展统计公报》，2020 年全年完成固定资产投资 3.5 万亿元，比 2019 年增长 7.1%，增速为近三年最高水平（见图 1-10）。其中公路固定资产投资额 2.4 万亿元，同比增长 11%（见图 1-11）。

交通运输业属于国民经济的基础性、先导性、战略性和服务性行业，不仅是经济行稳致远的压舱石，也承载着人民群众对美好生活的向往。

多项研究表明，交通基础设施投资与经济增长之间保持着长期稳定的均衡关系。长期内，交通基础设施投资增加，会促进经济增长；同时，经济的快速增长，也会使国家有更大的财力用于交通基础设施建设。

梁建章博士研究分析了全球 224 个人口数量超过 200 万人的城市的拥挤度与他们所在国家人口密度和人均 GDP 的关系。结果表明，大城市的拥挤程度与所在国家的人口密度有正相关关系，但与所在国家的人均 GDP 存在负相关关系。而且，人均 GDP 导致的负相关关系要远远大于人口密度所带来的正相关影响。比如，所在国家如果人口减少 50%，那么拥挤程度就会降低 6.8%。而如果这个国家人均 GDP 增高 20%，它的拥挤程度也要降低 7%。于是可以推出，对大城市来说，全国人口少一半，带来的拥挤程度的降低，还不如两三年的经济增长。

经济发展水平越高，城市化水平就越高。无论是在发展中国家，还是在发达国家，城市发展的趋势都是人口从小城市和农村向大城市集中。因为大城市有更多的就业和创业机会、更优越的医疗

（单位：亿元）

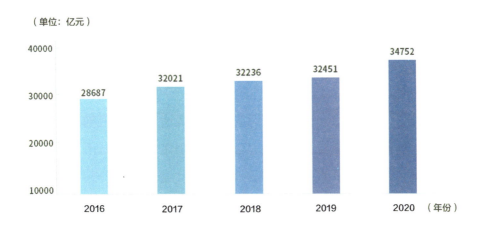

图 1-10　2016—2020 年交通固定资产投资额

资料来源：中华人民共和国交通运输部：《2020 年交通运输行业发展统计公报》。

图 1-11　2016—2020 年公路固定资产投资额及增长速度

资料来源：中华人民共和国交通运输部：《2020 年交通运输行业发展统计公报》。

条件、更丰富的教育资源、更好的公共基础设施。

城市之间的竞争，归根结底是人才和劳动力的竞争。有人才和劳动力在，城市就有活力和创新力。近年来，各个城市的"抢人"大战，也使北京市、上海市这种超级大城市放松人口引进的限制。可以预见，大城市的人口会继续增加，对交通基础设施的要求会越来越高。物理空间总是有限的，交通的智能化是保持城市竞争力的必由之路。而让更多的人享受先进的基础设施带来的公共服务，也是缩小贫富差距、实现共同富裕的必经之路。

交通基础设施投资的变动趋势比经济增长更加敏感，受经济增长的影响远远大于交通基础设施投资对经济增长的影响。这个关系有点像"是经济增长推动了消费增加，还是消费增加推动了经济增长"一样。与其他基础设施资本投入和非基础设施资本投入相比，交通基础设施投资对经济增长的贡献度是逐年增加的，并且这种影响非常持久。

交通基础设施投资的短期作用，多体现在交通基础设施建成方面，例如交通固定资产项目的开发等。通过项目建设开发，可以对一些上下游行业起到一定的促进作用，如建材、水泥、钢材等。此外，还能增加就业，创造更多就业岗位。交通基础设施建设行业是一个周期长、用工人数多的劳动密集型行业，尤其是在解决农民工就业方面发挥着巨大的作用。劳动力就业人数的增加，势必会提高劳动者的收入水平，收入提高就会间接地提升人们的生活质量，从而对服务型商品、物质型商品的消费起到刺激作用，加大消费能力。

基于长期考虑，交通基础设施投资对经济增长的影响作用更大，不仅可以起到减少运输成本、增强区域可达性等良好的作用，还能加速各地区之间的经济来往频繁度，进一步提高社会运行效率，优化产业结构。

二、交通强国的资金来源

交通是兴国之要、富民之基。交通如此重要，那么发展交通的钱从哪里来呢？

其实，一直到1984年年底，中国二级以上公路里程仅1.9万公里。为加快解决公路交通落后对经济社会发展的制约问题，1984年12月，国务院批准出台了"贷款修路、收费还贷"的收费公路政策，极大地促进了中国公路基础设施建设和发展。

除了贷款和发行专项债券外，基础设施建设的资金还来自燃油税和车辆购置税，这些都是中央税，由中央政府统一分配。燃油税从2009年1月1日开征，替代了以前地方收取的养路费；车辆购置税是2001年开征的，现在税率为10%。

在购车环节中，发达国家通常的做法是采取轻税政策，即征收额都很低。美国的车辆购置税属于地方税，各州收取比例不同，最多的州也只有6%左右。而在购车环节，欧洲只征收增值税，各国税率不同，意大利和法国在20%左右。购车之后的使用阶段需要缴纳燃油税等税费，而燃油税则是发达国家汽车税收的重头。欧盟各国的燃油税率普遍在200%以上，而日本的燃油税率大概为120%。

根据交通运输部官方网站公布的一项数据，2012年全国高速公路基建投资共计1.112万亿元，其中中央财政直接拨款仅占1.8%，车辆购置税占17%，地方政府自筹资金占33%，银行贷款占 36.4%，外资投资仅占 0.4%。

既然主要资金来源是地方政府，那么地方政府的动力又是什么呢？

交通基础设施的提升，自然会造成运输成本的下降。然而过去几十年，物流和交通互动占全球产出的比例几乎没有变化。虽然大宗原材料的交通运输成本一直在下降，但是制成品运输成本占总产出额的比重却上升了。这说明，基础设施的提升，促进了商品更高频更快速的流动。与此同时，交通效率的提升，也刺激了人与人见面交流的需求的增长，促进了全球城市化水平的不断提高。

单位运输成本的下降，对边际利润的影响是巨大的。平均运输时间的减少，使得运输时间的偏差也会相应减小。作为降低拥挤程度结果的运输时间偏差减小，使企业可以更紧凑地安排运输计划，从而节约时间。良好的基础设施不但能降低运输成本，也能减少库存等其他类型的成本。交通基础设施的改善，也能对需求产生影响，它增加新市场的可达性，从而可以获得规模经济。

交通拥挤区域的声誉通常较差。多项调查表明，企业家普遍认为交通基础设施是企业决定其选址的一个重要因素。在中国各地招商引资的激烈竞争中，交通基础设施的完备程度就变得至关重要了，而且这几乎是一个此消彼长的过程，经济活动和人口都会向交通效率更高的城市流动。这也就不难理解，地方政府对交通基建为何如此积极了。

另外，随着电动车的渗透率迅速上升，燃油税收入会迅速下降，而目前新能源汽车也是免征车辆购置税的。所以，未来来自这两个方向的资金会越来越少，交通基础设施建设和维护的资金来源需要新的思路。

为此，国内外都开始有人提出"里程税"的概念。2021 年 6 月 7 日，在第十三届全国人民代表大会常务委员会第二十九次会议上，国务院关于建设现代综合交通运输体系有关工作情况的报告中，有"研究建立'里程税（费）'制度"这样的表述。虽然短短一句话，但非常重要。

"里程税"，顾名思义，应该是按照机动车辆的重量和行驶里程作为计税依据而征收的一种税收，这种税收可以弥补机动车辆使用道路而造成的道路磨损，为道路维护提供资金。"里程税"显然比"燃油税"更加科学合理。一方面，不太使用公共道路的农用机械负担就减轻了很多；另一方面，越来越多的新能源车辆大量地使用公共道路资源，也应该负担相应的费用。

经过多年的投资建设发展，我国已形成了较大规模的运营路产。截至 2019 年年末，全国公路总里程 501.25 万公里（截至 2020 年年底，全国公路总里程 519.81 万公里），公路密度 52.21 公里 / 百平方公里。全国收费公路里程 17.11 万公里，占公路总里程的 3.4%。按技术等级划分，高速公路 14.28 万公里，一级公路 1.86 万公里，二级公路 0.87 万公里，独立桥梁及隧道 1024 公里。按属性划分，全国政府还贷公路里程 9.39 万公里，占全国收费公路里程的 54.9%；经营性公路里程 7.72 万公里，占全国收费公路的 45.1%，其中经营性高速公路 6.84 万公里。在收费高速公路中，政府还贷高速公路 7.45 万公里。①

---

① 中华人民共和国交通运输部：《2019 年交通运输行业发展统计公报》，见 https://xxgk.mot.gov.cn/2020/jigou/zhghs/202006/t20200630_3321335.html；中华人民共和国交通运输部：《2019 年全国收费公路统计公报》，见 https://xxgk.mot.gov.cn/2020/jigou/glj/202009/t20200928_3471326.html。

2017 年党的十九大首次提出了高质量发展。在高质量发展的过程中，交通是个非常重要的要素，交通是高质量发展中非常重要的民生问题，交通也是我们国家一个重大战略问题。

我国历来对交通非常关注，2019 年 9 月，中共中央、国务院印发《交通强国建设纲要》，明确提出，到 2035 年，基本建成交通强国。现代化综合交通运输体系基本形成，形成"三张交通网、两个交通圈"。到 21 世纪中叶，全面建成人民满意、保障有力、世界前列的交通强国。

三张交通网包括：发达的快速网，主要由高速铁路、高速公路、民用航空组成，服务品质高、运行速度快；完善的干线网，主要由普速铁路、普通国道、航道、油气管道组成，运行效率高、服务能力强；广泛的基础网，主要由普通省道、农村公路、支线铁路、支线航道、通用航空组成，覆盖空间大、通达程度深、惠及面广。

两个交通圈，是指围绕国内出行和全球货运物流建立的快速服务体系：一是"全国 123 出行交通圈"，即都市区 1 小时通勤、城市群 2 小时通达、全国主要城市 3 小时覆盖；二是"全球 123 快货物流圈"，即国内 1 天送达、周边国家 2 天送达、全球主要城市 3 天送达。

2021 年 3 月，《中华人民共和国国民经济和社会发展第十四个五年规划和二〇三五年远景目标纲要》印发，提出要建设现代化综合交通运输体系，推进各种运输方式一体化融合发展，提高网络效应和运营效率。进一步明确加快建设交通强国的战略思想，为我国交通建设的未来定下大路线和大基调。

本章回顾了古今中外交通发展的历程。交通是经济的脉络和文明的纽带，从"秦直道"到"条条大路通罗马"，从马车到现代汽车，从马厩到停车场，再到现代交通网络的四通八达，交通推动经济融通、人文交流，使世界紧密相连，让人们"天涯若比邻"。

到今天，交通运输业更是我国国民经济的基础性、先导性、战略性和服务性行业，不仅是经济行稳致远的压舱石，也承载着人民群众对美好生活的向往。尤其在促进经济增长方面，交通基础设施发挥着重要作用，不仅可以减少运输成本，还能加速各地区之间的经济来往频繁度，进一步提高社会运行效率，优化产业结构。

"人享其行，物畅其流"是智能交通的使命。而让更多的人享受先进的智能交通基础设施带来的公共服务，也是缩小贫富差距、实现共同富裕的必经之路。因此，下一章将主要讨论的内容，就是"智能交通的使命"。

第二章
智能交通的使命

到本世纪中叶，全面建成人民满意、保障有力、
世界前列的交通强国。
——《交通强国建设纲要》，2019 年

▶▶▶ 扫码听音频

第一节　智能交通的发展基础

如今，交通已经发生了翻天覆地的变化。智能交通将交通属性与科技发展紧密地融合在一起，更多地承载着智能化的未来和人民群众对美好生活的向往。同时，智能交通也常常被认为是智慧城市的一部分，跟智慧城市一起设计和规划。这方面世界各国各大城市都有不少探索和实践，背后的理念也不尽相同。

一、未来城市探索

对未来城市的探索比较出名的是谷歌计划在多伦多构建的 Sidewalk Toronto。2017 年 10 月，Alphabet 智能城市子公司人行道实验室（Sidewalk Labs）公布了一项把多伦多海滨的一部分，改造成高科技乌托邦的大规模计划。耗时 18 个月完成的 1524 页文件，展示了一幅近乎科幻的未来城市图景。这个梦想之城含有城市传感网、自动驾驶汽车、新的路网结构、实时动态路权、公共 Wi-Fi 等高科技元素，是一个可持续发展的城市和社区的最前沿的探索。

Sidewalk Toronto 的规划团队总结出 Quayside 建造的智慧社区的五大特点：

Mobility | 移动便捷：住在这里，从此以后不用买车，不用快递

小哥。这片区域的规划中，整合了你能想到的所有便捷交通和运输方式，并系统运用数字工具统筹集合了数据，进行综合布局。这使得该区域拥有发达的自行车和人行交通网络，并且高强度地覆盖了共享汽车和可以自动驾驶的电动车。最终，至少全区域73%的人不再需要自己购买私家车等交通工具。

Public Realm丨发达的公共社区：满足你一切在家门口度假的愿望。要知道 Sidewalk Toronto 是一片海滨区域，北美的人对于在海边晒太阳有一种执念。Sidewalk Toronto 结合了社区的广场设计和发达的商业体系，让在这片海滨区域生活的人们有一种随时在海边度假的感觉。据统计，这个项目的发展可以使得这一片区域"适合人们活动的时间"提高35%。

Buildings and Housing丨木构建筑与保障房：节能减排我们是认真的。加拿大本就是木材出口的大国，这一次项目规划也是将木结构的优势发挥到了极致。项目计划所有的木材加工都在安大略的工厂完成，可以将工期缩短近35%。同时，该项目有40%都是低于市场价的保障房，可以起到稳定市场房价的作用。

Sustainability丨可持续建筑：做环境的正增益，从我们开始。在市政府的规划领导下，该项目本有望成为一个可以达到碳排放平衡的社区。从城市平均指数来说，可以减少85%的能耗。而这一切是通过科技手段，采用清洁能源，设计节能建筑系统，建立完善的污水处理等方式来实现的。

Digital Innovation丨数字创新：数据分析就是这一切的基础。项目的基础是要有充足的可负担的数字基础设施；设置开放并且安全的数据标准；建立核心的数字服务，并且可以支持更多第三方来共同发展。

Sidewalk 的愿景是创造一个高度网联化的创新的城市社区，共享无人车代替私家车，快递和垃圾运输在地下进行，路测设备协助行人和自行车便捷出行（见图 2-1）。

图 2-1　未来城市图景

然而理想很丰满，现实很骨感。2020 年 5 月，人行道实验室正式终止了这个项目。官方的说法是因为新冠肺炎疫情蔓延，公司已无财力再支持这个项目。但业界的分析普遍认为，当地居民对数据隐私泄露方面的担忧，以及当地政府的权力和执行力，都是项目进行不下去的重要原因。我认为更重要的原因是，项目规划太过激进，成本高得离谱。很多概念听起来很好，没有执行细节，实际收益很低，而对当地居民的配合度要求过高。这些都导致项目最终无法进行下去。

Sidewalk 虽然失败了，但西方对于用自行车、步行来替代私家车的努力并未停止。2020 年 6 月，安妮·伊达尔戈获得约 49% 的选票，成功连任巴黎市长。在伊达尔戈的竞选口号中，有一项计划引来媒体最多的关注与报道——"15分钟巴黎"计划，即以家为中心，人们可以在步行或骑自行车15分钟的地域范围内，满足一切生活需求，包括消费、学习、工作和其他文化休闲活动等。在上下班高峰期，居民可以在家办公或步行到附近的办公室，而不是将时间耗在交通工具上；可以步行去杂货店、看医生、送孩子上学，或处理其他日常事务。简而言之，每个社区都应具备六项社会功能，即居住、工作、供应、关怀、学习和娱乐（见图2-2）。

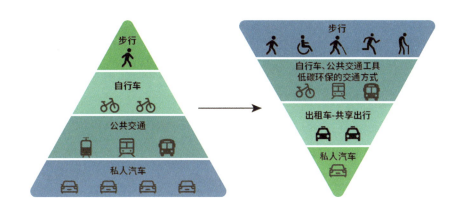

图 2-2 巴黎的出行理想：从私人驾车为主到步行为主

"15分钟巴黎"同样代表的是一种乌托邦式的愿景。甚至有批评者认为，它会导致社会阶层的进一步分化，社区被金钱隔离——富人、穷人、中产阶级、工人变得更加分裂。更重要的是，这种"大城市终结"的趋势也可能会削弱创造力。城市让人们相互交融，尤其是在市中心，大家可以聚在一起，分享想法，激发创新和想象力。如果创造和创新不复存在，我们的城市还有竞争力吗？

交通和城市都是超大规模、超级复杂的系统。从全球来看，因为政治制度、文化、发展阶段等不同，交通和城市发展的路径选择也大不相同。中国的交通，尤其是智能化交通很可能会走出一条全新的道路来。

二、中国发展智能交通有着坚实的基础

过去几十年，中国交通取得了举世瞩目的成就，为交通智能化发展打下了坚实的基础。据交通运输部公布的数据，截至 2020 年年末，全国铁路营业里程 14.6 万公里，其中高铁营业里程 3.8 万公里。全国公路总里程达 519.81 万公里，其中高速公路里程 16.10 万公里，稳居世界第一。高速公路对人口数量在 20 万人以上的城市覆盖率超过 98%。

然而，规模庞大的交通网络，始终还是跟不上人们日益增长的出行需求。越是大城市，越是经济发达的地区，拥堵越是严重，污染严重、事故频发。不少一线城市不得不靠"限购""限行"等措施来降低交通系统的压力。

在我上下班通勤的时候，不时会看到，有车主通过车贴表达自己摇不上号的无奈，这让我很受触动。实际上，在我到各地出差、商务旅行等途中，也常常会注意到各种交通问题。这也更加坚定了我的决心——推动建设智能交通系统，为解决大家的出行难题助一臂之力。

事实上，中国已经具备了构建智能交通体系良好的基础。一方面，规模庞大的交通基础设施网络，意味着可运营资产丰厚；另一方面，也意味着大规模的基础设施建设即将达到极限点，交通基础设施建设将由"硬"到"软"——钢筋水泥工程完成之后，软件系统层面

的建设就该登场了。物理空间总是有限的，而数字空间是无限的。因此，未来交通领域的主战场就是智能交通，这已经是行业共识。

国家政策层面，交通运输部等部门先后出台了《数字交通发展规划纲要》《智能汽车创新发展战略》，大力推动智能交通的建设。这让所有智能交通的建设者、参与者都感到非常振奋。

特别是《交通强国建设纲要》的发布，为国家大交通战略做了顶层设计和远景规划，描绘了中国未来 15—30 年交通建设的目标和路径。《交通强国建设纲要》提出的 2035 年目标包括：现代化综合交通体系基本形成……智能、平安、绿色、共享交通发展水平明显提高，城市交通拥堵基本缓解，无障碍出行服务体系基本完善；交通科技创新体系基本建成，交通关键装备先进安全；基本实现交通治理体系和治理能力现代化；交通国际竞争力和影响力显著提升。

这是一个充满想象力、激动人心的目标和愿景。但是，从国内外智能交通的发展历程可以看到，交通是一项复杂的系统工程，国家战略、政策激励、技术突破、市场需求、产业联动等，缺一不可。

第二节　智能交通的发展历程

一、国外智能交通的发展历程

过去几十年，包括中国在内，全球诸多国家和地区都在发展智能交通系统，其中以美国、欧盟、日本脚步最快，因为这些国家和地区经济发达、技术先进，交通基础设施建设也相对成熟。

1. 美国

美国是世界上人均汽车保有量最多的国家，其私家车保有量总体规模也接近 3 亿辆。2020 年，美国约有 38680 人死于交通事故，比 2019 年增长了 7.2%。[①] 此外，每年还有几百万人在交通事故中受伤。驾驶员危险驾驶、超速行驶和未系安全带等人为因素，导致了绝大多数的交通事故。

为了降低交通事故率，减少交通拥堵，同时也为了推动交通运输产业的发展，美国在很早就提出了智能交通的构想。1989 年，美国联邦交通部就提出了利用高科技改善道路交通的概念——"智能车辆道路系统"，后改称"智能交通系统"。在此后的几十年，美国政府推出了一系列发展智能交通的法案，同时加大科研和资金投入，帮助美国在智能交通领域建立起了很强的竞争力。

近年来，美国智能交通发展重点转向了研发无人驾驶汽车、构建车联网应用框架以及发展绿色智能交通。为了引导和促进智能网联汽车产业发展，美国政府还推出了一系列战略规划，以及加快自动驾驶测试和应用的措施。2020 年 1 月，美国发布了《确保美国自动驾驶汽车技术的领导地位：自动驾驶汽车 4.0》（AV4.0），提出将交通部、司法部等 38 个政府主管部门、独立机构等相关自动驾驶工作进行整合。

AV 4.0 为解决联邦与各州、各州之间管理制度方面的冲突提供了指导，明确了未来重点工作：一是联邦政府将为自动驾驶发展提供系统性支持，如将自动驾驶列为政府研发预算优先事项；

---

① 美国交通部门（NHTSA），2020 Fatality Data Show Increased Traffic Fatalities During Pandemic，见 https://www.nhtsa.gov/press-releases/2020-fatality-data-show-increased-traffic-fatalities-during-pandemic。

二是推动自动驾驶与先进制造、人工智能与机器学习、网联汽车等相关行业合作；三是加快自动驾驶测试和部署，支持自动驾驶商用落地。

2020 年 3 月，美国又发布了《智能交通系统（ITS）战略规划2020—2025》，发展新一代智能交通，提出了六大规划领域，包括新兴和使能技术、网络安全、数据访问和交换、自动驾驶、完整出行（Complete Trip-ITS4US）、加速 ITS 部署，打造一套系统化、完整的出行服务体系。

另外，美国为了给自动驾驶发展保驾护航，已有 30 多个州颁布了自动驾驶相关法律和行政命令。其中加州是世界无人驾驶道路测试的聚集地，百度的无人车也已经在加州跑了数年。2021 年 1 月，美国加州机动车辆管理局 (DMV) 向百度颁发了开放道路全无人驾驶测试许可。

2. 欧盟

欧盟有其特殊性，成员国众多，而且各国经济社会发展水平各异，所以欧盟在发展智能交通上，必须依赖于欧盟成员国的协调合作。

1996 年 7 月，欧盟正式通过了《跨欧交通网络（TEN-T）开发指南》（Trans-European Transport Networks），标志着欧盟开始采取一系列措施，致力于通过交通信息化促进信息社会的发展、致力于开发跨国界的服务。该指南明确了智能交通有效提高道路交通效率、改善安全状况和实现可持续性发展的作用。①

此后很长一段时间，欧盟制定和发布了一系列关于发展智能交通的行动计划。其中涉及了基础设施建设的投资建设规划、技术研

---

① 李萍：《浅谈国外智能交通系统可应用和发展趋势》，《吉林交通科技》2014 年第 3 期。

发规划、管理运营规划，以及相关法律法规的制定与落实。

以地处欧盟核心地带的德国为例，其公路信息化程度非常高，交通高度智能化有效地提高了公路网的效率和安全。从道路基础设施建设到各种车辆管理，以及各类交通运行信息，已经形成了一个智能化的组织管理体系。据统计，德国的公路系统经过智能交通干预，可减少产生人员伤亡的交通事故约 25%— 30%，道路通行能力提高约 10%，可降低最多 50%的交通拥堵。

智能交通系统已经在欧盟各国的交通运行中发挥着重要作用。但迈向新时期，欧盟也在引入新的技术和方案，赋予其智能交通系统新的内涵和外延。比如，欧盟正在通过发布各种"路线图"等方式，加速智能交通与智能网联汽车的协同。

2019 年 3 月，欧洲道路交通研究咨询委员会发布了《网联式自动驾驶路线图》（Connected Automated Driving Roadmap），突出智能化与网联化的协同，强调车辆与基础设施之间的互联互通。

欧盟重点聚焦在 L4 级自动驾驶上，规划到 2025 年实现 L4 级自动驾驶的运营，而完全自动驾驶的实现则要在 2030 年以后。欧盟还针对乘用车、货车、城市出行服务车辆三个不同的细分领域，分别制定了具体的路线图，以此来引导行业发展。[①]

另外，欧盟战略运输研究和创新议程（Strategic Transport Research and Innovation Agenda，STRIA）也发布了《协作、网联和自动化交通》（Cooperative，Connected and Automated Transport）、《智能出行与服务》（Smart Mobility and Services）等路线图，支持在整个欧洲建立更加一体化和高效的交通系统，推动在交通运输系统中

---

① 李克强：《中国智能网联汽车发展及产业化进程中的挑战及发展对策》，《机器人产业》2019 年第 6 期。

更好地利用各类创新技术。

2019 年 4 月，欧盟批准了《自动驾驶汽车豁免程序指南》，协调各个国家对自动驾驶车辆的临时安全评估，该指南重点关注 L3 和 L4 级别的自动驾驶汽车。2020 年 2 月，欧盟数据保护委员会发布了《关于在网联车辆和出行相关应用程序中处理个人数据的指南》并公开征求意见，强化数据保护要求。

综上所述，欧盟正以智能交通系统为抓手，推动智能网联汽车产业的发展，并切实关注信息安全、自动驾驶车辆上路豁免等实际问题。

3. 日本

日本属于岛国，国土面积狭小，人口却超过 1 亿人，其人口密度是世界平均人口密度（46.5 人 / 平方公里）的 7.5 倍之多。因为人多地少，其地面交通的拥挤程度可想而知，所以日本大力发展轨道交通、立体交通，来缓解交通拥堵。但这还远远不够，针对公路交通，日本需要一套行之有效的智能化的交通运营管理系统。

早在 1994 年，日本政府的五大部门联合成立了道路、交通、车辆智能化推进协会（Vehicle、Road and Traffic Intelligence Society，VERTIS），其目标是在未来 30 年（也就是 2024 年），将现有道路交通死亡事故减少 50%，基本消除交通拥挤，减少汽车的燃料消耗及尾气排放等。如今，这个目标离最后的兑现期还有 3 年。

此后，日本一直致力于智能交通系统的构建，也推出了一系列发展政策和规划。经过多年发展，日本在智能交通领域收效显著。2000 年后，日本全国交通事故死亡人数连续 8 年持续减少，交通事故发生数逐年减少。2009 年日本因交通事故死亡人数为 4979 人，首次降到 5000 人以下。根据日本警察厅公布的数据，2020 年全国范围内因交通事故身亡的共有 2839 人，创下了有此项统计以来的最低值。① 当然，2020 年新冠肺炎疫情也导致日本国内的交通量减少，进而减少了交通事故的发生。但从该数据的整体变化可以看出，日本在道路交通治理层面效果显著。

为了进一步降低交通事故的发生率，以及解决少子化、老龄化社会带来的驾驶员不足、人口稀少、地区内高龄者出行不便等社会问题，日本政府开始着力发展自动驾驶技术。与此同时，日本也非常注重自动驾驶与智能交通、智能社会的协同，并且在面向自动驾驶的道路环境改造、技术研发升级以及社会试点试验等方面，出台了一系列的支持政策与具体措施。

2016 年，日本在《第五期科学技术基本计划（2016—2020）》中提出 Society 5.0，将人工智能、大数据、物联网等革新技术与现实社会相连，作为实现 Society 5.0 的技术平台。Society 5.0 的特点是最大限度地应用信息化技术，通过信息空间与物理空间的融合，以人为本，在经济发展与解决社会问题之间取得平衡，最终构建一个多元、富裕、充满活力的"超智能社会"。

Society 5.0 与自动驾驶汽车发展紧密结合，一方面，Society 5.0 便于构筑信息物理系统，推动数字化转型，有利于自动驾驶汽车的产业落地；另一方面，自动驾驶汽车收集的信息具有多种潜在价值，有助于 Society 5.0 的实现。这一计划所提出的构想，现在看来是非常具有前瞻性的。②

---

① 日本警察厅：《令和 2 年中の交通事故死者数を発表した》，见 https://car.watch.impress.co.jp/docs/news/1298268.html。

② 李克强：《中国智能网联汽车发展及产业化进程中的挑战及发展对策》，《机器人产业》2019 年第 6 期。

针对自动驾驶，为了确保 L3、L4 级自动驾驶技术的安全推广，日本政府在 2019 年 5 月发布了《道路运输车辆法》修正案，追加了有关自动驾驶车载装置的安全标准。另外，日本政府也在致力于推动路面环境改造，在 2020 年 2 月的内阁会议上，对《道路运输车辆法》作出了与自动驾驶路面环境改造相关的修订。

根据日本政府的规划，2025 年是自动驾驶应用的关键节点。到那时，日本的私家车、卡车运输要实现高速公路 L4 级自动驾驶。在大众出行层面，日本近年来也在全国范围内开展以出行即服务（Mobility as a Service，MaaS）为代表的出行新服务，MaaS 通过实现多种交通方式的融合发展，鼓励乘客减少私家车的使用。

综上所述，美、欧、日等国家和地区，都在探索智能交通之路。虽各国家和各地区又根据自身的条件和优势，制定了不同的战略及路线图，但最终指向的目标都是：为每个人提供安全、高效、绿色、美好的出行服务。

二、中国智能交通的发展历程

我国从 20 世纪 90 年代开始关注智能交通。1995 年，交通部组团参加了第二届智能交通世界大会，这是我国交通行业第一次正式出现在智能交通世界大会上。在那次大会上，我国代表团看到了国际交通界对 ITS 的热情，了解了众多未来技术和前沿技术，体验了当时即将在日本规模测试和推广的车载导航。①

1997 年，交通部访问美国考察 ITS，在加州体验了自动驾驶，

---

① 　王笑京：《中国智能交通发展史》，《中国公路》2018 年第 18 期。

在华盛顿拜访了美国 ITS 协会，了解美国 ITS 总体情况。1998 年，交通部代表参加了第五届智能交通世界大会，并在大会发言，全面展示中国交通的发展现状。

当时，国内针对发展智能交通有很大争论。1995 年中国的 GDP 和人均 GDP 与发达国家相去甚远，公路总里程约 120 万公里（高速 2000 多公里），机动车 3600 万辆。发达国家的智能交通在稳定的道路体系下稳步发展，而在我国发展合适吗？

在这样的舆论背景下，交通部邀请行业领域的专家及其他行业部门的专家，立项研究智能交通发展战略。研究的结论是：我国要抓住机遇提前布局，协调基础设施建设目标；总体规划，分步实施，从容易实现的做起，选好切入点；先抓投资类，后抓消费类。

回顾我国智能交通的发展，从 1995 年起步到 2001 年技术开发与小型示范，再到 2006 年以后，特别是以北京奥运会、上海世博会和广州亚运会的集成应用示范，到最近几年组织的新一代智能交通技术开发，我国在智能交通领域经历了由弱到强的过程。

1. 中国智能交通发展阶段划分

我国智能交通发展大体上经历了以下几个阶段①：

（1）1996—2000 年是起步阶段。主要构建了中国智能交通体系框架和标准体系，初步形成了智能交通的理念和基本认识。一方面，国家组织专家学者和行业人士参加智能交通世界大会，学习最先进的技术和经验；另一方面，科技部于 20 世纪 90 年代末期立项支持中国智能交通技术体系框架研究、中国智能交通体系标准框架体系研究等软课题，奠定了我国智能交通发展的重要基础。

---

① 吴忠泽：《智能交通产业在中国的发展历程与展望》，见 https://mp.weixin.qq.com/s/9hoiRySIZIA7MrAd3Yt8EA。

（2）2001—2005 年"十五"期间是培育阶段。国家科技攻关计划设立了 12 个科技项目专门支持智能交通关键技术研究；选择了北京市、天津市、上海市、广州市、深圳市等 12 个城市进行智能交通示范应用建设；在智能化交通管理、公用信息平台、智能化公交等方面进行了一系列建设项目。

这五年的建设重点是交通信息采集、交通信号控制、交通视频监控、交通诱导（包括道路交通诱导和停车诱导）、智能公交（主要是公交调度和公交信号优先）、综合交通信息平台和服务。这些示范工程的实施也推动了企业在技术攻关、产品研发、市场化的发展，部分智能交通系统得以广泛应用。由此阶段开始，中国智能交通发展进入实质性建设、应用实验阶段。

（3）2006—2010 年"十一五"期间是形成基础阶段。智能交通项目开始列入国家高技术研究发展计划（以下简称"863"计划）和科技支撑计划，加强了基础研究，并通过重大活动集成示范智能交通技术和产品，取得了很好的效果。

"十一五"期间，国家综合智能交通技术集成应用示范项目，以提供人性化交通运输服务、发展交通系统智能化技术和安全高速的交通运输技术作为项目研究，示范项目中应用了众多未来智能交通发展的主流技术。如北京奥运智能交通管理与服务综合系统示范项目中，全国首次规模应用交通高清监测技术，提供个性化实时交通信息服务；上海世博智能交通技术综合集成系统示范项目中，包含基于手机移动技术采集的动态交通信息服务、基于视频或激光技术的世博场馆客流监测系统；等等。

（4）2011—2015 年"十二五"期间是提升发展阶段。我国通过关键技术规模应用和管理创新，提升了智能交通产业的核心竞争力和综合优势。在这一阶段，我国智能交通进入了全面推进和提升时期，在各个应用领域都开发了很多代表性工程。

（5）从 2016 年开始，智能交通进入创新引领新阶段。随着国家科技体制的逐步改革和新一代信息技术的发展，智能交通也进入了多行业协同、以新技术来推动升级发展的阶段。其关键目标和任务是，通过跨界融合、系统重构、商业模式服务创新、智能物流、智能驾驶和智慧城市建设来引领智能交通的技术创新和产业转型升级。

过去说世界智能交通发展热点区域是美国、日本、欧洲，现在国际上普遍认为中国是第四个热点地区，是世界智能交通领域重要的一极。

2. 中国智能交通发展成果

我国智能交通经过二十多年的发展，基本形成了国家智能交通研究创新基础；建设了一系列具有国际广泛影响的示范工程；科技创新推动我国智能交通系统的建设和发展实现了从全面跟踪向跟跑、并跑并存的历史性转变。

其中就包括了以下重要的成果：

智慧高速建设卓有成效。我国高速公路信息化水平呈现提速态势，例如高速公路电子不停车收费系统（ETC），2015 年我国实现了 29 个省（自治区、直辖市）ETC 的联网运行，形成了世界上最大的 ETC 收费网络；2019 年全面开展取消高速公路省界收费站工作。不仅提升了公众出行体验，而且依托此项工作，年内在全国高速公路网建设了 2.5 万套 ETC 门架系统，提升了高速公路运行感知服务能力，进而为推动车路协同、高精准信息服务等创新应用，提供了有利的基础支撑条件。

城市公交智能化效应逐步显现。城市的公交信息化、智能化建设应用持续推进，运营管理水平和乘客服务能力得到有效提升。基于公交车辆卫星定位数据、公交刷卡数据、公交运营调度数据、道路交通运行数据、社会资源数据等多元大数据，开展公交运行监测和乘客信息服务，为公交运营组织、客流分析和线网优化提供支撑。电子站牌、基于移动终端的公交到站预报查询服务，极大方便了乘客出行。

城市交通一卡通互联互通和移动支付广泛覆盖。截至 2020 年年底，共有 303 个地级以上城市实现一卡通互联互通，在公交车、地铁的基础上，拓展至公共自行车、轮渡、城乡客运、市郊线路等多种交通方式，实现跨地域、跨方式的交通一卡通。

MaaS 一体化出行服务崭露头角。近年来，为驾车人提供的动态路径导航和预计行程时间服务，已成为我国智能交通发展提升公众获得感的重要标志性应用。MaaS 将大幅提升公众出行的便利性，极大地改善出行体验。MaaS 一体化出行服务，倡导出行者优选公共交通，从而减少私家车的保有量和使用量，缓解拥堵，让出行更低碳。

智能网联汽车和自动驾驶方兴未艾。智能网联汽车和自动驾驶持续成为热点领域。国内已经建立起一批智能网联汽车测试区，包括封闭测试区、半开放道路和开放道路构成的三级智能网联汽车外场测试验证体系，对于推动智能网联汽车测试示范和商业化落地功不可没。

3.国家在智能交通领域的投入

在这些成果的背后，当然离不开国家在智能交通领域的大力投入。

2019 年年末，全国智能交通总投入 823.18 亿元，同比增长 178%，其中城市智能交通总投入 184.14 亿元，同比增长 33.9%；2019 年因为省界收费站取消工作在大半年的时间内完成，整个公路信息化市场突飞猛进，高速公路机电总投入 639.04 亿元，同比增长 302.8%。2019 年，城市智能交通市场和高速公路市场投入总额拉开较大差距，高速公路市场投入总额约为城市智能交通市场投入总额的 3.5 倍。

2019 年，全国智能交通热门投资建设领域主要集中在交通管控、智慧停车和智能运输三个专业领域，这三大领域总市场规模在 150 亿元左右，其他领域为 35 亿元左右。其中各省（自治区、直辖市）在交通管控建设投入了大量物力、财力，占总体市场规模的一半以上（100 亿元左右）。①

我国智能交通产业正在进入一个快速增长时期，可以乐观地看到，国家针对新一代智能交通体系的建设，已经推出了一系列政策和相关法规；我国在自动驾驶、大数据、云计算、人工智能、5G 等软硬件技术层面有了较深的积累，甚至已经走在世界的前列，这些都将为中国智能交通发展提供动力引擎。

第三节　智能交通的发展机遇

2020 年或许是我国智能交通发展史上划时代的一年，交通运输部把自动驾驶的试点示范纳入交通强国试点。L2 级智能驾驶产

---

① 中国智能交通协会编撰：《中国智能交通行业发展年鉴（2019）》，见 http://www.its-china.org.cn/trc_yyhbForOne?CNEWID=1606204668。

品开始在量产车上规模落地，L4 级高级别自动驾驶面向普通市民开放运营等大事件接连发生。这些标志着，自动驾驶成为交通强国建设的重要组成，以自动驾驶为主要特征的智能交通新时代已经到来，智能交通迎来跨越发展期。

一、智能交通上升为国家战略

如果没有政府出台鼓励技术创新、鼓励企业积极参与的政策，没有制定旨在创造市场并推动其大规模应用的法规，那么智能交通的技术突破、产业繁荣以及为用户提供更好的出行体验，都只是空中楼阁。可喜的是，智能交通上升为国家战略，智能交通相关政策法规密集出台，正积极引导产业快速健康发展。

2019 年 9 月，中共中央、国务院印发的《交通强国建设纲要》中明确提出：大力发展智慧交通，推动大数据、互联网、人工智能、区块链、超级计算等新技术与交通行业深度融合。推进数据资源赋能交通发展，加速交通基础设施网、运输服务网、能源网与信息网络融合发展，构建泛在先进的交通信息基础设施。构建综合交通大数据中心体系，深化交通公共服务和电子政务发展。

2020 年 2 月，国家发展改革委等十一部委联合印发的《智能汽车创新发展战略》明确提到，要积极构建先进完备的智能汽车基础设施体系。推进智能化道路基础设施规划建设。制定智能交通发展规划，建设智慧道路及新一代国家交通控制网。分阶段、分区域推进道路基础设施的信息化、智能化和标准化建设；结合 5G 商用部署，推动 5G 与车联网协同建设。统一通信接口和协议，推动道路基础设施、智能汽车、运营服务、交通安全管理系统、交通管理指挥系统等信息互联互通。

2020 年 8 月，交通运输部印发《关于推动交通运输领域新型基础设施建设的指导意见》。意见提出，推动先进信息技术应用，逐步提升公路基础设施规划、设计、建造、养护、运行管理等全要素、全周期数字化水平。推进车路协同等设施建设，丰富车路协同应用场景。推动公路感知网络与基础设施同步规划、同步建设，在重点路段实现全天候、多要素的状态感知。应用智能视频分析等技术，建设监测、调度、管控、应急、服务一体的智慧路网云控平台。依托重要运输通道，推进智慧公路示范区建设。

2020 年 12 月，交通运输部发布了《关于促进道路交通自动驾驶技术发展和应用的指导意见》。意见明确，要以关键技术研发为支撑，以典型场景应用示范为先导，以政策和标准为保障，坚持鼓励创新、多元发展、试点先行、确保安全的原则，加快推动自动驾驶技术在我国道路交通运输中发展应用，全面提升交通运输现代化水平，更好满足人民群众多元化、高品质出行需求，为加快建设交通强国提供支撑。到 2025 年，自动驾驶基础理论研究取得积极进展，道路基础设施智能化、车路协同等关键技术及产品研发和测试验证取得重要突破；出台一批自动驾驶方面的基础性、关键性标准；建成一批国家级自动驾驶测试基地和先导应用示范工程，在部分场景实现规模化应用，推动自动驾驶技术产业化落地。

2021 年 2 月，中共中央、国务院印发《国家综合立体交通网规划纲要》。明确要求：推进交通基础设施数字化、网联化。全方位布局交通感知系统……推进智能网联汽车（智能汽车、自动驾驶、车路协同）、智能化通用航空器应用。推动智能网联汽车与智慧城市协同发展，建设城市道路、建筑、公共设施融合感知体系，打造基于城市信息模型平台、集城市动态静态数据于一体的智慧出行平台。

2021 年 7 月，工业和信息化部印发《关于加强智能网联汽车生产企业及产品准入管理的意见》，从加强数据和网络安全管理、规范软件在线升级、加强产品管理、保障措施等方面提出 11 项具体意见。这为后续有序推进准入管理工作提供了遵循路径，有利于促进智能网联汽车产业健康可持续发展，意义重大。

二、技术创新加速智能交通发展

除了国家出台的一系列政策和法规对智能交通发展提供支持外，新能源汽车、人工智能、智能驾驶、新一代通信技术、物联网、云计算等领域的技术创新，也为智能交通带来了发展新机遇。智能化、网联化、电动化、共享化成为智能交通发展的新特征。

1.新能源汽车

新能源汽车快速发展，为自动驾驶提供了新赛道，对智能交通建设的推动作用也是不言而喻的。新能源汽车作为全面电气化的产品，是智能网联技术搭载的最佳载体，自动驾驶、车联网、智能座舱等技术都优先装配在新能源汽车上，新能源汽车将是未来智能交通最重要的参与者。

2019 年 5 月，中国石油消费总量控制和政策研究项目在北京发布《中国传统燃油车退出时间表研究》报告，综合中国汽车业发展及排放目标，对燃油车的退出时间进行了分析，提出中国有望在 2050 年以前实现传统燃油车的全面退出。其中，一级城市私家车将在 2030 年实现全面新能源化。

中国新能源汽车行业在过去几年经历了飞速的发展，新能源汽车的保有量在 5 年间增长了 9 倍多。截至 2020 年年底，全国新能源汽车保有量达 492 万辆，占汽车总量的 1.75%；其中，纯电动汽车保有量 400 万辆，占新能源汽车总量的 81.32%。2021 年，中国新能源汽车产销量又上了一个台阶，前 8 个月的产销预计超过 170 万辆，市场渗透率超过 10%。①

新能源汽车市场占有率不断提升的背后，是我国新能源汽车创新技术的发展。技术发展最明显的指标就是技术专利的申请，我国从 2013 年开始就成为全球新能源汽车专利申请最多的国家，并从此长居世界第一的位置。2020 年我国新能源汽车专利申请数量为 19739 项，在全球新能源汽车专利总申请量的占比超 66.79%。②

我国在新能源汽车核心的三电技术领域（动力电池、电机、电控），已经是全球领先。特别是在动力电池领域，我国在锂离子电池、氢燃料电池技术领域已经有了很深的储备，钠离子电池也在加紧研发，后续将不断有技术成果亮相。在动力电池领域，最典型的代表就是宁德时代和比亚迪，这几年飞速发展，在国际舞台上与松下、三星 SDI、LG 化学展开竞争，跻身全球前列。

除了动力电池，在新能源汽车的配套产业链方面，我国在新材料技术、高性能电驱动技术、电动控制技术、快充技术、动力电池回收技术等方面都已经有了很深的积累。比如，我国的快充技术已

---

① 公安部交通管理局：《2020 年全国新注册登记机动车 3328 万辆　新能源汽车达 492 万辆》，见 https://app.mps.gov.cn/gdnps/pc/content.jsp?id=7647257；工业和信息化部工业文化发展中心：《辛国斌出席 2021 中国汽车产业发展（泰达）国际论坛开幕大会并作主旨演讲》，见 https://www.miit-icdc.org/info/1009/11370.htm。

② 前瞻产业研究院：《2021 年全球新能源汽车行业技术竞争格局》，见 https://www.qianzhan.com/analyst/detail/220/210809-35ef0ba7.html。

实现充电 5 分钟续航增加 200 公里，钠离子电池密度超过每公斤 160 瓦时。在产业配套方面，近 5 年，我国充电设施基本保持每年翻一番的增长速度，同时建成了全球最大规模的充电设施网络。

我国的三电企业用了 10 年追赶上了内燃机发展的 30 年，一个完善的新能源汽车研发和应用的产业链正在逐步形成。

技术的进步是无止境的。2020 年 10 月，国务院办公厅印发《新能源汽车产业发展规划（2021—2035 年）》。提出要在动力电池、驱动电机、车用操作系统等关键技术取得重大突破，安全水平全面提升。力争经过 15 年的持续努力，我国新能源汽车核心技术达到国际先进水平，质量品牌具备较强国际竞争力。

从更宏观的角度看，新能源汽车融汇新能源、新材料和互联网、大数据、人工智能等多种变革性技术，推动汽车从单纯交通工具向移动智能终端、储能单元和数字空间转变，带动能源、交通、信息通信基础设施改造升级，促进能源消费结构优化、交通体系和城市运行智能化水平提升，对建设清洁美丽世界、推动共建人类命运共同体具有重要意义。

2. 人工智能

2020 年，我就作出判断：未来十年，人工智能领域将有八项关键技术，会实现从量变到质变，分别是自动驾驶、数字城市运营、机器翻译、生物计算、深度学习框架、知识管理、AI 芯片和个人智能助手。其中自动驾驶、数字城市运营、深度学习、AI 芯片、个人智能助手，这些技术的突破发展，都将为智能交通打开崭新的空间。

从 AI 芯片来看，未来 2—3 年，在 5G 大规模商业化部署的前提下，AI 芯片可以助力"云—端—边"一体化部署，加快推动

LTE-V2X 和 5G-V2X 的商业化和区域覆盖，有助于建设自动驾驶专用车道或智能道路，从单车智能走向车路协同智能。

2021 年 8 月 18 日，百度宣布自主研发的第二代昆仑 AI 芯片——昆仑芯 2 实现量产。昆仑芯 2 采用 7 纳米制程，搭载自研的第二代 XPU 架构，相比一代性能提升 2—3 倍，适用云、端、边等多场景，未来将在自动驾驶、智能交通等多个场景大显身手。

车规量产的自动驾驶芯片及其域控制器的竞争无疑更加白热化，因为它的意义甚至已经上升到未来芯片产业的重新洗牌，目前英特尔、英伟达、高通等全球传统芯片巨头都加码进入，混战其中；谷歌、华为、特斯拉等科技和互联网企业也积极布局。

深度学习已成为计算机视觉的主流方法，带来场景、目标及其行为意图的检测、分割、跟踪与识别能力的大幅度跃升。比如，基于视觉深度学习的道路交通场景分割；基于视觉深度学习的道路感知，包括积水路面、积雪路面等极端环境下道路的感知，车道线检测、护栏检测等；基于视觉深度学习的交通信号灯检测与识别、地面交通标识检测与识别、障碍物检测与识别等，将提升自动驾驶的安全性，从而加速自动驾驶的商业化进程。

AI 算法为自动驾驶落地，带来了比传统计算机视觉方法更强的环境感知、自主导航和信息融合能力，也为发展具有自主学习能力的行为决策、路径规划与车体纵横向控制系统，带来新的研发思路与手段。人工智能还开辟了深度强化学习的新战场，让无人驾驶汽车也有自主学习能力，使其处理紧急事故的全态势感知与决策能力提升。

事实上，人工智能技术在智能驾驶和智能交通领域的应用已经很多了。比如，自动驾驶汽车上路、交通信号控制领域的应用。在信控领域，我们可以通过人工智能技术实时分析道路交通流量，自动调整红绿灯间隔，缩短车辆等待时间，提升道路通行效率，等等。

3. 智能驾驶

波士顿咨询的一份报告认为，智能驾驶有望成为自汽车发明以来影响最为深远的技术，智能汽车和自动驾驶出租车（Robotaxi），尤其是共享自动驾驶出租车在市区的广泛使用，可以让城市街道上的汽车数量下降 60%，尾气排放下降 80% 或更多，同时减少 90% 的道路交通事故。[①]

在我国汽车产业发展增速放缓的大背景下，智能驾驶技术有望成为我国汽车产业发展的新动能和新增长点。麦肯锡预测，2030 年中国自动驾驶汽车总销售额将达到 2300 亿美元，约合 1.5 万亿元人民币。在政策支持与社会需求的双重推动下，我国将成为世界上最大的自动驾驶市场。[②]

现阶段，中国的自动驾驶产业发展已经全球领先，相关技术的研发也积极跟进，在关键的传感器技术、导航定位技术、自动驾驶计算平台以及车路协同技术等领域已经有了很深的积累。

2013 年，当百度决定投资自动驾驶技术的时候，我们认为它是人工智能顶级的工程，将彻底改变人类的出行和生活。这一领域的竞争在当下变得空前激烈，技术也在快速演进。得益于我们长周期的技术研发投入和运营积累，在专业研究机构排行中，百度的自

---

① 波士顿咨询：《自动驾驶汽车、自动驾驶出租车以及城市交通革命》。
② 麦肯锡未来出行研究中心：《中国有望成为全球最大的自动驾驶市场》，《中国保险报》2018 年 9 月 5 日。

动驾驶处于全球技术领导者阵营，也是全球技术领导者阵营中唯一的中国企业。

自动驾驶即将迎来破局点。百度 Apollo 经过多年探索，发展出了三种商业模式：一是为主机厂商提供 Apollo 自动驾驶技术解决方案，助力车企快速搭建自动驾驶能力。从 2021 年下半年开始，Apollo 智能驾驶就迎来量产高峰，每个月都有一款新车上市，未来 3—5 年内预计前装量产搭载量达到 100 万台。二是百度造车，端到端地整合百度自动驾驶方面的创新，把最先进的技术第一时间推向市场。百度已经成立了自己的造车公司——集度。三是共享无人车。2021 年 3 月，百度 Apollo 在河北省沧州市获得中国首批自动驾驶收费示范运营资质，这是共享无人车服务商业化的重要里程碑。

百度还推出了新一代共享无人车 Apollo moon，目标是让出行比现在的网约车更便宜。2021 年 8 月 18 日，百度发布了全新升级的自动驾驶出行服务平台——"萝卜快跑"，结合了 Apollo 过去两年的运营实践，能够向大众提供商业运营和多元化增值服务。8 月 26 日，百度 Apollo 自动驾驶出行服务平台"萝卜快跑"正式落地北京市通州区，面向公众提供自动驾驶出行运营服务。作为北京城市副中心，通州区首批开放的自动驾驶运营路线将覆盖全区核心区域，首批设立 22 个站点，总里程超 50 公里。百度计划到 2025 年将业务扩展到 65 个城市，到 2030 年扩展到 100 个城市。

4. 新一代通信技术

对智能交通发展影响最大的是 DSRC、LTE-V 和 5G 技术发展，代表了车路协同技术发展的三个阶段，DSRC 代表欧美主导下的车路协同、LTE-V 代表中国标准下的车路协同、5G-V2X 代表未来中国标准下的车路协同技术，是最有可能商业化运营的车路协同技术。

5G 是构建智能交通体系的关键核心技术。作为迄今为止最为理想的万物互联的技术，5G 将给人类带来深刻的变革，实现从"人—人"到"人—物"到"物—物"连接。在城市场景，5G 以其高可靠低延时的特性，将催生移动边缘计算的发展，可以加速自动驾驶、车路协同、车联网、智能交通、智能充电桩、智慧城市等应用。

无人驾驶、车联网等众多应用场景，一方面对 AI 与智能化程度要求越来越高，另一方面又受限于智能汽车的成本限制，这对 5G 环境下的移动边缘计算，提出了迫切的需求。通过 5G 加持的移动边缘计算，能够在降低智能驾驶终端成本的同时，增强其算力，推动智能驾驶产业落地。比如，将部分的感知、决策、控制的能力，通过边缘计算实现，就能让智能驾驶汽车终端的成本大幅下降，有利于智能驾驶汽车的普及。

因为 5G 的产生和发展，自动驾驶的"云代驾"成为现实，无人车进入了平行驾驶时代，规模商业化成为可能。在"云代驾"模式下，驾驶员不在车里头，而在云端。当无人车需要人干预的时候，驾驶员在云端就可以操控，而且一个人可以远程控制很多台车。2020 年 9 月，百度世界大会央视直播，就给大家展示了这个技术的应用。今天，5G"云代驾"已经在北京市亦庄区、广州市黄埔区、河北省沧州市等地展开应用。无人车"去安全员"，将会导致业态发生质变，比如共享自动驾驶出租车运营将提速。

5G 的高速传输、低延时特性，将提升驾驶的安全性。运用 5G

来部署城市智能交通网络，将摄像头、路侧单元、智慧灯杆等各类设备信息连接交互，利用边缘计算和 AI 等技术，将汽车周围的路况数据实时传递给驾驶员，真正做到"360 度无死角"监控，实时告知驾驶员前方可能存在的拥堵情况、事故风险等，交通出行的安全系数会大幅上升。

根据美国国家公路交通安全管理局的调查，80%的公路交通事故是由于驾驶员在事故发生前 3 秒内的大意造成的。戴姆勒—奔驰公司通过试验说明，提前 0.5 秒示警驾驶员，可以避免 60%的追尾事故；提前 1.5 秒示警驾驶员，可以避免 90%的追尾事故。如果是用现在的 4G 网络，速率时延达到了 100 毫秒左右，对于在高速驾驶阶段，这种时延无法实现实时控制，容易造成事故。但如果升级到 5G 网络，端到端的时延能达到约 10 毫秒，驾驶员完全有时间采取预防措施避免交通事故的发生。

5. 物联网、云计算

物联网技术在智能交通中的应用包括：视频监控与采集技术、专用短程通信技术、GPS、位置感知技术、射频识别技术（RFID）等。

（1）视频监控与采集技术。这是一种将视频图像和模式识别相结合并应用于交通领域的新型采集技术。视频检测系统将视频采集设备采集到的连续模拟图像转换成离散的数字图像后，经软件分析处理得到车辆牌号码、车型等信息，进而计算出交通流量、车速、车头时距、占有率等交通参数。具有车辆跟踪功能的视频检测系统，还可以确认车辆的转向及变车道动作。视频检测器能采集的交通参数最多，采集的图像可重复使用，能为事故管理提供可视图像。

（2）位置感知技术。智能交通中的位置感知技术目前主要分为两类：一类基于卫星通信定位，如中国的北斗定位系统。通过在专门的车辆上部署接收器，并以一定的时间间隔记录车辆的三维位置坐标（经度坐标、纬度坐标、高度坐标）和时间信息，辅以电子地图数据，可以计算出车辆行驶速度等交通数据。另一类基于蜂窝网基站，其基本原理是利用移动通信网络的蜂窝结构，通过定位移动终端来获取相应的交通信息。

（3）射频识别技术。它通过射频信号自动识别目标对象并获取相关数据。射频识别技术具有车辆通信、自动识别、定位、远距离监控等功能，在移动车辆的识别和管理系统方面有着非常广泛的应用。

云计算技术在智能交通系统中的应用，可以使交通基础设施发挥最大的效能，有效缓解交通拥堵，降低交通环境污染。智能交通云把云计算资源和交通资源集中在可以共享的云平台上，使整个交通系统整体优化。

比如，最优路径诱导。大家对手机导航非常熟悉，传统导航系统提供的是最短路径，但是交通参与者的交通行为复杂多变，道路状况适时变化，最短路径往往不是最佳的选择，这时就需要能对交通信息进行实时监控、分析，提供动态导航的服务系统。最优路径诱导功能的实现，涉及浮动车的交通信息采集处理技术、数据处理算法和多源信息融合技术、动态交通预测算法、定位信息接收及地图匹配技术、高效的最优路径搜索算法、多媒体路径诱导技术等。这些技术算法需要有强大的交通信息资源支撑和计算平台的兼容，这就是云计算发挥作用的地方。

再比如，智能信控。智能的交通信号控制依赖实时可靠的交通流检测。对各种传统的交通信息采集方法采集的信息进行整合分析，得到区域交通流运行的基本背景，同时利用现有的各类交通流检测方式（线圈、微波、视频等）和 GPS、RFID、GID 等主动信息采集方式，直接通过前端设备实现对路口各流向交通流自适应控制。所有的汇集信息由云平台集中处理，形成实时、精确的区域交通控制方案，统一调控联网信号机，实现基于云计算的智能交通信号控制，提升通行效率，缓解拥堵。

综上所述，物联网技术可以帮助实现交通运输基础设施、交通运载工具的建设等情况的全面感知，在监控整个交通的运行情况的同时，还实现了基础信息采集手段的多样化；云计算则为各交通数据的存储提供新模式，"交通云"的建立将有利于打破"信息孤岛"，以彻底实现交通信息资源共享，系统互联互通；移动互联网技术使信息在各种运输方式间的顺畅传输和交互得以实现，从而达到各种运输方式的合理布局及协调高效运行；大数据技术可用于充分挖掘和利用信息数据的价值，盘活现存数据，进行应用和评价，服务于交通部门的管理与决策。

第四节　智能交通承载的使命

一、降低交通事故，让出行更安全

汽车为我们的生活提供方便的同时，也产生了一系列问题，道路交通事故便是其中之一。为了应对交通安全问题的挑战，新一代智能交通系统需要发挥作用。

在减少甚至消除道路交通事故方面，交通伤亡零愿景（Vision

Zero）是一个有着广泛认同的计划，旨在实现道路交通零伤亡。交通伤亡零愿景最初是 1997 年从瑞典发端的，目前已经在许多国家展开。

对中国而言，要实现交通伤亡零愿景是一个无比艰难的目标。据相关数据，中国目前交通万车死亡率是 1.66，美国是 1.26，日本是 0.51，英国是 0.49。相比来看，我国交通安全形势非常严峻。还要提到的一点是，中国交通死亡统计的口径，与美国和欧洲等大部分国家不一样：中国统计的是一周内死亡人数，美国和欧洲等大部分国家都是统计一个月以内死亡人数。按照一周内死亡的统计口径，2020 年有 6.2 万人死亡，但是从医疗部门的统计，年死亡人数要远远高于这个数字。

务实地讲，自动驾驶是要消除 90% 的人为交通事故，而不是实现零交通事故。消除 90% 的人为交通事故，这对提高交通安全和出行服务来说，就已经具有里程碑意义。

当然，其他技术的应用，也可以降低交通安全事故。比如，车辆自身集成物联网技术，通过大数据平台可以监测车辆的健康状态，比如轮胎胎压自检、车辆系统自检等；另外就是车内配备驾驶人监测系统（DMS）等一些主动提醒和报警功能，做到提前防范事故。当事故已经发生，车辆可通过智能呼叫系统主动求救，或者通过智能交通系统自动上报事故，第一时间呼叫救援，这也能尽可能减少生命死亡的事故。通过车与车、车与路、车与交通管理平台之间的通信，发生事故后及时将情况告知给道路车辆，减少因交通事故引发的二次事故或者道路拥堵，这在某种程度上也是降低事故发生的一种方式。

随着技术的进一步发展，未来的智能交通系统必然将大幅减少道路交通事故的发生，有一天甚至可以通过全域无人驾驶，将交通致死事故的发生概率降到极低的水平。

二、应对城镇化挑战，缓解交通拥堵

全球范围的城市化，可以说是一把"双刃剑"。一方面，全世界对此有广泛认同——高密度城市能带来效率提升和技术创新，同时还能降低资源和能源消耗；另一方面，城市的聚集，必然带来拥堵。现在，全世界已有一半的人口（约 35 亿人）生活在城市里；而到 2030 年，全世界将有 2/3 的人口是城市居民。

中国的城镇化进程也给交通带来巨大挑战。到 2035 年，中国城市化率将达到 75%。专家预测，中国人口将从三、四线城市向一、二线城市集中，这个趋势在世界很多国家都发生过。比如，美国的地理面积跟中国差不多，拥有 3 亿多人口，但是美国人口集中在少数几个地方，包括东海岸、西海岸、五大湖地区，以及佛罗里达州。日本人口集中也非常显著，东京、名古屋、大阪，这个高铁里程不到两个小时的狭窄区域里，集中了日本全国 60%—70% 的人口。

我国未来也会形成一些城市化区域，国家已经宣布了九个中心城市名单，包括北京市、天津市、上海市、广州市、重庆市、成都市、武汉市、郑州市、西安市。围绕这九个城市将形成七个大的城市化区域，包括珠三角、长三角、长江中游地区、四川盆地、西安咸阳、郑州开封、京津冀地区。有专家预测，全国 60% 以上的人口将集中在这七大城市化区域。

中国的交通拥堵问题依然形势严峻，这给新一代智能交通系统带来更大的挑战，也提出了更高的要求。截至 2021 年 3 月，中国私家车保有量超过 200 万辆的城市达 33 个。巨大的汽车保有量以及大量的出行需求，造成了道路拥堵。早高峰、晚高峰、节假日、恶劣天气等，让交通拥堵成为城市化过程中最大的弊病之一。

目前，为了缓解交通拥堵，我国在大城市普遍采取限号限行、控制私家车牌照发放的措施，同时尽可能扩建道路、优化城市管理。但道路的扩建速度远远比不上汽车的增长速度，而且道路建设成本也不低。所以我们要从现有的道路和交通状况出发，对通行效率进行优化。

在传统智能交通系统发展这么多年以后，我们的交通信号系统逐步智能化，起到了合理疏导交通流的作用，在一定程度上改善了交通拥堵的情况。但目前在智能信控发展层面，依然需要不断突破，因为中国还有巨量的红绿灯路口、交通枢纽需要进行智能化升级，还需不断引入新的智能化技术，进一步提升智能信控的水平。

这里举一个"绿波出行"的例子。简单理解就是，当你在一段道路上驾车行驶，智能信控系统和车路协同系统互相发挥作用，可以根据当前交通流的情况，自适应控制路口红绿灯的时间长度，而且会提示下一个红绿灯还有几秒钟，这项技术最好的效果就是帮助你在整个出行过程中"一路绿灯"。类似的技术手段，将有助于缓解交通拥堵。

推行公共交通和共享出行，减少私家车的使用，以缓解交通拥堵，这就是 MaaS 模式。MaaS 的核心思想是让城市的出行方式，向出行服务转变，把人的出行从私人交通工具往共享性的交通工具上转移。在道路资源有限、城市人口和出行需求不断上升的矛盾中，我们要"开源节流"，把个人占据的道路资源让给多人乘坐的公交车及共享出行车。未来，自动驾驶和 MaaS 的结合，将显著改善交通拥堵的情况。

无论是智能信控技术，还是自动驾驶出行以及 MaaS 模式，都是新一代智能交通系统的重要组成部分。

三、助力"3060"双碳目标达成

2021 年，河南省暴雨造成了巨大的人员伤亡和经济损失，也让大家更加关注极端气候对我们造成的影响。

联合国政府间气候变化专门委员会（IPCC）于 2021 年 8 月 9 日公布了第六次气候变化评估报告（AR6）第一工作组报告《气候变化 2021：自然科学基础》，称气候变暖已不可避免、不可逆转。全球变暖将导致一些地区暴雨、洪涝、干旱、台风、高温热浪、寒潮、沙尘暴等极端天气事件频繁发生，而且强度增大。

报告指出，要实现把升温控制在 1.5℃之内的目标，到 2030 年全球二氧化碳排放量需要比 2010 年减少 40%—60%，到 2050 年二氧化碳的净排放量为零，即实现碳中和。根据联合国环境规划署（UNEP）最新发布的报告，目前全球已有 127 个国家和地区作出了碳中和承诺。

2020 年 9 月 22 日，国家主席习近平在第七十五届联合国大会一般性辩论上向国际社会作出承诺："二氧化碳排放力争于 2030 年前达到峰值，努力争取 2060 年前实现碳中和。"随后，"3060"目标被纳入"十四五"规划。

碳达峰是指二氧化碳的排放量不再增长，达到峰值之后逐步降低。碳中和是指企业、团体或个人测算在一定时间内直接或间接产生的温室气体排放总量，然后通过植树造林、节能减排等形式，抵消自身产生的二氧化碳排放量，实现二氧化碳"零排放"。

根据生态环境部于 2020 年发布的《中国移动源环境管理年报》，中国交通运输碳排放总量约占全国碳排放量的 6.7%。中国交通运输碳排放总量中，道路运输占 84.1%，水路运输和航空运输占 14.6%，铁路运输占 1.2%，其他约占 0.1%。交通运输业实现双碳目标可谓任重道远。

在智能交通领域，一方面要通过交通的整体规划调度、运营管理，减少交通拥堵，进而减少碳排放；另一方面要促进交通出行模式的转变，推动私家车出行向 MaaS 模式转型。

第五节　百度 ACE 智能交通理念

人工智能、大数据、云计算、5G、物联网等新技术，将对整个交通系统带来颠覆性的变革，同时推动智能交通模式、服务、治理等发生变化。

ACE 智能交通引擎集成了百度在人工智能、大数据、自动驾驶、车路协同等领域的多年积累，其中 ACE 分别代表了 Autonomous Driving（自动驾驶）、Connected Road（车路协同）、Efficient Mobility（高效出行）。百度正基于 ACE 智能交通引擎在二十多个城市开展落地实践，助力当地交通管理迈入智能化、一体化的崭新阶段。2020 年百度发布了《百度 Apollo 智能交通白皮书》(ACE 1.0)，首次系统阐释了 ACE 智能交通理念，体现了百度智能交通独特的价值主张。2021 年 7 月，ACE 2.0 发布，ACE 智能交通理念再升级。

如图 2-3 所示，ACE 2.0 的总体架构为"1 + 3 + N"，即 1 个数字底座、3 个智能引擎、N 个场景应用。ACE 2.0 是融入了物联网、云计算、大数据、移动互联网、人工智能等新技术，实现人、车、路、环境等有机结合的一套系统，更加强调协同运作、个性化和智能化运作。具体来讲：

1 个数字底座，即车路云图全栈技术为核心的数字底座，是百度 ACE 2.0 的数据基础。

3 个智能引擎，分别为 Apollo 自动驾驶引擎、车路协同引擎、MaaS 出行引擎。

N 个场景应用，包括以智慧交管、智慧高速、智慧停车为代表的数字化；以 APP、车机、度小镜、智能路口为代表的网联化；以及以自动驾驶巴士、自动驾驶出租车、阿波龙为代表的自动化。

这套系统通过各类新技术来汇集交通信息，对交通管理、交通运输、公众出行等交通领域，以及交通建设管理全过程进行管控支撑，让交通系统在区域、城市甚至更大的时空范围内，具备感知、互联、分析、预测、控制等能力，以充分保障交通安全、发挥交通基础设施效能、提升交通系统运行效率和管理水平，为通畅的公众出行与可持续经济发展服务。

未来中国智能交通发展将聚焦在四个方面：一是大力发展车联网、车路协同、自动驾驶相关技术，技术突破是智能交通发展的底层支撑。二是交通基础设施的智能化。车辆的智能化发展固然重要，但同时必须兼顾道路侧基础设施的智能化，车路协同是智能交通发展的关键路径。三是交通的智能管控和高效运营，智能交通运

图 2-3　百度 ACE 智能交通总体架构

营商模式是胜负手。我们在后面的章节会详细展开。四是智能出行服务，包括共享出行、定制化、个性化出行服务等。

想象一下，未来智能化道路组成庞大的智能交通网，这些交通网的实时情况，都经由传感器设备的采集和捕捉将数据传到统一的云平台上，交通可以实现像"绣花"一般的数字化管理。某段路上的任何一点异动，都能通过通信技术进行分发，可以被道路上每一个参与者获知。这样的智能交通系统，让我们每个人不再受交通安全的威胁、不再受拥堵之困、不再受空气污染之苦，出行将变得更安全、高效、绿色、低碳。

本章介绍了全球智能交通、智慧城市的前沿理念和实践，包括谷歌在加拿大多伦多实验性的 Sidewalk Toronto 梦想城市，以及"15 分钟巴黎"这样的愿景城市构想。

就中国而言，智能交通建设的使命，可以总结为三点：

一是降低交通事故，让出行更安全。目前，90% 以上的交通事故都是人为因素造成的，随着自动驾驶、5G、车路协同等技术进一步发展，智能交通系统必将大幅减少道路交通事故的发生。有一天甚至可以通过全域无人驾驶，将交通致死事故的发生概率降到极低的水平。

二是应对城镇化的挑战，缓解交通拥堵。无论是更先进的智能信控技术，还是智慧停车、智慧高速等解决方案，抑或是 MaaS 模式、智能交通运营商模式，都是新一代智能交通系统的重要组成，将显著改善交通拥堵的情况。

三是助力国家碳达峰、碳中和的目标。比如，通过智能信控、车路协同等创新方式，提高通行效率，减少交通拥堵，进而减少碳排放；再比如，通过推广新能源、智能化、数字化的交通装备，促进交通出行模式向 MaaS 模式转型，鼓励绿色出行，让交通更环保、出行更低碳。

智能交通运营商模式是达成智能交通使命的关键路径。下一章将对智能交通运营商模式进行详细阐释。

第三章
智能交通运营商

运营商是指提供网络服务的供应商。

——百度百科

▶▶▶ 扫码听音频

第一节　从电信到交通

当我们谈起"运营商"这个词的时候，常常会想起电信运营商。事实上百度百科里"运营商"这个词条，就是专指电信运营商。之所以是这样，不仅仅因为电信产业在过去几十年中深刻地改变了我们每一个人的生活、工作和学习，也因为电信行业一直是几乎所有行业的增长、创新和颠覆的中心。而电信运营商在帮助个人、企业和城市实现其数字化雄心，并满足对数据和连接不断增长的需求方面发挥着关键作用。

那么，除了电信行业之外，还有没有什么行业的增长、创新和颠覆是需要靠运营商的呢？中国电信运营商的发展史，或许能够给我们启发和答案。

从新中国成立到 20 世纪 80 年代初，中国的通信业务被邮电部垄断经营。

1992 年党的十四大提出建立社会主义市场经济体制之后，政府开始考虑建立另一家企业来破除邮电部的垄断。1993 年 12 月，国务院发布《关于同意组建中国联合通信有限公司的批复》，文件指出，"组建联通公司是我国电信管理体制深化改革的初步尝试"。

1994 年 7 月 19 日，联通公司正式成立，其背后是电子工业部、电力部、铁道部和中信集团等 15 家部级单位共同出资，这 15 家"联合"对阵邮电部的"电信"。

由于是各方势力博弈，所以在联通公司成立初期，国家并未向联通公司注入资本。众所周知，电信工程是个要在初期"烧钱"的生意。因此成立初期，资金短缺成了联通公司要面对的最大难题。并且出于安全考虑，国家法律规定不允许外资直接经营中国的电信业务。联通公司为拿到资金，可谓绞尽脑汁。最终采用了"中中外"合资方案。所谓"中中外"合资，就是中国公司和外国公司设立中外合作或合资公司，然后和联通公司签订项目合作合同，以此来解决联通公司的资金问题。

1997年，从邮电部分离的中国电信在中国香港和美国纽约两地上市，成功融资42亿美元。与此相比，此时"中中外"的联通公司，不仅在经营上毫无起色，而且存在内部腐败、财务混乱和外资过高等一系列问题。政府及外国投资方都对联通公司极为失望，联通公司濒临崩溃。1998年8月，时任国务院总理的朱镕基，要求联通公司必须"清理'中中外'，退还本金，适当补偿"。

1998年，九届全国人大一次会议批准，中国电信的"老东家"邮电部和联通公司的"老东家"电子工业部合并，在此基础上建立信息产业部。从此，电信业政企分开，信息产业部负责电信行业监管。同时，国家向联通公司注入50亿元资金，发放了所有的电信牌照，并着手解决"中中外"合资问题，开始为上市做准备。直到2000年3月所有外资股权才全部清理干净。同年6月，由国家控股的新联通公司终于在中国香港和美国纽约两地同时上市，融资64亿美元。

1999年，对电信企业的重组是中国电信事业发展史上一次空前的改革。中国邮电电信总局分解为中国电信集团公司、中国移动通信集团公司、中国卫星通信集团公司和国信寻呼通信公司。

而后经过一系列兼并重组，2009 年前后，中国电信、中国移动、中国联通都成为全业务牌照运营商，三大运营商的格局确立。

出于建立市场经济体制的考量，邮电部从新中国成立初期开始的垄断被无情终结，市场经济体制无疑创造了竞争，但同时提升了行业的整体水平。政企分开提高了企业的自主性。兼并重组则有效地提高了企业的整体水平，避免了一部分不必要的竞争，达到"1＋1＞2"的效果。

电信运营商市场化的运作不仅造就了华为、中兴等一批电信设备生产厂商，为中国打造了世界一流的通信基础设施、高品质的网络覆盖和网络服务，也极大地推动了产业创新，催生了一批批代表新生产力的互联网企业。

从 2020 年开始，我在一些会议、论坛上多次提到"智能交通运营商"。智能交通运营商模式，源于百度对未来交通的一个判断——从短期来看，每个城市都将有一个或多个智能交通运营商；从中长期来看，或将出现 2—3 家全国性的智能交通运营商。

事实上，未来 10—40 年，大交通出行领域到底应该是一个什么市场，是自动驾驶，是智能电动汽车，还是智能交通？每个参与者的视角是不一样的，决定了各自的战略选择。我认为，从自动驾驶出发，经过车路协同，最终一定会走到智能交通、智慧城市。智能交通运营商模式将应运而生。

中国的电信运营商，推动了无线通信网络从 2G 到 3G、4G 乃至 5G 的大规模商用，缔造了互联网经济的繁荣。因为有运营商，电信网络基础设施的效率非常高，技术迭代很快，应用创新层出不穷，创造了巨大的经济效益，深刻影响了我们的生活。

交通既是一个庞大的产业，影响着我们生活、工作的方方面面。为什么从一百多年前到现在，城市交通居然还没有一个在统一的顶层设计规划下，集基础设施建设、运营、服务于一体的交通运营商呢？

现在城市面临着很多问题：交通拥堵、停车难、各种交通事故造成人员伤亡、汽车尾气排放带来大气污染等，这些都困扰着生活在城市中的每一个人。大家对城市交通怨声载道，政府部门虽然出台了"限购""限行"等措施，但效果却不尽如人意。

城市智能交通运营商模式，会是一种很好的解决方案。智能交通运营商将统筹建设并运营智能交通基础设施；搭建面向用户的智能交通运营平台，为用户提供更好的体验和服务；同时带动产业链不断突破创新，创造合作共赢的生态；智能交通运营商，还要主动承担碳减排的任务，创造绿色出行新方式。

2021年起，百度开始在广州市等地落实推广这一理念。广州市黄埔区成为率先开启国内"智能交通运营商"新模式的城区。2021年6月17日，车城网（广州）智能科技有限公司成立，成为全国首个"智能交通运营商"，其业务范围涉及车路协同网络基础建设、城市智能交通云、一站式综合出行服务平台等多个方面。

智能交通运营商模式已经初显成效。比如在广州市黄埔区，百度通过建立一套有轨电车智能优先系统，让有轨电车平均行程时间由56分钟缩短至40分钟，每趟次行程时间节省约28%，得到市民的普遍赞誉。百度在湖南省长沙市和河北省保定市的智能交通项目，也是以智能交通运营商的理念为支撑——通过持续优化算法，不断提升整个城市通行的效率。

现在的移动互联网生态如此发达，电信运营商在其中起着举足轻重的作用。电信运营商从 2G、3G、4G、5G 不停迭代，构建起庞大的移动网络基础设施，提供稳定的保障服务。在此基础上，用户规模、应用服务、网络覆盖三者形成相互促进的正循环，催生了移动社交、移动电商、移动支付、移动出行、直播、短视频等全新的业态，从而孕育了很多百亿美元甚至千亿美元级的产业公司。

延续这条发展轨迹，我认为未来 20 年最重大的产业变革，将在交通领域诞生。就像智能手机需要 3G、4G 和 5G 网络支撑一样，新一代智能网联汽车的兴起，需要建设智能的交通网络基础设施，更需要高效的运营。智能交通运营商模式将改变过去传统智能交通建设的业态，由一次性集成商模式改为持续性运营商模式。智能交通运营商模式将改变出行市场格局，更将改变我们的出行方式，让每个人的出行变得安全、便捷、高效、经济和绿色。

第二节　智能交通运营商是什么

城市智能交通运营商，是智能交通基础设施建设的驱动者，在政府的整体规划和指导下，建设"立足当下、面向未来"的智能交通基础设施，并不断提升交通基础设施的运营效率；是智能交通服务提供者，通过搭建智能交通运营平台，为用户提供有价值的服务，满足用户对安全、高效、便捷的出行服务的需求；是智能交通产业链的推进者，带动产业链不断突破创新，孕育新的商业模式，带动产业链的繁荣；是智能交通技术创新者，推动智能驾驶、5G、车路协同、云计算、物联网等技术的应用创新。智能交通运营商，还要主动承担碳减排的任务，创造绿色出行，加速城市向美好未来出行模式演进。

举例来讲，智能交通运营商负责牵头城市智能交通基础设施的建设，如智能信控、智慧停车、车路协同等；智能交通运营商，将面向公众搭建 MaaS 等平台，负责给市民提供稳定、通畅、安全的交通服务，还将推动出行方式向自动驾驶出租车、自动驾驶巴士等未来的形态演进。

城市智能交通运营商将至少扮演四种角色：

一是成为智能交通基础设施建设的驱动者。以电信运营商为例，改革开放以来，我国电信业历经"1G 空白、2G 跟随、3G 突破、4G 同步、5G 引领"的发展过程。在此过程中，运营商是电信基础设施建设的驱动者，是一直带动我国移动通信实现跨越、赶超的领军者。

1G 时代，中国电信市场从 0 起步；2G 时代，中国跟随 CDMA 和 GSM 两大国际标准，但中国移动一跃成为全球网络规模最大、用户数量最多、市值最高的电信运营商；3G 时代，中国主导了 TD-SCDMA 标准，中国移动承担了建设和运营 3G 网络的重任；4G 时代，中国主导的 TD-LTE 成为 4G 的主流技术之一，全球 53 个国家和地区建设了 TD-LTE 商用网络，中国电信业从追随到并跑；5G 时代，中国企业是制订 5G 标准的重要力量，成为全球市场的绝对领先者。

未来 10—40 年，智能交通运营商将是智能交通基础设施的主导者。人工智能、5G、云计算、物联网等技术正在成为拉动智能交通发展的新引擎，加快智能交通基础设施建设是大势所趋。现阶段，智能交通基础设施建设的目标，是"聪明的车"和"智能的路"协同推进。未来，L5 级自动驾驶的车和 C5 级的路是终极目标。但是这条路道阻且长，没有智能交通运营商的强力推进，几乎是不可能完成的。

二是成为智能交通服务的提供者。中国移动前董事长王建宙写了一本书——《从 1G 到 5G：移动通信如何改变世界》，其中谈到移动通信发展历程带来的启示。他认为，用户需求是第一推动力。他在书中指出："作为移动通信从业者，当移动电话普及率很低的时候，我们担心移动电话网络建设好了却没有人用。后来，移动电话的普及率提高了，我们又担心人人都有手机了，我们还如何实现业务增长。但是，事实证明，随着技术的发展，人们会对移动通信产生各种新的需求，而我们的预测往往偏于保守。在移动通信的发展过程中，不断会出现新的事物，这些新技术、新功能、新服务将不断给我们带来新的增长动力。"

城市智能交通运营商的最终价值，是满足用户对安全、高效、便捷的出行服务的需求。智能交通运营商将搭建起直接服务消费者的一站式出行服务平台，为人们提供综合的交通出行方案和服务。比如，自动驾驶 MaaS 平台就是其中的一种形态，它将各种形式的自动驾驶出行服务集成，结合平台策略为用户推荐合适的自动驾驶出行方式。

2020 年百度地图对智能交通领域网民最关注的民生内容进行了专题研究（见图 3-1），结果显示"违章抓拍""网约车""车驾管服务"居前三，这些是当前交通出行的主要问题。同时，"交通信号控制""交通支付""智能停车""无人驾驶""智能公交"等服务需求开始涌现，这对智能交通运营商意味着巨大的机会。面向未来，智能交通运营商还将创造全新的出行模式，比如定制出行、预约出行、个性化出行服务等。

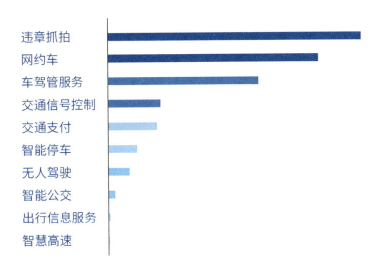

图 3-1 智能交通领域网民关注度前十的民生内容

资料来源：百度地图：《智能交通领域网民最关心的民生内容专题研究》，2020 年。

三是成为智能交通产业链的推进者。智能交通运营商，需要构建一个连接车、路、人的复杂的智能交通网络系统，它需要聚合产业链合作伙伴的力量，强化基础通用的能力，并通过运营为智能交通产业链各方提供服务；运营商还必须担当平台运营的主导者，通过开放合作的方式，联合产业链伙伴创新商业模式，促进智能交通产业和生态的繁荣。

以电信运营商为例，作为产业链的龙头，电信运营商带动华为、中兴等通信设备制造商跻身全球前列。2G 时代，国际通信厂商占据垄断地位，华为从边缘的城际网络切入市场；3G 时代，华为、中兴已经成为主流的电信网络设备提供商；4G 时代，华为一跃成为全球领先的移动通信设备制造商；5G 时代，我们建设的 5G 基站居世界第一，华为、中兴成为全球 5G 网络设备的主要供应商。

不仅如此，电信业的发展，也让华为、小米、OPPO、VIVO成为全球领先的手机厂商。截至 2021 年第二季度，全球出货量排名前五的手机厂商，中国占据三席，分别是小米、OPPO、VIVO。[①] 电信业的发展，更推动了移动支付、移动电商、移动社交、网约车、共享出行、移动视频等应用的蓬勃兴起，成就了一批移动互联网大公司。

智能交通产业链更长更复杂，运营商在其中的作用更加举足轻重。有智能技术提供商、通信网络设备制造商、智能汽车和智能道路终端设备制造商、系统集成商、应用服务提供商、内容提供商等。智能交通运营商将连接 G 端的政府、B 端的合作伙伴、C 端的海量用户、D 端的开发者，打造智能交通繁荣生态，创造巨大的经济效益。

四是成为智能交通技术的创新者。未来 10—40 年，是智能交通技术快速发展的关键时期。在技术引领方面，运营商要联合产业链各方，加强对智能驾驶、车路协同、5G、云计算、物联网等技术的研究，要大力推进技术创新，掌握好新技术的引入节奏。智能交通重点创新技术包括：全息交通、计算交通、共享交通、协同管控、大数据分析、智能出行、智能驾驶、车路协同等。

汽车产业曾经被认为不可能像计算机产业那样迎来指数级发展。但是今天，电动车时代的来临让汽车产业指数级发展成为可能——电动车电池价格正在大幅降低。电动汽车通常使用 40—60千瓦的锂离子电池组，约占汽车成本的 1/3，当电池成本降到 100美元 / 千瓦时以下时，电动汽车就会比传统汽车便宜。据彭博社分

---

① Canalys：《2021 年第二季度全球智能手机出货量报告》，见 https://canalys.com/newsroom/worldwide-smartphone-market-q2-2021。

析，在过去 10 年，电池均价已从 917 美元 / 千瓦时跌至约 137 美元 / 千瓦时。有报道称，中国一些汽车的电池成本已经降至 100 美元大关，比之前的估计时间早了几年。到 2030 年，这个数字可能会降至 60 美元 / 千瓦时以下（见图 3-2）。电池价格下降，带来电动车价格的降低，从而加速汽车电动化和智能化的进程。

自动驾驶也是如此，目前激光雷达、毫米波雷达、摄像头、车路协同相关的边缘计算、路测设备等，都会随着应用规模的扩大，呈现大幅的成本下降，从而引爆市场。

综上所述，智能交通运营商，是技术、应用达到一定发展阶段的必然产物，是新技术、新应用及新模式的联合体，将对我们的经济和生活产生深远影响。

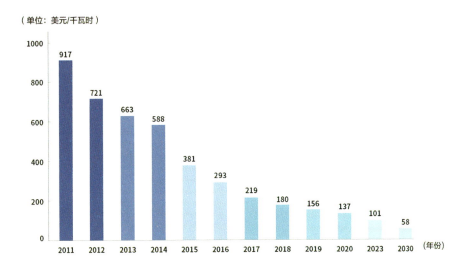

图 3-2　2011—2030 年锂离子电池组的单价走势预估

资料来源：彭博新能源财经。

第三节　智能交通运营商的必要性

"要想富，先修路。"这是改革开放以来，各地发展经济的共识，汽车是国民经济支柱产业之一，稳增长、保就业离不开汽车。2020 年，国内汽车制造业营业收入为 8.16 万亿元；如果按每辆车每年 2 万元维护费用（包括加油、保险、车后市场等）计算，这个市场大约为 7.44 万亿元，两项相加约为 15.6 万亿元。2020 年我国国内生产总值约为 101.6 万亿元，比较来看，汽车产业的规模和重要性不言而喻。

实际上，在今天推动城市数字化的过程中，大型城市年度的一号工程、二号工程基本上都是交通。为什么新基建、交通强国等政策在各地推进如此迅速？这是因为未来 20 年，驱动城市、地方经济发展的下一个核心动力是智能交通。

智能交通运营商模式，能真正推动交通向更安全、高效、绿色和经济的方向演进。

首先是提升交通安全性。在智能交通运营商模式下，通过更"聪明的车"和更"智能的路"，以及车路协同，将大大提升自动驾驶车辆的安全性。全球每年有 135 万人在交通事故中丧生，因此有人说"汽车是一种特殊的大规模杀伤性武器"。大约 94% 的交通事故是人为因素导致的，包括本书"自序"中讲过的酒驾等危险驾驶行为。如果自动驾驶的车代替人类驾驶的汽车，必将大大降低交通事故发生率。

交通运营商除了用人工智能、大数据、通信等手段提升交通的安全性外，也会结合使用交通工程和人工运营等方式。比如，一个城市有很多无保护左转路口，是很大的交通隐患，也是很多城市交通事故的主要发生地，交通运营商可以通过数据运营分析，增加相应的左转专用车道和专用灯，减少路口的冲突点，降低交通事故发生率；再比如，通过开辟自动驾驶专用车道，将极大加快自动驾驶落地速度。但如何设计、使用运营，这些都是交通运营商要去思考、解决的问题。

其次是大幅提升通行效率，缓解拥堵。通常大家会认为，交通拥堵只在大城市特别严重。实际上透过百度地图数据我们观察到，无论是一线城市，还是三、四线城市，拥堵都是经常发生的。2020年全国交通拥堵排名前十的城市为重庆市、贵阳市、北京市、西安市、上海市、广州市、昆明市、青岛市、南京市和长春市，并不都是一线城市。

截至2021年3月，中国私家车保有量超过200万辆的城市已有33个。① 无论在哪个地域，在通勤、节假日出行的高峰期，在学校、商圈、医院等聚集区，都有可能发生拥堵。巨大的汽车保有量和大规模出行造成道路过载，导致大城市中拥堵时段的车速低至15—20公里/小时，车辆平均每公里可能增加0.15升的油耗。拥堵增加了出行的时长和油耗，增加了碳排放。

常见的缓解拥堵的做法是限号限行。2020年，百度地图对上海调整外牌限行管理措施效果进行了专项评估。结果发现，在高峰期，限行区域内的通行效果略有改善，但是却加剧了周边的拥堵，外围道路路段车速普遍降低了20%。

大家会认为，缓解拥堵，就是要建更多的路。这其实是不现实的，也是不经济的。智能化技术可以在扩建道路之外，从软件、运

---

① 中华人民共和国公安部：《2021年一季度新注册登记机动车966万辆》，见 https://www.mps.gov.cn/n7944517/n7944597/n7945888/c7829360/content.html。

营层面提升通行效率。大体上估算，国内修建道路的成本为每公里 0.5 亿元以上，而信控升级的成本和实施难度往往要大幅低于道路扩建。而仅仅通过交通信号系统的智能化，合理疏导交通流，就能够降低 20%—30% 的拥堵。交通拥堵的减少，出行效率的提升，还可以有效减少能源消耗，降低碳排放。

再次，智能交通作为新一代的城市基础设施，将加速城市的数字化转型，催生智能网联汽车、MaaS、自动驾驶出租车、无人物流等新型城市交通产业发展。今天，包括北上广深在内的大型城市都在构建更好的场景，以培养更繁荣的智能网联汽车生态。大家的一个基本共识是，只有通过城市智能交通运营商的模式，才能更好地培养生态，为当地智能网联汽车创造重大的发展机遇。自动驾驶货运市场、自动驾驶出行市场都是万亿级的赛道，在这些领域一定会诞生具有巨大经济影响力的企业。

最后，智能交通运营商模式，更有利于发挥主体作用，承担主体责任，助力交通领域碳达峰、碳中和。交通行业（包括公路、铁路、船运和航空）使用的能源（主要是燃油），不仅是空气污染的主要源头，还可导致大量碳排放。而在未来相当长的一段时间，随着汽车保有量的增长，道路交通的碳排放还将持续增长。

以"碳达峰、碳中和"为牵引，将引发交通各要素的迭代升级，到碳达峰乃至碳中和实现的时候，整个交通系统都将迎来颠覆性的变化。其间，智能交通运营商将发挥主体作用，承担主体责任，推动城市交通低碳化转型。

第四节　智能交通运营商与传统系统集成商的区别

智能交通并不是一个新概念，但是百度提出的智能交通，是包括自动驾驶技术、无人车、车路协同、MaaS 平台等的新智能交通，而不是传统的系统集成商所做的系统和解决方案。

交通是复杂的系统工程，是城市规划、车流、人流、信号控制、停车管理、重大事故预防等问题的综合体。传统集成商建设模式下，智能交通的建设是以项目形式驱动的，业界称为"烟囱式"的建设方式——各个项目相互独立，缺乏协同效应，最终没有人为整个城市的交通安全与效率负责，存在相当多的弊端。

比如，在视频监控领域，公安、交警、城管等部门，都有针对视频监控部署的需求。过去，这些项目由不同部门发起，然后由软硬件提供商和集成商进行建设，但最终项目资源和数据难以共享。同时缺乏专门的机构对智能交通建设的整体效果负责，这就造成投资效率不高、重复建设等问题。而且，项目一旦建成，设施设备长期的运营效果，也难以得到保障。

智能交通运营商与传统系统集成商模式具有显著区别：

一是技术积累不同。传统的智能交通建设模式下，集成商缺乏核心技术积累，是从各个供应商采购模块与部件来进行集成建设，每个部分在实施过程中效果都会打折，最终导致项目的建设效果整体打折，效果难以保证。但是在智能交通运营商模式下，各参与方是带着最领先的理念和技术进入交通行业，可以确保系统和平台的先进性和实用性。

二是主体不同。过去的智能交通是由政府多个机关部门协同，但却没有明确的负责人和主体。但是，现在政府会有意识地指定一个明确的运营主体。比如，指定国投企业或者国有企业来牵头，承担智能交通运营商角色，整体推进智能交通项目的规划和建设。在这样的新模式下，智能交通的项目不但有了顶层设计，而且落地执行的推进速度很快。

三是效率不同。在传统系统集成商模式下，各个项目相互独立，容易形成重复建设。不仅如此，各部门、机构有各自的基础设施和数据，基础设施和数据之间难以跨部门、跨项目共享，难以形成协同效应。在传统智能交通建设上，全国一年的投入规模约千亿元量级，平均到每个地级市约三亿元，一个省每年约几十亿元，这里面即便提升 1% 的投资效率，也是相当惊人的数字。智能交通运营商模式，可以统筹规划、统筹建设，更好地解决投资的成本和效率、数据打通共享等问题。

四是结果不同。传统的系统集成商，俗称"一锤子买卖"，一个项目做完以后就走掉了。但是智能交通运营商模式，是讲求整体效果，为最终效率和结果负责的。所以，就百度的经验来看，无论是跟政府合资成立交通运营商实体公司，还是协同政府创立旗下独立运营的运营商，初衷都是一定要把智能交通运营的模式走通。因为，运营模式的核心就是关注运营效率，效率越来越高，成本投入越来越低，效果越来越好，这样才会形成一个可持续的模式。

当下国有企业也普遍面临转型升级，在传统智能交通建设模式下，国有企业拥有众多的智能交通设施资产，但资产本身并不能增值。通过运营商模式，使基础设施不断迭代升级，发挥数据和服务的价值，可以使智能交通资产发挥更大的价值，并在保证交通运营效果的同时，持续产生收益。

可以说，智能交通运营商模式，正当其时。城市智能交通运营商将从模式、周期、效率、成本和收益等多个维度，发挥独特优势，从而为政府、企业、市民等创造不同的价值。

第五节　智能交通运营商的关键参与方

如前面谈到，我们认为未来每个城市都会有智能交通运营商。实际上，智能交通运营商模式要跑得通、跑得好，需要政府、国投或国有企业、第三方的技术服务提供商等通力合作，政策、技术、市场缺一不可。下面将重点谈其中的两个关键角色——政府和企业。政府是投资、管理、运营的主导者，企业是市场的主体。

一、政府

在智能交通运营商模式下，政府的关键作用是营造一个有利于创新的环境，包括制定相关产业政策，引导资金投入方向，鼓励发展相关产业等。在市场启动期，竞争者涌入，政府还要创造公平竞争的环境，确保市场健康有序发展。

制定政策、统一标准：政府的作用，首先是出政策、订标准。这些年，国家在智能交通、自动驾驶方面出台了诸多政策法规，加快了智能交通建设的步伐。但涉及自动驾驶汽车研发、生产、销售、商业化应用的相关法律法规，仍需要加快研究和制定。在标准方面，各政府部门已经牵头制订了不少自动驾驶、智能网联、车路协同相关技术标准，但是道路基础设施、云控基础平台、功能安全和预期安全等车路协同自动驾驶核心技术标准，仍需要加快研制。业界都在期待政府主导，尽快构建起车路协同自动驾驶标准法规体系。

统筹规划、主导运营：政府是智能交通网络建设的总设计师、总指挥官。智能交通网络建设，是以城市数字化治理与服务民生为导向，其中在公安、交管、城管等多个领域都会涉及大量与安全、隐私相关的数据，因此政府统管、统筹规划是必然。政府负责智能交通系统的顶层设计，协同各部门在统一目标下，进行基础设施的建设和运营，服务于城市治理和人民群众的平安出行。

主导投资、鼓励创新：政府是智能交通建设的投资主体。据相关数据，2018 年国家在交通方面的投入超过 10500 亿元，而智能交通方面的投资却只有 240 亿元，仅占 2%。城市物理空间有限，不可能无限建设交通设施，未来交通问题的解决要靠软件、靠基础设施的智能化升级。因此，政府需要在智能交通系统建设和运营方面加大投资力度。政府带动投资，营造更好的投融资环境，将使企业敢于投资创新，敢于做大应用规模，从而带动产业的繁荣。

二、企业

智能交通运营商是一种产业创新模式，如果没有产业公司积极参与市场，没有投资者和金融市场愿意投入资金、承担风险培育市场，这个商业模式是行不通的。这些产业公司，既包括智能交通运营商本身，也包括技术服务商，还有应用服务开发商等。

那么，谁应该成为智能交通运营商？从百度已有的实践经验来看，智能交通运营商的主体，通常是国有企业或者政府主管平台公司。在过去几年，各地城市都在积极进行数字化转型，地方政府对数字化基础设施建设已经形成了相对清晰的思路，通常会由指定的某个局委办来统筹智能交通运营等数字化项目的落地，指定有关的国有企业或平台公司来实际运营。

而科技公司，将为城市智能交通运营商提供设备、系统和运营方法等多维度的支持。由于承担智能交通运营商角色的机构和企业，在经营思维和运营经验上还不够成熟，因此在早期阶段，百度也在探索与国有平台企业一起做智能交通的运营。

正如移动通信网络催生了移动社交、移动电商、直播等大量创新互联网应用一样，在智能交通时代，也将孕育出新产业、新应用，比如车路协同、智能信控、智能停车、智能公交、智能货运、智能车联、智能出租等。这对科技企业而言，意味着巨大的产业机会，他们可以开发大量的服务，满足城市治理和公共出行等需求。

总体来看，在智能交通运营商模式中，政府将主要扮演智能交通规划、设计、统筹发展的角色；政府指定并主管的有关国有企业或平台公司，成为智能交通运营商；科技公司将提供软硬件的技术和运营经验，助力、赋能智能交通运营商；而众多企业将成为智能交通时代的开发者，打造智能交通与未来出行的应用。

第六节　智能交通运营商的运作模式

智能交通运营商模式，作为一种智能交通网络建设与运营的全新形态，目前依然处于探索阶段。百度已通过与一些地方政府合作，取得了一些阶段性的进展。

以广州市黄埔区为例，黄埔区是国内首个落地"智能交通运营商"模式的区域。2021 年 6 月 17 日，车城网（广州）智能科技有限公司正式成立，这家公司就是国内首个"智能交通运营商"的实体。

百度 Apollo 与广州市在智能交通领域的深入合作始于 2020 年 8 月，当时广州市黄埔区、广州开发区与百度 Apollo 三方启动了"广州市黄埔区广州开发区面向自动驾驶与车路协同的智慧交通'新基建'项目"。该项目计划在黄埔区 133 公里城市开放道路和 102 个路口，规模化部署城市 C-V2X 标准数字底座、智慧交通 AI 引擎及 6 个城市级智慧交通生态应用平台，并与现有交通信息化系统实现对接应用。

北京市亦庄区则是全球首个城市级"高级别自动驾驶示范区"。目前百度 Apollo 正在与亦庄区联合推进高级别自动驾驶示范区的建设，在开发区 60 平方公里开展"聪明的车、智慧的路、实时的云、可靠的网和精确的图"五大体系建设。首期双方将在 12.1 公里、28 个路口进行车路协同智能化改造，支持高级别自动驾驶示范运营。

以北京市亦庄区为例，在智能交通运营商模式下，政府部门、平台公司和各参与方的角色分别是——亦庄区政府：投资方与主导方；车网科技有限公司：智能交通运营商；数字基础设施建设有限公司：基础设施建设与维护；企业：技术提供方（如百度）和生态应用开发者。

如果说车网科技作为智能交通运营商的角色，类似于通信运营商中的中国移动，数字基建公司的角色就相当于电信网络的中国铁塔公司——2014 年中国移动、中国联通和中国电信联合出资成立国有通信铁塔基础设施服务企业（以下简称"中国铁塔"），中国铁塔就是负责中国的移动通信网络技术设施建设。

数字基建公司负责规划实施智慧灯杆建设在什么位置、装配什么样的设备，之后政府、智能交通运营商可以以租金的形式，将这些基础设施进行回购，或者购买包括摄像头、红绿灯在内的数字化服务。

车网科技作为智能交通运营商，将负责城市智能交通数据与服务的运营，向普通用户提供服务；政府机构、企业（如车企或大型互联网公司）等，使用智能交通运营商提供的数据服务，也将向智能交通运营商付费；智能交通运营商会对整个城市运行效率和运行质量负责，它接受老百姓的投诉、监督和考核。

有了智能交通运营商以后，用户可以随时接入运营商的服务。过去，移动互联网接入的终端是手机，而未来整个城市交通的终端就是人和车。车端接收的服务，包含红绿灯的信息、路况信息、施工信息、事件信息、气象信息等。人可以通过手机等各种智能终端设备，获得智能交通服务。

总体来看，用户对交通的需求大致可以总结为：安全类、效率类和服务类。未来企业或者个人用户，将会为这三类需求付费。比如，未来的交通云服务，会变成一个云服务订阅付费的方式，就像移动手机生态系统中的 APP Store 一样，未来城市交通信息化也会走这样的路径。

在智能交通运营商模式下，如何评估投资回报？智能交通建设是社会公共事业性投资，从短期（1—2 年）看，政府和企业更关注新系统、新模式带来的拥堵减少和效率提升，让老百姓的出行效率有明显改善；从中长期看，政府更关注产业的发展，无论是自动驾驶，还是智能网联汽车，抑或是车路协同，都意味着新的产业机会；此外，是细分领域的投资回报，比如在智能信控、智能停车等领域。目前自动泊车技术已经开始量产落地，将带来停车方式的变革，也意味着新的商业机会。

通过智能交通运营商模式，广州市黄埔区和北京市亦庄区正在改变过去传统智能交通建设的业态，由一次性集成商模式改为持续性运营商模式，通过贴合实际场景持续升级的车路智行算法，提升整个城市和地区的通行效率，解决过去靠人力、传统基建无法解决的问题，打造人工智能与数字经济创新应用样板。百度目前合作落地的十几个城市，在降低拥堵时间、提升安全性方面，都有了非常明显的改善。

第七节　智能交通运营商模式面临的挑战

交通是政府工程，智能交通运营商模式大范围落地，将首先依赖于政府是否给这种模式投"信任票"，谁来做"智能交通运营商"的主体？是政府主管的平台公司，还是城投公司？它们是否有转型意愿，承担智能交通运营商主体责任？这些都是当前面临的挑战。从具体落地层面，还有以下几方面的挑战：

第一个关键问题是智能交通运营商模式依赖于智能交通技术的成熟度。只有相关技术成熟，在应用中形成强闭环，跑通模式，才能规模化复制。智能交通运营商的系统与电信运营商的系统非常类似，是高度复杂的，是多个子系统的协同智能。只有智能交通的多个子系统实现了高度协同，才能形成很强的示范效应。即只有技术成熟度达到一定的水平，在一个地方形成一个强闭环、强模式，才会形成有效的模式。

技术成熟度问题，我认为通过1—2年的时间进行迭代，应该就可以解决。百度在北京市亦庄区和广州市的智能交通项目，从项目启动第一天起，研发人员和技术人员，每天都在研发项目、持续优化。这在传统集成商看来，是不可能的事情。而正是因为我们实实在在地做技术的研发迭代，做运营的优化，我们的系统才越来越好，实施效果也常常是超出预期的。

第二个关键问题是能不能围绕智能网联和交通生态，聚合一群应用开发商。比如，当一个城市有了大量数据以后，需要一批开发商基于大数据作出对政府治理有价值的应用。犹如没有移动APP的繁荣，没有强大的移动生态，移动运营商模式创造的价值一定大打折扣。目前，围绕智能交通运营商模式，还远未形成一个可以自生长的生态。

第三个关键问题是智能网联汽车的普及。智能交通运营商模式是为了构建最终面向智能网联汽车的交通基础设施体系，这样的体系要真正发挥作用，依赖于智能网联汽车的普及。只有真正将智能交通基础设施用于自动驾驶等场景应用，才会在经济领域带来数倍的增长空间。所以，智能交通运营商模式，很大程度上与智能网联汽车的发展相伴相生。

比如，电信运营产业的发展规模，更多取决于智能手机的数量以及移动用户量，同样的道理，智能交通运营产业的发展，取决于智能网联车的数量和规模。如果没有智能电动汽车的普及，没有自动驾驶技术的规模化商用，智能交通运营商的模式就不会真正成功。

不过，我对智能网联汽车的发展，有比较乐观的预期。2023年开始，中国将迎来智能网联汽车发展的一波高潮。包括百度的造车公司集度在内，众多的互联网科技公司和传统车企，都将推出大量智能化电动化的汽车。随着越来越多的厂商在智能电动车领域加大投入，汽车也将迎来智能网联时代。而车端的发展，必将带动路端智能基础设施的强烈需求。自动驾驶、车路协同双双赋能，城市将不再"限购""限行"，出行将更加安全、便捷、高效、经济和绿色。

第四个关键问题是成本。目前，车路协同、智能信控等系统的硬件成本还存在较大的下降空间。路端的车路协同系统要做到与车端自动驾驶系统一样高的技术精度，因为自动驾驶车辆是与安全高度相关的应用，车路协同系统在精度、延时等指标上如果比自动驾驶系统更低，其传递的信息可能无法被自动驾驶系统有效利用，甚至有可能引发危险。因此，在早期路端的设备会采用低延时、高算力等特性的硬件，在小规模量产和示范阶段，这些硬件系统的成本可能偏高，但随着智能交通运营商模式的普及，硬件的规模化和标准化，将会降低整套系统的成本。

智能汽车的成本也在快速下降。比如 2021 年 6 月，百度 Apollo 推出的第五代共享无人车 Apollo Moon，车顶采用了 1 颗禾赛的定制激光雷达，前向还有 1 颗安全冗余激光雷达；配备有 13 个摄像头、5 颗毫米波雷达以及 2 颗激光雷达，而且传感器支持自清洁功能，算力达到 800TOPS，可实现 L4 级自动驾驶能力，支持 2 万小时无故障平稳运行，成本却只是业界同级产品的 1/3，约为 48 万元。

本章从智能交通运营商的概念、运营模式、关键角色和价值、落地实践等角度，系统阐释了智能交通运营商模式的优势，以及需要解决哪些当下的问题，将满足哪些未来交通出行的需求。

需要强调的是，在智能交通运营商模式中，政府将发挥巨大的作用，扮演智能交通规划、设计、统筹发展的角色。政府指定并主管的有关国有企业或平台公司，将会发展成为智能交通运营商。

城市智能交通运营商至少扮演四种角色：

一是智能交通基础设施建设的驱动者。在政府的整体规划和指导下，建设"立足当下、面向未来"的智能交通基础设施，并不断提升交通基础设施的运营效率。

二是智能交通服务的提供者。通过搭建智能交通运营平台，为用户提供有价值的服务，满足用户对安全、高效、便捷的出行服务的需求。

三是智能交通产业链的推进者。带动产业链不断突破创新，孕育新的商业模式，带动产业链的繁荣。

四是智能交通技术的创新者。推动智能驾驶、5G通信技术、车路协同、云计算、物联网等技术的应用创新。

接下来的章节将一一介绍智能交通的关键组成，包括智能信控、智慧停车、车路协同、智慧高速、智能汽车与自动驾驶、地图、MaaS等。

第四章
智能信控

交通系统是一个具有随机性、非线性、离散性和不确定性的复杂系统。

▶▶▶ 扫码听音频

在城市交通管理中，对交通信号灯的调控是一类经典的应用，它承担着城市交通路网运行的主要工作，是交通安全与秩序的守护者。道路交叉口是道路空间的瓶颈，来自不同方向的人流与车流在这里汇集，交通冲突严重，信号灯通过时间的分配来保障各个方向的通行安全和效率。对交通信号的调控（以下简称"信控"），也是城市交通治理中最常见且最有效的手段。

伴随着交通工具的演进，交通信号灯也从人工控制步入了智能时代。18 世纪，蒸汽机的发明推动了第一次工业革命的浪潮，也促使更多人口涌入城市。此时交通系统主要的问题是马车与行人，马车轧人的事故变得频繁。于是，英国人发明了由红绿灯组成的交通信号系统，最初的红绿灯是由警察人工控制来进行信号灯的切换。

到 19 世纪，内燃机和电力开始被大规模应用。靠内燃机驱动的汽车、飞机和轮船，加速了人类出行移动的速度，这些全新的交通工具很快构成新一代交通系统。在城市内，马车很快被大量的汽车取代。此时通过警察的人工管控，已经不能实现对庞大的车流和人流的管理，于是依托于计算机、集成芯片的自动化红绿灯登上历史舞台。

时至今日，城市人口与车辆的急剧增长，交通压力陡增，尤其主干道的路口是交通压力的热点区域。因此，要纾解城市交通压力，构建安全、畅通、美好的交通出行，首先要从路口的管控开始，从交通信号控制的智能化切入。

第一节　智能信控是什么

信控的本质是城市道路交叉口的路权分配。交通信号控制系统通过对交通流的观测，针对不同方向的交通流给出相应的红绿灯放行时序，使路口交通流有序通行。

在智能信控出现之前，主要靠警察或者有经验的工程师来完成交通流的人工观测。观测需要覆盖早晚高峰、日平峰、夜间等不同时段，以及工作日、周末等不同阶段的交通流状况。观测完成后需要凭借经验进行交通信号配时的参数配置，配时完成后还需要人工对参数设置的效果好坏进行评估并做必要的调整。配时参数与观测当时的交通状态是强相关的，而交通状态会随着时间的推移发生变化，因此在信控优化的过程中，"检测—设置配时参数—评估信控效果"是一个长期、周而复始的过程。

随着城市规模的扩大和城市交通流的增长，通过人工检测和人工设置配时参数已经不能满足日益增长的交通出行需求。而自动化检测技术和人工智能技术的发展，让智能信控成为趋势。智能信控能够借助自动化检测设备全天候观测交通流情况，运用交通工程学、应用数学、自动控制与信息网络技术以及系统工程学等理论，自动地生成信号配时方案，合理地分配路权，保障车辆有序、高效通行。因此，智能信控是当下非常切实地解决拥堵问题的手段。

城市拥堵已经成为影响经济发展和民生的关键问题，而造成拥堵的原因有很多。简单说来，其实就是车多、人多。截至 2021 年 3 月，全国有 72 个城市汽车保有量超过 100 万辆，33 个城市汽车保有量超 200 万辆，16 个城市汽车保有量超 300 万辆。①

大家感受最深的就是通勤时间长，平均时速低。2020 年中国汽车保有量超 300 万辆的城市中，前十名的城市通勤高峰平均实际行驶速度为 24.06—34.51 公里 / 小时。②2020 年《全国主要城市通勤时耗监测报告》则显示，在 36 个重点城市中，共有超过 1000 万人日常在承受 60 分钟以上的极端通勤之苦。

而通过扩建、改建道路改善通行，难度大、费用高。早在 2016 年 2 月，中共中央、国务院发布的《关于进一步加强城市规划建设管理工作的若干意见》就指出，要优化街道路网结构，提出"到 2020 年，城市建成区平均路网密度提高到 8 公里 / 平方公里，道路面积率达到 15%"的目标。但 2018 年《中国主要城市道路网密度监测报告》显示，被统计的 36 个城市中，仍只有深圳、厦门、成都 3 个城市达到了 8 公里 / 平方公里的目标。多数城市由于预留空间不足，已不具备城区道路新建、扩建的空间，且国内修建道路的成本每公里在 0.5 亿元以上，加剧了地方的财政压力。

基于以上情况，做好信控显得尤为重要。通过交通信控的智能化升级，可以为出行者、管理者和城市发展提供多重的价值。

---

① 中华人民共和国公安部：《2021 年一季度新注册登记机动车 966 万辆》，见 https://www.mps.gov.cn/n7944517/n7944597/n7945888/c7829360/content.html。

② 百度地图：《2020 年度中国城市交通报告》，见 https://jiaotong.baidu.com/cms/reports/traffic/2020annualtrafficreport/index.html。

一是为公众出行提供更畅通的体验。比如百度在广州市黄埔区科学城、知识城智能信控项目范围内，自适应路口数量占比达57%，日均优化次数达 3600 余次，路口车均延误下降约 20%，绿灯空放浪费下降约 21%。让每天开车经过的人，切切实实感受到智能交通带来的变化，体验到"一路畅通"的感觉。

二是提升交警指挥效率，为交通管理者创造更大价值。通过智能信控，交警在单位指挥时间内，可以为更多的路口提供服务，也可以释放交警在信号指挥中的时间。实践证明，智能信控可以让人工干预信控的次数减少 90% 以上。利用节约的时间，交警可以加强人车秩序方面的管控，进一步改善城市交通运行环境。

三是为传统基建实现"软基建"扩容。通过智能信控升级，在不进行道路扩建改造的情况下，可以使道路日均服务车次提升，拥堵指数降低。并且"软基建"的综合成本要大幅低于修路等传统基建。

四是减少安全事故。越是拥堵的路况下，驾车的人越容易出现临时变道、加塞、抢行等行为，从而造成交通安全事故。而智能信控却可以通过缓堵保畅，解决这一问题。当某路口直行或左转车辆排队过多，系统会自动识别，根据智能检测设备采集的实时交通流量、排队长度等数据，通过智能动态调控可变车道指示标志（如增加直行或左转车道）或智能调整红绿灯放行时间的方式，错时消散车辆排队长度，解决左转和直行车辆排队失衡等交通问题，保障车辆畅通行驶。

第二节　当前主流信控系统存在的不足

像所有的智能系统一样，信控系统需要建立三个关键的环节：感知、认知和决策。

感知，即实现对交通流的检测。如各时间段当前路口有多少车辆、有多少人、车辆结构组成、车辆行驶速度、车辆排队长度、车道渠化情况、是否发生交通事故等特殊事件；同时也需要考虑周边路网的交通特征，如道路的拓扑结构、周边的商场 / 学校等情况。

认知是在感知的基础上，形成对当前交通流的判断。如预测未来一段时间路口的车流状态、精准推测交通需求，是否可能发生溢出等交通事件，预测事件对路口或道路的影响程度等。

以对当前交通流的认知为基础，信控系统通过云端和边缘端的计算来实时决策当前路口的最佳配时方案。

不难看出，要实现最优的信控效果，稳健、全面的感知技术是源头。在国内众多城市中，建立低成本、高可靠、广覆盖的交通检测系统也是当下交通管理面临的重大挑战。

交通检测器大约从 20 世纪 30 年代开始出现，已经有近百年的发展历史。检测器的种类繁多，包括线圈、地磁、毫米波雷达、摄像头等。仅仅从感知的维度看，当前主流信控系统就存在不足：

固定检测器部署和维护成本高，容易损坏。检测器多为固定检测器，固定检测器需要在路面以下或者灯杆上进行部署，容易受路面损坏、施工建设等原因影响。国内城市化进程很快，当前的检测系统维护成本较高。

检测器获取的数据不够全面。比如通过线圈、地磁获取到的数据容易断面化，假设区域内有 100 辆车，但通过现有手段只能检测到 50 辆车，这样在数据上并不能反映当时交通的全貌，而且无法和车辆进行关联，比如感知某一特定车辆连续的车速变化。

检测效果不佳直接导致了认知的不全面、不准确，也从根本上影响了信控优化的质量。

在决策层面，当前主流信控虽然已具备感应控制、单点控制、干线协调等智能化决策能力，但在信控背景方案优化、绿波速度设定方面仍只能依靠人工调整，优化过程费时费力、优化频率难以保证，导致单点自适应控制、干线协调控制效果不佳。

基于以上情况，当前主流信控在感知、认知、决策层面仍有较大的提升空间，信控向更高维度、更全面的智能化升级是必然趋势。

第三节　自适应的交通信号控制系统

智能信控需要做到能够自适应，即交通管理系统需要根据当前实际的交通状况、拥堵程度自动调节红绿灯的时长，这通常需要通过软件和硬件结合的方法来实现。

当前主流智能信控系统常规为根据单个路口的交通状况来调节时间，先进一点的会根据一条路上连续多个路口的实际情况来进行调节，形成所谓的绿波车速。而随着人工智能技术的飞速发展和 5G 等基础设施的逐步普及，根据实时的车流信息，使用智能的算法进行预测，统筹全城所有路口和车道进行智能的、自适应的信号灯调节逐渐成为可能。

对于临时修路、交通事故、外事活动、大型集会、演唱会等特殊事件，如果不能预先规划线路，将形成严重的交通延误。例如，在里约奥运会前夕，因修路造成的交通延迟整体上升了 51%。根据相关报告，如果可以准确预测单一路口未来 1 小时的道路交通状况，这一路口的通行效率可以提升 50% 以上。而预测需要实时全量的数据和智能的算法。[①]

智能交通控制解决方案可以通过实时分析多来源的数据，监控交通状况，预测可能出现的拥堵。同时，还利用复杂交通协同环境下的智能算法，从城市道路全局出发，即时制定动态车道使用方案，针对可能出现的问题预先采取措施。对于那些驶向问题区域的联网车辆，人工智能算法将为其提供交通分流和停车诱导等信息。

美国在 2012 年就出现了这样的自适应系统。梅多兰兹减少交通流量自适应信号系统（The Meadowlands Adaptive Signal System for Traffic Reduction，MASSTR）是在新泽西梅多兰兹 40 平方英里区域内使用的一种自适应交通控制系统。自适应信号控制技术根据交通流量调整信号配时。该区域智能交通系统包含超过 128 个交通信号灯，每天为 40 多万车辆提供服务（见图 4-1）。

MASSTR 系统的实施历时两年，取得了不错的效果，相比实施之前，17 号公路在 3 号公路和 46 号公路之间的路段，交通效率提升了 25%。这个系统的主要原理是，路侧的摄像头负责感知实时的交通状况，计算每个路口的车辆数量，云端的计算机负责计算出相应的红绿灯变灯的时间。所有路口的变灯时间是协同进行的，保证获得全局最优解。如果现在 17 号公路的车流量大，那么整条

---

① Qiang Lu, "Safe and Efficient Intersection Control of Connected and Autonomous Intersection Traffic", https://arxiv.org/pdf/1801.09361.pdf.

图 4-1　美国梅多兰兹减少交通流量自适应信号系统

资料来源：新泽西媒体集团，Traffic signals have sped up Meadowlands traffic，even on RTr7，officials say。

17 号公路可能会被调成一路绿灯。如果 3 号公路出现了交通事故，那么该区域内 17 号公路和 120 号公路的信号灯会根据情况作出相应的变化。在这个 40 平方英里的区域内，所有信号灯都是联网的，相互通信、协调工作，系统可以在 15 分钟内疏解掉长达 5 英里的拥堵。

当然，这个系统也有人工在监控。中控室里有 16 个 60 英寸的大屏幕时刻显示来自 400 个路侧摄像头的交通状况，但所有的调整都是自动完成的。MASSTR 系统实施之前，这个区域就已经有了非常先进的信控系统，MASSTR 做的就是让不同的路口之间相互协同起来，交通状况就有了可感知的提升。这个系统在附近的快速路封闭修路时，起到了明显的自适应流量调节作用。

当然，因为这个区域紧邻纽约市，如果进出纽约的主要通道堵死了，这个区域再智能也无法避免拥堵。而且这个系统价格不低，每个路口的成本大约是 25 万美元。我猜测这就是为什么一直到现在，MASSTR 在美国还是个案，并没有在全美得到普及的原因。

另外一个值得提及的是，2016 年在匹兹堡建成的、包含 50 个路口的自适应交通信号控制系统。和新泽西州的情况一样，系统启用前，这个区域已经具备了先进的信控系统，红绿灯变灯时间都是根据经验调优的。统计数据表明，系统上线后总体通行速度提升了 26%，停车次数减少了 31%，路口等待时间减少了 41%，碳排放减少了 21%，交通事故发生率降低了 13%—36%（见图 4-2）。

2018 年 9 月，我去美国纽约参加第二届彭博全球商业论坛，与时任国际货币基金组织总裁拉加德女士围绕"科技与全球经济发展"进行了对话（见图 4-3）。这个会与纽约联合国大会同时召开，以便于政界和商界人士的相互沟通。当时令我印象最深刻的就是下了飞机从机场到曼哈顿酒店的"大堵车"。明明离酒店已经很近了，司机却不知道该怎么走，很多路段因为各国元首的出行需求都封闭了，司机通过跟酒店服务人员不间断的电话沟通，才最终找到一条抵达酒店落客区的路线。

我当时就想，纽约市有 14000 个路口，如果真正实现了自适应

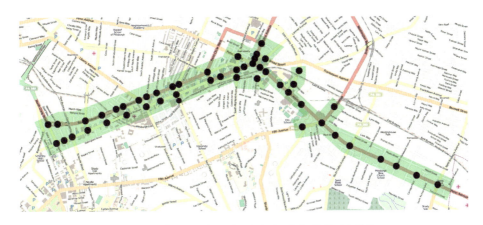

图4-2　美国匹兹堡自适应交通信号控制系统

资料来源：Rapidflowtech，Surtrac Deployment at urban Grid Networks in Pittsburgh Neighborhoods。

图4-3　2018年，我与时任国际货币基金组织总裁拉加德女士对话

的智能信号灯控制，我们肯定不会在路上堵那么长时间，800 多万的纽约人不知道会因此节省出多少出行时间。而同样，在北京每天因为各种原因会有上百次的交通管制，自适应的智能信控相信会给首都市民带来更多的幸福感，让他们离所向往的美好生活更进一步。

在中国，针对当前主流信控的不足，智能信控应该从改善检测手段、创新问题诊断、优化信控算法、精确效果评估、简化系统部署等多个方面进行升级。

第一，改善检测手段。在以固定检测器作为主要检测手段的基础上，加入互联网数据、AI 视觉感知等手段。通过手机、车机端获取的互联网轨迹数据，弥补固定检测器建设数量不足、检测数据不全面、检测精度不稳定等缺点，使系统对交通流的检测更加连续完整；AI 视觉算法的加入，则可以将红绿灯的状态、车辆、行人以及路口的状态做到更加细致的识别和关联。

第二，创新问题诊断。通过大数据分析，了解城市的拥堵特征和致堵原因，有针对性地解决问题。从长期看，可以联合交警、市政、绿化等多个部门开展改造改建工程，为拥堵治理提供更长期巩固的保障。

第三，优化信控算法。通过对路口信号灯控制方案的实时优化，确保信号方案能够随着交通变化及时调整，解决人工优化费时费力、优化效果不佳的问题，提升单点自适应、干线协调、区域拥堵控制等算法的应用效果。

第四，精确效果评估。通过互联网数据和 AI 感知算法等手段，弥补固定检测器数据不稳定、不连续的缺点，实现数据的持续跟踪，细化到小时级、分钟级，实现点、线、面交通区域内的实时数据评估和效果跟踪。

第五，简化系统部署。通过地图信息来实现车道特征的自动提取、自动采集，一键获取路网间的拓扑关系等，解决传统信控人工配置相关参数费时费力的难题。

第四节　智能信控的技术原理

智能交通系统是一个非常活跃的研究领域，国内外许多专家学者对交通模型和控制策略进行了大量的研究工作，提出了许多交通模型和控制方法。

一、交通流预测的求解算法

交通系统是一个具有随机性、非线性、离散性和不确定性的复杂系统，很难对其建立精确的数学模型。而实时准确的交通流预测，是交通控制和交通诱导的前提和关键，其研究也一直是智能交通系统的热点。求解问题的算法也有很多，常见的有粒子群优化算法 (Particle Swarm Optimization，PSO)、图神经网络（Graph Neural Networks，GNN）、强化学习（Reinforcement Learning，RL）等。

粒子群优化算法是通过模拟鸟群觅食行为而发展起来的一种基于群体协作的随机搜索算法。该算法可以根据对环境的适应度将群体中的个体移动到好的区域。它将每个个体看作搜索空间中的一个没有体积的微粒，在搜索空间中以一定的速度飞行，这个速度根据它本身的飞行经验和同伴的飞行经验来动态调整。粒子群优化算法属于一种万能启发式算法，能够在没有得知太多问题信息的情况下，有效地搜索具有庞大空间的问题并找到候选解，但同时不保证其找到的最佳解为真实的最佳解。

目前各大城市交通拥堵的一个重要原因是，交通控制仍然为单点控制，未能实现协调优化。粒子群优化算法可以用来实现以干线交通总延误最小为目的的协调控制。首先，通过对城市交通干线协调控制进行数学抽象，建立干线交通双向绿波控制总延误模型。其次，依据总延误模型的特征，设计一种利用历史最优共享的粒子群算法。最后，对干线总延误模型进行优化，以总延误最小为目标，得出相位差、绿信比的最优解，进而获得交通信号相位的动态配时策略。

图神经网络是将深度学习扩展到图结构上的工作，交通流分析、预测和管理是新时期建设智慧城市的关键。借助深层神经网络和大交通数据，我们可以更好地了解隐藏在复杂交通网络中的潜在模式。传统上，很多工作将交通网络建模为网格或者分段，但很多交通网络本质上是图的结构，非图结构建模会导致某些有用的空间信息丢失。一条道路交通流的动态不仅在时间维度上依赖于序列模式，在空间维度上也依赖于其他道路。交通网络可以看作一张时空图，每个节点代表一个安装在道路上的传感器，每条边代表两个节点之间的距离。每个节点的输入都是动态的，代表着一个时间窗口里通过这个节点的车辆的平均速度。

强化学习以一类算法的形式存在，借助从起始的完整的随机操作，不间断地探索和尝试，从每一次的错误中总结经验，找到可以遵循的内部规律，最后找到实现目的的最佳途径。该学习方法的核心是引导智能体在环境里不断学习。强化学习由以下四个方面构成：环境状态（State）、智能体（Agent）、策略行为（Action）和奖惩（Reward）。强化学习的基本过程是借助每个时间步（Time Step）把一个行为（Action）生成，然后与环境发生作用，达到最大化预期收益的目的（见图 4-4）。

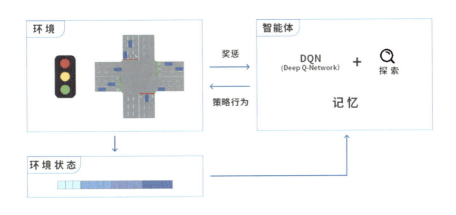

图 4-4　强化学习在智能信控中的应用示意图

研究的求解算法并不是单一的，总是结合其他算法或者利用其他算法的优势，形成混合算法来避免算法较早收敛或是陷入局部最优。这也体现了算法在针对实际问题时的灵活性，所以未来在求解交通问题上的算法问题更趋向于多种算法的融合。

对于交通规划领域的问题，往往约束条件比较复杂，目标函数比较多。未来应建立多目标优化的算法研究来对交通规划方面的问题进行求解，可以对目标函数分层求解以达到较好的优化结果。而且多目标优化往往不能求出最优解，只能通过算法来求出非劣解集合，所以针对不同的优化问题，还应该建立相对复杂的适应度函数来进行二次优化，从非劣解集合中找出适合针对性问题的最优解，才能更好地将算法应用到实际问题的求解过程中去。

二、信控的五个关键要素

信号灯控制是公共服务资源的分配问题。对于个人而言，当然希望一到路口，看到的就是绿灯。但绝大多数情况下，信号灯控制要兼顾众多方向的车流、人流等。无论是当前主流信控还是智能信控，通常有五个关键要素决定了信控方案的好坏：相位、相序、绿信比、周期和相位差，从而影响交通通行效率。

相位，也就是同一时间内，允许交通流通行的方向的组合，只要这些方向相互不冲突，就可以在同一时间内进行放行。相序，指不同相位的排序。绿信比，指对应的放行时间。交通信号灯按照特定的相位、相序和绿信比周而复始地运作，就是周期。以上四项都是针对单个交通信号灯而言，如果在实际应用中，涉及多个信号灯的协同，多信号灯之间周期启动的时间差就是相位差。

无论是通过智能化的手段，还是专家的人工经验，在进行信控配置的时候，行业内都是通过这五个要素的配置，来实现最优交通通行效率的目的。

有人曾经把信号灯的调优，类比成用 AlphaGo 下围棋这样的问题，因为交通信号控制与围棋都是在类似棋盘网格这样的空间来解决博弈问题。但实际上，交通问题的复杂性要远远超过下棋。在交通网络中，每一个出行者都是智能体，几乎任何一个个体都可能让一段路、一个区域的交通完全瘫痪。

如前文所述，把智能信控看作一个高度复杂的智能系统，它包含了感知智能、认知智能和决策智能。感知智能即通过各种传感器来获得交通流和道路的情况；认知智能即基于获取到的交通流指标，来判断出现的状况（比如是空放还是溢流），问题出现在哪里；决策智能是定位好了问题，接下来就是提出正确的解决方案，通过配置上述五个关键要素来落地决策的结果。将新的配时方案下发到交通信号灯的信号机里，会引起通行状况的改善或者恶化，这个过程使配时方案不断迭代。整个系统就是一个自演化的智能系统。

对智能信控而言，理想的感知智能是全工况、全要素的全息感知，但今天行业内还不存在完美的感知。因此，智能信控的从业者总是需要在有限的条件下作出较优的决策。

行业内当前主要的感知手段，还是依靠专家人工来感知，辅以地磁、线圈这样有限固定点位的感知，互联网数据则是以导航数据、轨迹数据作为感知源的补充。

百度的智能信控是凭借 AI 视觉技术优势，在智能信控上做到了全天候的强感知，把针对交通流的视觉感知与对灯态的视觉感知做了结合，可以得到更精细化的信息，为更好的信控打下基础。未来，百度希望能够进一步加强互联网感知和地面多元数据的融合，形成一个覆盖宏观、中观、微观的全体系感知，甚至预测未来的交通指标。

认知智能的关键，是对问题的定位。通常找到问题的关键，就相当于解决了一半的问题。但交通是一个动态时空网络，它是路口与路口之间连成的网络，而且通常是不规则网络。每个路口之间的协同关系，会随着时间发生变化。因此，在这个基础上，对单个路口的关键交通问题进行认知定位是有一定挑战的。

今天的智能信控，是针对历史的交通流来做模型，应用于未来的交通流，这在一定程度上局限了智能信控能达到的效果。如果能有效准确地预测交通流，就可以有针对性地生成面向未来交通流的方案。对交通流的认知越强，信控方案的效果就越好。

智能信控的决策，最终看起来仅仅是落地到五个关键要素上，但交通问题面向的是众智能体。面向众智能体的宏观决策，会存在诸多的不确定性，并且通行的供需关系之间会不断交互作用。

举一个例子：当通过智能信控的手段把一个城市某一条道路调节得特别畅通之后，会有更多的车主选择走这条道路，这有可能导致这条道路的交通状况变得比以前更差。因此，对决策和反馈的理解仍然是行业内需要积累的一个过程。

三、智能信控决策模型

目前业内应用于智能信控的决策模型，大体上可以分为以下三类：

第一类，领域模型基于交通工程视角建模，是相对比较依赖交通控制理论、知识体系和相关经验驱动的一类模型。在解决问题的思路上，也采用了分化的方式，具有更好的可解释性，同时遇到问题容易溯源。

第二类，优化模型是从信息技术的角度出发。这类方法，通常具有优化目标、决策变量、约束条件等因素，技术人员对信控问题建模后会形成一个大规模的优化问题，最后得到一个最优方案，使得路权的供需匹配更合理。

第三类，机器学习通用模型（业内有时也戏称为"无脑模型"），代表是将深度学习、强化学习进行应用，按特定决策的状态及方式建模以后，算法就能通过学习得到一个解决方案模型。

目前从实际应用来看，百度更多采用领域模型和优化模型相结合的方法，并在部分场景下采用深度学习和强化学习相结合的方法。一方面，尊重传统交通的知识、经验和方法；另一方面，希望突破传统交通的局限性，来实现更大规模的优化模型求解。

总体而言，智能信控就是从感知智能、认知智能和决策智能等多个关键环节出发，基于大量精准全面的数据构建相应的模型，实现交通调控效果的提升。

四、百度的智能信控模型应用

目前，百度基于感知、认知和决策的智能，已经实现了一部分典型的智能信控模型应用。

单点自适应控制。简单来说，针对单路口交通流的动态波动来调节不同方向的红绿灯时间，不同时段的信号随着车流强弱自适应变化。百度的单点自适应控制，在一些方面做了提升：比如，行业现状是配时方案的部分参数为经验参数。百度是利用数据驱动的方式，将交管部门的数据及互联网端的数据融合，精细化地感知数据来测算动态饱和流率等信息，从而实现更合理的时间分配。百度在单路口自适应上也实现了认知增强，可以识别路口方向的空放，空放数据对信控调优是非常有效的输入。

动态干线协调。即在一个主干线上，根据车流强度、行驶速度等信息来决策上下游信号灯之间的配合关系。干线协调，希望给用户提供的体验是：当上一个路口通过绿灯以后，到下一个路口遇到的还是绿灯，这样驾驶员就可以不停车通行。动态干线协调的难点

119

在于针对饱和态、高峰期出行效率的管理。高峰期的干线协调，百度更加倾向于让总体的车流通行量变大，使交通有序畅通，而非一味地追求绿波通行。因为如果高峰期让某个方向绿波通行，意味着其他方向的交通流损耗是比较大的。百度的干线协调实践，也考虑了下游清空的动态需求。

溢流控制。所谓溢流控制，即当信号灯调配得不够好时，车流可能会排到路口里，这是非常危险的。因为这会影响其他车流的通行，容易造成路口锁死。通常在这种情况下，就会出现交警人工管理，通过拦车以及清空路口重新恢复秩序。这个过程非常耗费警力，对交通的影响非常大。百度的技术方案是基于视觉的精准感知，评估溢流风险，即在还没有溢出的情况下，提前做预警，然后通过上下游的联动控制来消除溢流风险。

自适应截流。当前，行业内的截流方案，多采取静态方式，以定时、预设方案为主，难以根据实时路况进行调整。而百度采取了自适应截流技术，针对关键区段，监控其承载压强，一旦监测到濒临超限或者崩溃状态，就会对该区域车辆进行截流。自适应截流的任务是根据关键区段的承载压强动态截流，保障关键区段的有序通行。这里面也包含了感知、认知、决策智能三部分。系统会根据关键区段的进出车流、排队等指标，基于区段承载压强、压强是否达到超限预警等状况，对该关键区段的上游和下游进行多级动态截流控制。该技术在长沙市落地后取得了不错的效果。

可变车道联控。在一些地区，通常路口的交通结构会随着时间波动，比如在早 8 点时，可能直行比左转的车要多很多；到了 9 点，可能左转比直行的车又多很多，这时就需要设置一个可变车道应对这样的问题。目前针对可变车道的控制手段存在两个问题：第一，可变车道的决策，以地磁这类固定传感器为主，因为固定传感器的感知是一个断面，所以触发时机比较小。第二，可变车道和信号灯控制没有实现联动，也就是当可变车道切换以后，绿灯时间也要相应地发生改变，这样道路的通行控制才是合理的。百度实现了基于视觉感知的排队检测，来做可变车道的切换，同时把红绿灯的时间和车道的改变进行了联动，这样使得整体路权分配更加合理，各个方向的通行效率更高。

第五节　信控之外的智能交通管理方式

除了狭义的信控之外，还有不少值得关注的智能交通管理方式，比如动态限速、预约出行、车路协同，当然还有自动驾驶的普及等。

自动驾驶和车路协同会在后面章节详细介绍，这里谈下动态限速和预约出行。

一、动态限速

动态限速的方法在交通场景上可以解决布雷斯悖论导致的问题。布雷斯悖论（名称来自德国数学家迪特里希·布雷斯）指出，在一个交通网络上增加一条路段反而使网络上的通行时间增加；这一附加路段不但没有减少交通延滞，反而降低了整个交通网络的服务水准，这种出力不讨好且与人们直观感受相悖的交通网络现象，主要是因为每个人都追求自身利益最大化，导致了社会利益不能最优化。

对此，洛杉矶交通厅有相关实践。案例发生在美国洛杉矶 405 号州际公路，作为洛杉矶连接南方的交通大动脉，其虽然有着双向十车道，但巨大的车流量还是使其日常通勤变得拥堵无比，以至于被每天上下班要走这条路的人调侃："这条路叫 405，是因为前进速度是每小时 4—5 英里。"对于 405 号州际公路的严重拥堵现象，洛杉矶交通厅也是看在眼里，并拿出了 10 多亿美元对 405 号州际公路进行扩建，希望提升通行效率，减少拥堵。但实践最终却以失败告终——道路扩宽之后，反而让 405 号州际公路的交通拥堵相较之前变得更为严重了。有统计数据显示：通勤者花费在 405 号州际公路上的时间不但没有减少，反而增加了一分钟。

为什么会出现这种与常识相悖的结果，其实这与人的心理有着极大关系——扩宽的道路使得人人都想去走这条路，于是临时变道加塞变得更为严重，而这又使得道路重回拥堵之中。事实上，这与我们在日常通勤中看到的情形一致——多数时候交通拥堵并不是因为道路窄、车道少，而是人为地乱停乱放、随意加塞所致。

动态限速就是改变这种悖论，把交通效率从局部最优转向全局最优的一个举措。对于动态可变限速，道路通行效率与车辆速度和车辆密度直接相关。然而，与人们普遍认知相悖的是，车辆行驶速度加快之后，道路的通行率不但没有提高，反而会下降。中国工程院院士郭仁忠曾举了车辆从干道上匝道的例子——在没有信号灯的情况下，干道限速 80 公里 / 小时，匝道限速 40 公里 / 小时，实验表明，如果车辆在下匝道之前提前减速，也就是可变限速，通行效率会提高；如果车辆在下匝道前不减速，通行效率反而会降低。另外，在车辆通过有信号灯的路口时，不管是传统信号灯，还是智能信号灯，道路限速 30 公里 / 小时的通行效率是最高的，显著高于道路限速 60 公里 / 小时和 40 公里 / 小时。"基于动态流量感知，实行可变限速，协调车流与道路之间的关系，能够提高整体出行效率。"郭仁忠解释称。

在没有信号灯的情况下，不做限速的时候容易形成拥堵，有限速的时候会有所缓解。原因是在高峰时段，每个小时通行超过 900 辆车而不足 1000 辆车的时候，每个车道限速是没有意义的。而超过 1000 辆车甚至达到 1200 辆车的时候，限速非常有意义，通行效率能够提高 20%。所以，动态限速也是智能交通管理的一个重要方向，第九章还会讲到相关的具体措施。

二、预约出行

预约出行是一种需求管理，信控、道路基础设施建设是供给管理。目前的城市交通系统中，早晚高峰的车流速度是在完全没有预约的情况下产生的。通过对通行需求的调控，可以找到一个全局最优解，使得拥堵程度下降，通行时间缩短。

根据麻省理工学院的学者的研究，预约出行不需要所有的车辆都参与，当 60% 的车辆参与的时候，效果就已经很明显了。当然，让 60% 的出行都进行预约也不是一件容易的事儿，需要政府政策、市场调节等多种手段综合运用。但这并不是不可能的，今天很多出行都是开着导航的，这已经是某种意义上的预约。而从发展趋势上，一定是越来越多的人会参与进来，中心化的算力也一定会越来越强大，找到全局最优解，提升整体通行效率是非常值得期待的。

第六节　ACE 信控实践与未来信控趋势

近年来，百度利用自身在互联网、地图和 AI 领域的技术优势赋能城市交通治理，提出了 ACE 智能信控方案。目前 ACE 智能信控系统已经在保定市、广州市、长沙市和北京市亦庄区等地建成落地，在重庆市永川区、沧州市、阳泉市等地正在建设之中。

保定市是京津冀协同发展的关键节点城市。百度从 2020 年开始为保定市打造河北省的首个新型智能交通项目"保定 AI 智慧交管大脑"（见图 4-5）。基于百度的车路协同、大数据和 AI 技术，已经在保定市建设 176 个智能路口，实现对车辆的自动化、精准化、智慧化管控，让红绿灯"看清"路口车流量状态、"看懂"交

图 4-5　河北省"保定 AI 智慧交管大脑"

注：扫一扫图中二维码可观看视频。

通演变规律，并实时动态调整红绿灯配时策略。

目前，保定市城区高峰通行拥堵指数已下降 4.6%，平均速度提升 11.6%，单个路口车流量通行效率提升 5.3% 以上；应用动态干线协调控制的四条主干道，车辆行程时间平均缩短 20%，车速平均提高 6.5 公里 / 小时。

百度还在保定市建设了一个特色场景：智能可变车道。现在很多城市为了适应潮汐或者车流量不均衡的情况，会设置可变车道。在保定可变车道案例中，车道的切换都是完全依靠百度的信控优化系统实现的，让车道的方向与车辆的需求更匹配，更及时地解决左转和直行排队长度不均衡的问题，实现了动态可变车道的控制。

2021 年 5 月，由河北省委网信办印发的《关于 2020 年河北省大数据应用优秀案例及数字经济创新发展示范企业的通报》中，保定市公安局交警支队"人工智能信号优化控制系统"入选 2020 年河北省大数据应用最佳实践案例。

在湖南省长沙市，百度和当地公安局交警支队从 2020 年 11 月开始合作，打造了 87 个智能路口，实现信号配时自动优化、事件感知自动推送，提升了长沙交通管理工作的精细化、智能化、动态化。项目运行以来，区域内路口的交通延误降低 20% 以上，路口通行效率提升 25% 以上，交通事故减少 35% 以上（见图 4-6）。

2020 年 5 月，北京 Apollo Park 在北京市亦庄区落成，这是全球最大的自动驾驶和车路协同应用测试基地。百度在此部署了 ACE 智能路口解决方案，这个方案具备"多杆合一多感合一""一次投资持续收益"的优势，目前部署了 28 个路口（见图 4-7）。

2020 年 8 月，广州市黄埔区、广州开发区与百度 Apollo 开启"广州市黄埔区广州开发区面向自动驾驶与车路协同的智慧交通'新

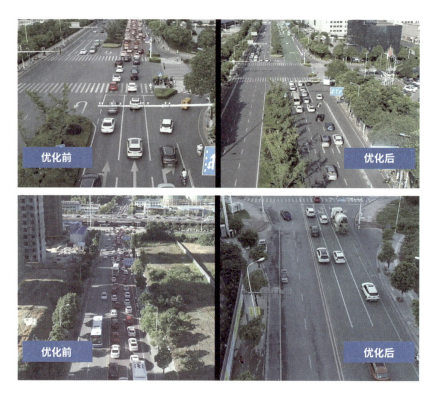

图 4-6　湖南省长沙市智能路口优化效果对比

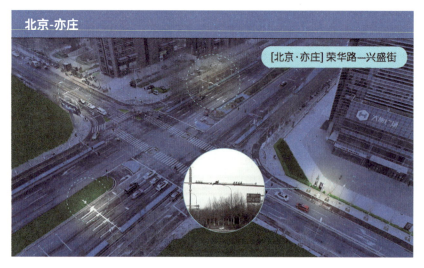

图 4-7　北京市亦庄区部署了 28 个智能路口

基建'"项目。在黄埔区 133 公里城市开放道路和 102 个路口，规模化部署城市 C-V2X 标准数字底座、智慧交通 AI 引擎及六个城市级智慧交通生态应用平台，并与现有交通信息化系统实现对接应用，取得了明显成效（见图 4-8）。

图 4-8　广州市黄埔区智能路口应用效果

注：扫一扫图中二维码可观看视频。

随着城市化进程的深入以及新能源智能汽车、共享出行的发展，我们认为国内二、三、四线城市中心区域和热点区域的交通压力将持续攀升，当前很多一线城市已经在开展"限购""限行"等一系列措施，但实际上交通压力也难以在短时间内得到缓解。因此，交通的智能化治理已经迫在眉睫，智能信控将是城市数字化转型、交通智能化升级的排头兵。

在落地实践中，信控的智能化升级还要克服以下几大问题：

一是基础设施建设薄弱。一部分城市在智能交通基础设施上的投入还相对薄弱，比如智能信号机的覆盖率低，很多城市覆盖率不足 50%。没有智能信号机就不可能实现信控智能优化，因为单点机（相对于智能信号机）的运行机制非常单一，不能进行联网及智能调控。

二是智能基础设施的互联互通。在城市的十字路口，公安、交通等多个部门都布设摄像头等设备，近年来，部分城市也开始布设 V2X 设备。实现这些设备与交通检测器的互联互通，形成全面融合的强感知体系，将大幅提升交通智能化治理的效果。

三是技术的标准与产品化。智能信控对系统在感知能力、计算能力等多个方面都提出了更高的要求，因此行业内也亟须围绕面向未来的智能信控形成产品标准，推动产品的规模化和普及，促进智能化技术设施成本下降。

在未来，智能信控系统持续演进，它将与高精度地图、车路协同、V2X 以及智能的车端形成良好的协同。高精度地图、车路协同和 V2X 技术，可以为智能信控提供良好的视角，让我们真正可以像"绣花"一样管理每一个路口；未来，每一辆智能的车本身也是强大的移动感知源，可以将连续的车辆轨迹信息给到路端，相比于当前的固定检测器和互联网数据，车端能获取的信息更加实时、更加丰富。百度目前已经在这些领域进行大量的研发投入和实践尝试。

当车路协同完全落地以后，数据的全面交互会带来无限可能。比如交管部门可以掌握每一辆车的详细运行状态及运行轨迹，然后每一辆车都可以接收来自系统的出行建议：应该什么时候出发、从哪条路出发、按照多少速度行驶、从哪个车道行驶，车端也可以向路端发送信息，让应急车辆优先行驶，像当下我们就已经通过车路协同技术做到了一定程度上的公交优先。有了这些数据交互之后，智能信控未来可以让市民的出行更便捷、感受更亲切。

汽车的出现让马车从公共视野中消失，无人驾驶汽车的普及将让有人驾驶的汽车成为"小众"。那么我们习以为常的红绿灯会消失吗？

自动驾驶车辆的增长，将为交通系统带来丰富、全新的维度、高精度的数据，这些数据又将推动交通信控的进化。也许在未来10—40年时间里，车辆可以通过实时感知以及与云端的通信实现流畅的协调和安全通行，车与车之间还能互联互通，智能信控将以另一种形式发挥作用。到那时，信控系统可能还存在，但是红绿灯却可能消失了。

当然，使红绿灯消失并不是我们的目标，更安全、通畅的交通出行才是。2021年5月，百度联合清华大学智能产业研究院（AIR），一起发布了一套使用纯路侧感知能力实现开放道路L4级自动驾驶的车路协同技术——Apollo Air。这套系统将路侧感知能力放到了非常重要的位置，简单理解就是将一辆自动驾驶汽车上的传感器都遮住，让它处在"失明"状态，单纯依靠路侧传感器感知，而车辆系统依然可以进行自动驾驶。

过去，一部分行业观点认为车路协同技术是对车端单车智能的一种辅助。而我的看法是，车路协同系统需要达到与单车智能系统一样的高标准，这样的系统将更快地驱动我们驶向完全自动驾驶的未来。Apollo Air正是这样一种尝试。百度并不是要用Apollo Air来取代车端感知，而是进一步强化路侧的感知能力，像智能信控这样的路端系统不断进化，才能为未来的车、未来的出行服务提供强有力的支持。

本章重点关注了交通信号的调控，这是城市交通治理中最常见且最有效的手段。但是当前主流信控在感知、认知、决策层面仍有较大的提升空间，信控向更高维度、更

全面的智能化升级是必然趋势。

重点介绍了自适应的交通信号控制系统。随着人工智能技术的发展和 5G 等基础设施的逐步普及，根据实时的车流信息，使用智能的算法进行预测，统筹全城所有路口和车道进行智能的、自适应的信号灯调节，逐渐成为可能。自适应的交通信号控制系统已经在实践中取得了较好的成效，系统上线后交通总体通行速度得到较大幅度提升，交通事故发生率也大大降低。

本章还介绍了两种比较前沿的通行效率提升新方式：一种是动态限速，另一种是预约出行。简单地讲，动态限速就是把交通效率从局部最优转向全局最优的一个举措。基于动态流量感知，实行可变限速，协调车流与道路之间的关系，整体提高出行效率。

预约出行是通过预约的方式，对通行需求进行调控，使得拥堵程度下降，通行时间缩短。从发展趋势上，当越来越多的人参与预约出行，中心化的算力也一定越来越强大，就能找到全局最优解，提升整体通行效率。地图导航，也是一种预约出行的方式。

第五章
智慧停车

研究表明，人们 1/3 的开车时间都用在了寻找停车位上。

▶▶▶ 扫码听音频

2020 年 10 月，一段"导航帮忙寻找车位"的视频成为网络热议焦点。成都东站地下停车场还被四川卫视《早安四川》新闻节目以及多家媒体竞相报道。

打开百度地图 APP，选择导航前往成都东站地下停车场；当车辆进入停车场后，百度地图导航会自动切换到室内停车位导航，顺利将车辆导航到系统自动分配的空闲车位。依靠 GPS 和蓝牙信号，室外室内导航可以实现无缝衔接和无感切换。更让人感到惊喜的是，当车主需要离开停车场时，还可以通过"反向寻车"功能，轻松找到车辆，再也不用担心忘记车停在哪儿了。

这是国内首个停车场室内外一体化智慧导航系统，由百度地图联合成都交投智慧停车产业发展有限公司共同推出。借助这个系统，驾驶员甚至在无信号的情况下也能导航并寻找车位。

成都东站作为成都市大型交通枢纽，地下停车场共计 5 万余平方米，拥有泊位 1600 余个，每天车流量超过 6000 车次；再加上东西广场停车场 12 个停车区，以及地铁站、高铁站的"穿插"……整体停车环境错综复杂，拥堵、低效、找车难等现象时有发生。这套室内外一体化智慧导航系统上线后，上述现象得到很大改观，很多人对于出行停车的认知由此得以改变，对于智慧停车的关注和兴趣也与日俱增。

这只是智慧停车中的一个小场景。当更多的智慧停车技术和方案被推广到商场、写字楼、学校、医院、景区、场馆、机场、火车站等，我们的生活又会呈现怎样的面貌？

正如本书前文所述，随着城市化进程不断加快，我国汽车保有量一直呈现高速增长态势。截至 2020 年年底，我国汽车保有量达 2.87 亿辆。按照目前的发展趋势，预计到 2021 年年底，中国汽车保有量百万级城市将超过 80 个 ①，到 2030 年，全国机动车保有量预计将突破 4 亿辆。

如此多的车辆存在于城市空间中，绕不过的一个问题就是"车停在哪里"。事实是，当前停车供需矛盾已经日益突出。需求端"一位难求"的呼声不断高涨，而管理端却会在焦头烂额之余发现，明明还有相当数量的车位闲置。这样的错位，也更加迫切地要求智慧停车针对现实痛点、攻克价值难点，切实为大家、为社会解决问题。

第一节　停车行业痛点

根据中投产业研究院的调研，30%的拥堵问题是由停车难造成的。在百度搜索"停车难"，结果高达 9060 万个（2021 年 10 月数据），并且呈现不断上升的趋势。

目前停车基础设施存在的问题是多方面的。除了供需不匹配、停车体验差之外，还存在以下问题：

---

① 中国汽车流通协会：《保有量百万量级城市乘用车消费地理》，见 https://new.qq.com/omn/20210514/20210514A08SSC00.html。

一是国内绝大多数停车场还是采用传统的管理方式，线下人工参与度较高，运营成本较高，管理效果却不尽如人意，由于停车资源的信息化程度不高，缺乏智能、高效的运营管理手段。在停车场收费区，无论是传统的找零、回票、投币，还是手机扫码支付，都容易在车流量较大时造成车辆滞留，甚至因为出现频繁剐蹭加剧堵塞，浪费大量时间，造成空气污染。

二是在汽车保有量远远大于停车位数量的现实情况下，很多车辆不仅会长期占用路内车位成为"僵尸车"，还会违法占用公共绿地和消防通道等。混乱的停车秩序已经对城市交通运行，甚至对城市安全造成了负面影响。

三是规划建设部门即便确立了科学合理的配建标准，但由于缺乏有效监管，实际的停车泊位建设情况可能会和配建标准存在巨大差距。加上相关部门对整体停车行业的运营管理存在不足，大量城市经营停车场企业服务缺乏规范，逃费、乱收费的现象比较常见，由此也会导致停车费和税收大量流失。

这些问题已经不再是发达地区、大型城市才会出现的问题，而是变成了全国普遍性的难题。以公安部统计的汽车保有量按比例推算，全国停车位需要达到 3.84 亿个。如此巨大的停车需求缺口之下，全国仅有 9% 的城市车位使用率在 50% 以上。① 各地方政府长期面临社会公众对停车管理问题的投诉，智慧停车管理系统的建设势在必行。

---

① 中金企信国际咨询：《2021 年智慧停车场发展规模前景预测及投资战略可行性研究》，见 https://www.gtdcbgw.com/index/show/catid/93/id/2857.html。

第二节 智慧停车的政策支持

停车基础设施存在的问题，其中一部分属于已经难以通过提升增量去解决：比如停车位不足，增加配建停车场和公共停车场的数量，这在当下大城市里已经很难再实施；而建设机械式立体车库成本高、实施周期长，发展条件也非常有限。更多的，则属于按现有模式投入资源也无法真正解决：比如收费时间过长，无论是路边车位还是停车场，即便继续增加管理人员、添置扫码设备等，在现有流程逻辑之下，也很难明显提升收费效率。

那么，怎样才能在现有的规划和基础上，改善停车混乱的现状，甚至能够实现增加停车资源？从国家政策的导向上就不难看出答案，那就是：向技术要生产力，基于智能化建设寻求智慧停车解决方案。

国家对推动智慧停车发展的政策引导，可以追溯到 2015 年（见表 5-1）。2015 年 8 月，国家发展改革委等七部门公布的《关于加强城市停车设施建设的指导意见》指出，将在智能化停车建设方面大力推动智慧停车系统、自动识别车牌等高新技术的应用，积极引导车位自动查询、电子自动收费通行等新型管理形态的发展，提高停车资源的使用效率。

2016—2017 年，国务院、国家发展改革委、交通运输部、住房和城乡建设部、国土资源部等部门发布了一系列政策法规，基于交通拥堵等"城市病"蔓延的形势，推动高新技术在停车领域加速应用，推动停车与互联网融合发展，推动交通管理数字化平台建设和功能整合，并结合"十三五"现代综合交通运输体系发展规划，开展包括停车场智能化改造在内的城市交通基础设施试点。

2019—2020 年，相关政策的发布，更体系化地集中到融资、规划、建设、经营等方面，鼓励和支持智慧停车产业发展，扩大试点示范效应，加强和改进城市停车管理工作。在党中央、国务院系列会议上，城市停车场建设也成为"新基建""补短板"工作的重要内容。

2021 年 5 月，国务院办公厅转发国家发展改革委等四部门《关于推动城市停车设施发展的意见》，提出"到 2035 年，布局合理、供给充足、智能高效、便捷可及的城市停车系统全面建成，为现代城市发展提供有力支撑"。

表 5-1　我国智慧停车发展相关政策

时间	文件名
2015 年 8 月	国家发展改革委等七部门《关于加强城市停车设施建设的指导意见》
2016 年 1 月	国家发展改革委《加快城市停车场建设近期工作要点与任务分工》
2016 年 2 月	中共中央、国务院《关于进一步加强城市规划建设管理工作的若干意见》
2016 年 3 月	国家发展改革委办公厅《关于印发 2016 年停车场建设工作要点的通知》
2016 年 6 月	国家发展改革委、交通运输部《关于推动交通提质增效提升供给服务能力的实施方案》
2016 年 7 月	国家发展改革委、交通运输部《推进"互联网＋"便捷交通　促进智能交通发展的实施方案》
2016 年 8 月	住房和城乡建设部、国土资源部《关于进一步完善城市停车场规划建设及用地政策的通知》
2017 年 2 月	国务院《"十三五"现代综合交通运输体系发展规划》
2017 年 3 月	国家发展改革委办公厅《关于开展城市停车场试点示范工作的通知》
2017 年 9 月	交通运输部办公厅《智慧交通让出行更便捷行动方案（2017—2020 年）》
2019 年 6 月	公安部、住房和城乡建设部《关于加强和改进城市停车管理工作的指导意见》
2019 年 7 月	交通运输部《数字交通发展规划纲要》
2019 年 9 月	中共中央、国务院《交通强国建设纲要》
2019 年 12 月	交通运输部《推进综合交通运输大数据发展行动纲要（2020—2025 年）》

续表

时间	文件名
2020 年 7 月	国家发展改革委办公厅《关于做好县城城镇化公共停车场和公路客运站补短板强弱项工作的通知》
2020 年 7 月	国务院办公厅《关于全面推进城镇老旧小区改造工作的指导意见》
2020 年 8 月	交通运输部《关于推动交通运输领域新型基础设施建设的指导意见》
2020 年 12 月	交通运输部办公厅《关于开展 ETC 智慧停车城市建设试点工作的通知》
2021 年 5 月	国务院办公厅转发国家发展改革委等四部门《关于推动城市停车设施发展的意见》

资料来源：根据公开资料整理。

　　智慧停车产业在良好的政策环境下，正在迎来发展黄金期。通过引进社会资本、盘活智慧停车行业资产、加大金融支持力度来推动现有停车场的商业化，各大科技企业也将此作为研发布局的重点。

第三节　智慧停车的价值

　　一谈到交通，我们脑海中跳出来的画面，多半是车水马龙的街头、穿梭往来的交通工具。实际上，这样的动态场景并不是城市交通的全貌。

　　任何一个交通工具，都不可能一直在行驶中，因此任何一次交通出行，实际上都是一段段动态交通与静态交通的相互间隔。公交车到站后，乘客上下车时的停车；货车驶入货场，装卸货物时的停车；我们开着私家车、摩托车，甚至骑着自行车，在出行过程中的临时停车，在停车场的长时间停车……这些被称为静态交通。

静态交通不仅仅是动态交通在某一个特定时段的延续，它本身还具有动态交通不能覆盖的部分，比如停车位、停车场的合理使用和有效管理；新能源车的停车充电需求等。静态交通反过来会影响动态交通（比如很多车排队拐弯进入停车场时，容易造成这条道路上的车行不畅），影响整个城市的交通管理。

因此，对应静态交通发展中的各种场景，智慧停车系统通过科学管控，正在为提升泊位周转效率、完善停车运营体系、优化城市交通管理带来新的思路、注入新的活力。

从概念上看，智慧停车是指将人工智能、无线通信、移动终端、GPS 定位、GIS 技术等综合应用于城市停车位的状态采集、管理、查询、预订、支付与导航服务，实现停车位资源的实时更新、查询、预订与导航服务一体化，停车位资源利用率最大化，停车场利润最大化和车主停车服务最优化。

以智慧停车为起点，率先作用于城市的静态交通，并由此推动动态交通、道路智能化等公共治理领域进入技术应用、规范乃至体系优化的新阶段，为不同层面、不同群体带来的价值，显而易见，不容小觑。

一是让车主减少停车寻车时间。智慧停车服务贯穿整个停车环节，系统设计的停车场饱和度信息查询、停车泊位实时动态信息查询、停车诱导、反向寻车、无感支付功能等，让车主更快找到停车泊位、减少车辆停车寻车时间，降低油耗。除了停车服务，智慧停车系统还可以提供与汽车相关的充电、洗车、保险、维修、周边商户等信息，涵盖用户出行的多方面服务。

二是让停车管理企业降本增效。对于停车管理企业而言，智慧停车有利于提高泊位使用周转率，降低人工成本、减少人工收费引起的争议，费用管理更加透明。比如，利用视频信息数据云平台服务，可以对有限的泊位资源进行充分利用，及时了解多个地区停车场管理收费运营的情况，实现大范围内远程管理，提高工作效率，减少人力物力的投入。智慧停车系统建成后，还可以根据不同时段不同区域的停车需求制订不同的收费标准，通过价格杠杆，提高泊位周转率，盘活存量资源，优化供给结构。

三是可帮助城市住建、规划等部门实现智能化管理和决策。通过智慧停车管理系统建设，城市停车主管部门可以实时了解整个城市的停车数据，更合理地规划建设全城停车泊位，并通过价格杠杆调节车辆与泊位的供需平衡，最大限度地利用现有泊位为车主提供便利。同时，智慧停车对城市缓堵保畅可以起到积极的推动作用。

四是提供数据支撑，辅助公安、交警、综合执法等部门科学决策。通过智慧停车管理系统，公安、交警、综合执法等部门可掌握各个停车场的基础信息和日常运营，实现行业数据统计和决策辅助，为制定合理的交通规划、政策和制度，创造良好环境等宏观决策或规划提供数据支撑。目前城市车辆稽查布控主要针对卡口信息和路口闯红灯抓拍数据进行筛查，点位密度小、实时性较差。通过智慧停车系统也可掌握各个停车场出入车辆信息，实现对静、动态交通车辆信息的全网覆盖。

五是弥补支路管理缺陷，全面保障道路运输安全。目前由于电警卡口多分布在主要干路，对于支路缺乏有效的智慧监管。通过智慧停车管理系统建设，弥补了支路管理的缺陷，交管部门可实时掌握支路交通信息，并通过城市诱导系统发布交通信息，缓解道路堵塞，减少交通事故，提高道路运转效率，改善城市交通运行状况，保障道路运输安全，从而提高政府对城市交通的管理水平。

六是为新能源汽车、无人驾驶汽车提前布局。新能源汽车替代燃油车，无人驾驶汽车替代有人驾驶汽车，这些发展趋势是显而易见的，智慧停车也需要做前瞻的布局。从当前情况看，智慧停车可以提高充电桩利用率。根据国务院办公厅发布的《关于加快电动汽车充电基础设施建设的指导意见》，未来智慧停车系统可与充电桩相结合，在大型公共建筑物配建停车场、社会公共停车场配建充电设施，车主可通过 APP 寻找到充电泊位，并实现缴费功能，支持新能源汽车的普及。

七是建立驾驶人信用体系。与智能停车应用最相关的核心数据包含两个方面：一个是进入系统平台的停车场及停车泊位的精准数据（包含车辆进出的动态变化数据）；另一个是使用智能停车应用的用户数量。未来的商业社会将是一个基于信用的社会，利用大量的停车数据作为切入点，建立驾驶人信用体系，并倡导驾驶人关注驾驶行为、安全文明驾驶。这也是未来智慧停车系统能带来的价值。

第四节　智慧停车的发展现状及国际经验

目前，智慧停车已经在国内主要城市形成一定的规模化应用，覆盖车场范围和车主用户规模不断扩大，并且正从一线城市逐步向全国辐射。

根据中国停车网数据，截至 2020 年 11 月，已经实施道路停车智能化改造的城市（含区县）有 283 个。[①] 未来三年年均增长率将

---

① 中国停车网市场研究中心（MRCPO）统计数据，见 http://www.chinaparking.org/meetingid_322。

达到 30%—40%。按照年均增长率下限预测，未来三年新增道路停车智能化改造、建设的城市数将分别为 84 个、111 个、143 个。同时，2020 年区县级城市占比已经高达 32.9%，且过去三年以约 5% 的增长率增长，据此预计未来三年区县级城市占比分别约为 35%、40%、45%。智慧停车向下沉市场辐射的空间和潜力巨大。

智研咨询发布的《2022—2028 年中国智慧停车行业市场运营格局及前景战略分析报告》数据也显示，2016—2020 年中国智慧停车市场规模发展态势迅猛，每年以超过 20% 的速度增长。2020 年中国智慧停车行业市场规模为 154 亿元，预计 2025 年市场规模将突破 300 亿元。

整体来看，我国智慧停车行业已经度过了粗放发展期，业务模式逐步清晰。除传统停车厂商和安防企业外，智慧停车解决方案商、智能停车设备商、大型互联网企业、科技企业和汽车供应商等，都在积极探索和布局智慧停车领域。

百度依托丰富的用户出行场景、大数据、人工智能、云计算等技术，实现了停车数据中心及智能停车软硬件服务系统之间的信息联通，目前可以提供停车场信息、停车引导、停车服务、静态交通监管等多个环节的解决方案。除了前面提到的成都东站，百度已经获得多个城市级停车特许经营权，如云南省普洱市、福建省浦城市等。解决方案也已落地全国 30 多个城市，包括北京市、上海市、重庆市、湖南省长沙市等，覆盖路侧停车泊位超过 6 万个，接入路外停车泊位超过 13 万个。

一、智慧停车主要模式

从实现途径或应用场景来看，智慧停车可以分为城市级、场库级和车位级。

1. 城市级停车项目

城市级停车项目是指由政府停车主管部门或城投公司牵头、在城市建成区内实施的、批量化的公共停车设施建设项目。停车位状态信息、停车管理设备数据通过互联网、物联网方式上传到城市平台，政府的城市级云平台与停车企业的云平台进行线上对接，获得停车场地数据，形成全城停车场"一张网"格局，提供线上公益性服务，便于大众查到停车位，还可以解决部分停车用户的"逃单"问题。据中国停车网市场研究中心（MRCPO）统计数据，2020 年中国停车网发布城市级公开招投标项目信息 2267 条，同比增长 121%，在所有停车项目中占比 23%。

2. 场库级应用场景

场库级应用场景包括停车场、停车库、路侧停车等，最主要技术是车牌识别技术和不停车电子收费（ETC）技术。利用摄像头拍摄车牌或 ETC 以准确识别车辆身份，记录车辆进出场时间以准确收费，使车辆快速通过，无须停车进行人工记录。ETC 技术已经逐渐在北京市、重庆市、杭州市、成都市等城市道路停车领域落地应用。通过在泊位所在道路两端分别布设"L"形杆，每车道对应安装一台天线，与高速收费类似，车辆进入时识别记录，离开时扣费，可以最大限度实现无人值守。ETC 技术是智慧停车道闸领域近年获得迅速发展的重要技术。

3. 车位级智能停车

车位级智能停车主要通过智能车位锁、视频、地磁等设备判断车辆的进入和驶出。目前的主流泊位停车技术管理方案主要有"人工＋咪表"模式、"人工＋地磁"模式、视频桩模式、高位视频模式。随着技术的发展，"人工＋咪表"模式、"人工＋地磁"模式在实际运营中暴露出了很多问题，而高位视频模式收费能较好地解决其他收费方式的不足，正在被更多地应用于城市级停车项目中。

（1）"人工＋咪表"模式

"咪表"的称呼源于中国香港，即电子计时表，可分为电子泊车咪表和凭票泊车咪表，属于路内停车管理中的第一代技术。所谓咪表停车，就是采取国际通行的咪表计时刷卡收费的方式，将咪表设备安放在车位周围的人行道上，车主停车后下车自觉购买停车时长，自觉缴费。通常一部咪表设备可管理附近2—3个泊位。目前在我国使用咪表技术停车方案的有香港、广州、山西、福建等地。

不过，咪表管理也存在极大的弊端，需要公众有极高的自觉性。停车后主动缴费，若车主没有时间观念和缴费意识，咪表则形同虚设。大量安装咪表设备对市容市貌影响较大，且人为损坏难以避免，维护难度较大。咪表不属于新一代人工智能技术，没有实名记录、停车时长记录、惩罚等功能，整个管理过程需要大量人工操作，会带来管理不规范、管理力度低等其他衍生问题。

（2）"人工＋地磁"模式

地磁技术是路内停车管理中的第二代技术。地磁传感器可用于检测车辆的存在和车型识别。地磁传感器也是数据采集系统的关键部分，在交通监控系统中起着非常重要的作用。而传感器的性能对数据采集系统的准确性起决定作用。目前国内的地磁停车管理主要是通过"地磁＋管理员手持 PDA（移动工作终端）"或"地磁＋用户手机 APP"两种模式进行管理的。将地磁埋入车位地下，前一种模式是当地磁感知车辆停入车位后，会发送信号至管理员手持 PDA 上，管理员到达车位后录入车辆信息计算停车费用；后一种模式则是车辆到达车位后，由车主将自己的车辆信息通过手机 APP 上传，进行停车费计算、缴费。

地磁技术在国内应用比较广泛的地区有上海市、杭州市、深圳市、北京市等。但缺点也不可忽视：地磁技术属于半智能技术，信息采集过程仍需要人工进行干预，带来的"跑冒滴漏"问题和收费管理不规范等问题较为严重。在已经大规模使用地磁管理的城市中，经常出现因无法做到车辆信息及时录入而欠费难以追缴等问题。采用地磁管理，用户停车相对更耗时，也会带来交通拥堵等衍生问题。

（3）视频桩模式

视频桩是在车位的某个位置安装视频装置，监测车辆驶入驶出，全程无须人管，能适应诸多光线条件下的停车环境，可以实现停车、收费自动一条龙。不过，视频桩模式依然存在人为损坏现象，且易被遮挡，建设成本高，维护难度较大。因安装位置、高度限制，采集视频图像信息较少，难以满足静态交通管理需求。

（4）高位视频模式

高位视频技术利用"全视频检测＋巡检 PDA ＋互联网"的模式，可以实现全天车辆信息与车位状态综合识别，准确率高达 99%，车主可通过 APP、微信公众号进行停车记录查询、缴费、投诉等，可实现无感支付，大大降低了人工运营成本。高位视频可提供车辆出入场完整的停车记录，并实时推送给车主，保证了收费过程的公开、透明，并可进行全天 24 小时车场录像，弥补了原来路内泊车发生事故无法进行取证的缺点。采用此模式，车主逃费概率低、追缴证据有力度、全程无死角，可以更好地杜绝收费漏洞。2017 年，高位视频技术开始进入应用，目前北京市、长沙市、普洱市等城市已经建成高位视频的城市级项目。

相较于其他技术模式，高位视频的优势还在于：泊位的实时监管，完整的停车证据链采集，自动存证；实现智能计费，即停即走，减少收费漏洞；可实时监测车辆周边的状态，并可为车辆剐蹭等人为损害现象提供视频及图片证据；减少人工巡查，极大降低人工成本；避免停车纠纷，提升城市形象；兼顾道路交通管理功能，提高违法乱停和违法车辆的治理能力；不受地铁类高压强电磁波的干扰，金属类物质的误报率少，极大提高检测准确性；有效避免人为破坏，维护成本低、维护频率低、实用性高；扩展性强，经过软件升级就可成为智慧城市的重要组成部分，为城市大脑提供大量包括动、静态交通信息在内的城市运行信息，助力政府治理现代化。

随着智慧停车技术进入视频时代，以完整证据链、无感支付为特色的高位视频逐步被政府管理机构认可，高位视频智慧停车方案逐步成为城市停车管理的主流。综合 2019 年和 2020 年的数据，在技术上采用高位视频项目的市场份额也在逐年增长。可以预见，基于视频分析的路内停车高位视频管理系统是未来的发展趋势。

二、国际智慧停车经验

相对而言，国外的智慧停车起步较早。在为经济发展、城市管理等方面的服务过程中，各国也积累了不同的经验。

1. 新加坡

新加坡中心城区停车位数量相当有限，并且因为国土面积小，在停车场建设方面不适合投入过多土地资源。因此，新加坡将停车管理作为整体交通管理的一部分，与限制汽车数量、需求管理、拥堵治理等方面相结合。

新加坡是世界上第一个在城区建立电子道路收费系统（Electronic Road Pricing System）的国家。该系统于 1998 年 9 月正式投入使用，取代了限制区和高速公路的人工收费系统。在新加坡公路上，经常会看到写着"ERP"字样的电子道路收费装置，车辆在特定时段驶过，会被收取拥堵费，具体的收费时间、价格随拥堵程度调整。

新加坡陆路交通管理局在新加坡唐人街的客纳街建造启用了一个全自动化停车场，协助缓解当地停车位紧张的问题。驾车者只需把车子停放在入口处的大电梯内，然后走出电梯启动停车程序，在附有触控功能的荧屏上，输入个人密码，系统就会自动寻找空置的停车位，由输送台把车子移到电脑所分配的位子上。

2017 年，新加坡政府开发了一款用于公共停车收费的应用程序"Parking.sg"。驾驶员只需输入车牌号码，即可在应用程序上选择停车场、停车时长，并根据停车时间在线支付，很大程度上减少了等待、付费的时间，也通过灵活价格机制等手段，实现了对有限车位资源的统筹管理。

2. 日本

同样国土面积小、人口密集的日本，在停车需求上也是通过寻找新的空间来满足，比如巨大的摩天大楼和智慧停车系统。日本几乎所有的停车场都实现了停车诱导、实时信息查询、无人值守和自主缴费，哪怕小到只有两个车位的停车场，都配备自助缴费机和自动贩卖机。大部分停车场都可以上传空满状态到停车网站、手机终端、车载 GPS 导航设备等，驾车者在网上、手机上、车载 GPS 上随时可以查看就近停车场的空满、价格等信息。此外，大街上都有醒目的停车诱导标志，自动显示停车场的"空"或"满"状态、价格信息等。

3.美国

美国智慧停车应用多集中于"车位预订"，主要解决"停车贵"的问题，即优化停车体验。目前，美国智慧停车行业中，停车诱导、车位预定、代客泊车和电子付费等领域已经有了较为成熟的应用（见图 5-1）。值得关注的是，最近有一种机器人停车已经开始投入应用，正在改善西雅图的停车难问题。

据《西雅图时报》2021 年 7 月报道，西雅图一座名为 Spire 的公寓楼，安装了一个全自动机器人停车系统，看起来很像三个平台升降式电梯，每个电梯平台上停着一辆红色小车。居民只需要将汽车停在三部电梯中的任意一部，然后轻刷一下钥匙卡，车底下的红色小车（也就是小机器人）就会将汽车抬高，当汽车随平台降入车库，它就会被传送到另一辆小车上，移动到相应的停车位。轨道上的多辆

图 5-1　美国停车场

资料来源：视觉中国。

小车在地下 2 层至 9 层的 266 个车位上运送汽车。当居民需要用车时，系统也会自动地将车送到居民面前，省去居民在车库找车的时间。同时，这个停车系统还可以自动为电动汽车充电。

该停车系统由美国半自动 / 全自动停车系统供应商 Parkworks 所设计和安装，其单位容量约为标准车库的两倍，并且居民所需要支付的停车费仅为普通车库的一半。另外，得益于机器人停车的使用，整栋建筑的能源消耗也被大幅缩减。

第五节　智慧停车发展方向

相比上述国家，我国的智慧停车行业起步较晚，但是发展速度很快。根据行业数据统计，截至 2021 年上半年，全国已有 360 个市县实行了道路停车智能化收费，智能化泊车位达 125.27 万个，同比增长 59.5%。①

从政府管理的角度，尽管智慧停车项目快速增长，但泊位供需问题依然突出。而停车作为静态交通重要的环节，管理职责仍然分布在不同的政府部门，协同效应仍然有待解决。此外，政府智能化治理的政策、法规跟不上技术的发展。目前全国各地方城市的停车信息系统建设缺乏统一规范依据，尚未出台全国性统一建设标准，各写字楼、酒店、商场、社区自建的智慧停车系统缺乏统筹规划和架构规范，特别是商场与社区，系统间架构差异显著，导致信息交换和系统集成困难。

---

① 中国停车网市场研究中心（MRCPO）统计数据，见 http://www.chinaparking.org/newsid_23024。

对停车运营商而言，成本是一个绕不开的话题，不仅需要在传感器、网关和服务器等硬件设施上投入巨大的资金，而且还会涉及其他隐性成本。再加上智慧停车产品多元化，运营商在选择时往往仅考虑初始投资额，或者选择最经济的产品，导致运营效果改善不明显。也有运营商综合运用多种智慧化设备，导致需要部署不同的平台，数据难以打通；或者采用的平台功能需要二次开发，增加投入成本；很多伪智慧化的智慧停车项目，反而导致停车缴费率不高，逃费订单无法解决。

有数据显示，2021年上半年新增的智慧停车项目中，采用单一前端技术的项目占比78.5%、采用多种前端技术的项目占比21.5%。单一技术项目中，地磁项目占比52.0%、高位视频占比21.6%。多技术方案项目中，地磁项目占比37.3%、高位视频占比37.3%、视频桩占比18.6%。[①] 其中，视频桩主要出现在多种前端技术应用的项目中，配合高位视频和地磁使用。智能车位锁和视频巡检车，逐渐在县级项目中单独使用。

经过几年的发展，作为智慧城市和智能交通的重要组成部分，我国智慧停车已经从一个相对独立的行业，在更细分的场景如景区、医院、商场、社区、公共服务等，开始整合停车以外的应用，并逐步与智能交通、智慧城市融合。为了应对不同挑战，智慧停车产业发展呈现以下趋势：

一是前端设备要求有强大的计算和感知能力，才能作为子系统为智能交通、城市治理提供数据支持。在技术上，随着计算机视觉、人工智能等技术的高速发展，基于视频图像的智能识别技术在

---

① 中国停车网市场研究中心（MRCPO）统计数据，见 http://www.chinaparking.org/newsid_23024。

各个行业领域的应用逐渐占据主流趋势。这一趋势在智慧停车行业，尤其是在路内停车智慧化管理领域，也得到充分体现。在具体的智慧停车项目实践中，围绕视频技术的应用延展，各地政府以及停车场运营商对其功能提出了更多的期许，尤其是对车路协同、路侧智能单元、城市治理等多元化功能的延展，成为未来市场需求的焦点。

二是智慧停车成为智能交通、智慧城市的子系统，要求所有行业参与者从全产业链及系统生态角度，对此作出一体化思考和准备。2020 年有近一半的道路停车项目，是在包含具有静态交通管理特征的路内外一体化项目中实施的。这说明越来越多的项目对道路停车智能化的功能要求，已经脱离了简单的停车收费，而是更多聚焦于实现交通管理的智能化，甚至为提高现代城市治理能力提供支持。这也意味着，智能停车行业的参与者既需要有成熟的技术支撑，也需要有整合智能交通生态资源的能力。

三是各地区发展不均衡，相应的投资运营模式、运营能力、资金组织构成及效率解决方案也有所不同。一、二线大城市，智慧停车项目较多采用整合全市的停车场、停车楼智慧化和路内停车管理，以及城市级静态交通综合管理平台的打包方案整体进行建设，甚至与智能交通、智慧城市整合成较大型项目，集中进行建设。三、四线中小城市，在财政能力硬约束及新基建和停车专项债政策的鼓励下，地方政府倾向于引入社会资本推动智慧停车建设。2020 年新增的智慧停车项目中，采用 PPP（政府和社会资本合作）或 BOT（建设—经营—转让）模式的综合占比已经超过 30%，其中地市级项目有 19.7% 采用 PPP 或 BOT 方式，区县项目有 46.6% 采用 PPP 或 BOT 方式。

四是智慧停车市场竞争格局由小型的、停车收费产品提供商之间的竞争，向头部的、智慧化管理服务提供商之间的竞争演变。2020 年，智慧停车市场已经形成了智能硬件、系统集成、投资运营三大类企业集群。其中，在智能硬件方面的地磁、车位锁、视频等领域，以及系统集成厂商之间的竞争中，企业自身的软件设计实力和解决方案能力对项目投标结果所占的比重越来越大。投资运营企业中，很多本身就是从智能硬件或系统集成厂商转型而来。未来，头部的智慧化管理服务提供商的竞争优势会进一步显现。因为智慧停车已经不仅仅是单纯的产品对抗，而是一场包括技术底座、项目能力、品牌影响等多方位、多元素的生态级竞争。

第六节　百度智慧停车布局

2018 年的时候，有人跟我说："我其实不需要自动驾驶汽车，我喜欢开车。"

但是我理解所谓的喜欢开车，更多可能是在高速上享受风驰电掣时的感受，或者享受开车到一个从未去过的地方的全新体验。相信没有人会说，我喜欢找停车位，我喜欢下地库，我喜欢在路边停车时赌一下会不会被摄像头拍到……

从这个意义上讲，即使是为了让开车的人能更多享受到驾驶乐趣，我们也应该通过技术手段，把停车问题解决掉，大量节省时间，提升出行体验。这是百度着手研究智慧停车的一个重要出发点。

随着研究的深入，我们很快发现围绕停车展开的，提升停车位使用效率、改善乱停车现象、缓解区域交通拥堵等一系列需求，不仅直接关系个人用户出行，还影响行业企业运营和政府公共治理的优化。

因此，推进智慧停车的价值就不仅在于帮开车的人寻找车位，还在于通过技术的运用，支撑交通系统规划乃至现代化社会治理体系的构建。即智慧停车通过更好地解决"把车停下来"的问题，最终将在全局交通中更好地实现"让车跑起来"的目标。

未来，百度将通过城市交通管理与居民出行相结合的方式，不断助推技术与产业深度融合，促进政府、企业等合作伙伴加速实现数字化、智能化转型。

一、百度智慧停车的三大闭环

2021 年 5 月，国务院办公厅转发国家发展改革委等四部门《关于推动城市停车设施发展的意见》，其中第十条"推广智能化停车服务"明确提出，"加快应用大数据、物联网、第五代移动通信（5G）、'互联网＋'等新技术新模式，开发移动终端智能化停车服务应用，实现信息查询、车位预约、电子支付等服务功能集成，推动停车资源共享和供需快速匹配。鼓励停车服务企业依托信用信息提供收费优惠、车位预约、通行后付费等便利服务"。

百度智慧停车解决方案就是以这样的思路，把我们的自主知识产权高位视频技术、自主泊车（AVP）能力、百度地图数亿的用户基础和海量停车用户画像数据，以及我们一直在不断扩展、提升的项目规划建设能力和城市停车运营管理能力等全部结合起来，在个人侧、行业侧和政府侧形成三个闭环，改进因停车秩序混乱带来的各种问题。

1. 个人侧："从出门到回家"的智慧交通出行闭环

百度为个人用户提供的智慧停车服务贯穿整个出行环节。用户一上车通过百度地图输入目的地，系统后台就可以智能识别并预测目的地停车难度，推荐最佳停车场；在接近目的地时，通过与三级停车诱导系统的信息同步，用户可以提前预约车位；按照室内外一体导航到达车位后，用户可以自行控制智能地锁，系统也会进行停车自动计时计费；离开时，用户借助反向寻车可以很快回到车上并完成一键缴费、无感支付。整个过程不仅可以减少车辆停车寻车时间，而且大大缓解停车场周边拥堵，提高通行效率。还能在用户违法停车时及时发出通知，早发现、早提示、早处理，避免对交通造成实际干扰（见图 5-2）。

在全球减碳行动的大背景下，新能源汽车的保有量也连年大幅

图 5-2　百度为个人用户提供的智慧停车服务贯穿整个出行环节

注：扫一扫图中二维码可观看视频。

度增长。但能否享受高效、便捷的充电服务，一直是影响用户购买新能源汽车的重要决策因素。有调研数据表明，52.5%的网民认为充电不便是新能源汽车存在的最大问题。① 而很多安装在楼宇旁边或是地库角落的充电桩，因为其天然的"隐身属性"而无人知晓，久而久之甚至成了"僵尸桩"。根据阿尔法工场研究院于 2020 年 10 月披露的数据，中国公共充电桩行业利用率平均只有 4%，在充电桩铺设最多的北京市、上海市，使用率更是分别为 1.8%、1.5%。

百度智慧停车恰恰是这种车桩信息不对称现象的"天敌"。百度地图目前已经能够标识 98%的线下充电桩。进入导航，系统会作出"停车 + 充电"的一键规划。充电预约完成，导航会把车辆直接带到充电泊位前。整个充电过程中，系统会显示实时状态，完成后一键缴费。用户不再为找桩难、充电难而焦虑（见图 5-3）。

图 5-3　百度智慧停车可以有效解决充车桩信息不对称现象

①　艾媒咨询汽车行业数据分析，见 https://www.iimedia.cn/c1061/80947.html。

2.行业侧:"从建设到运营"的智慧停车运营闭环

百度为停车管理企业的智能化建设和运营提供了一套完整的工具包。我们可以根据不同城市、不同区域、不同停车场的需求和预算,提出建设方案,在系统正式上线后对不同阶段的运营工作给予咨询建议,并根据实际需要对系统进行托管和维护。

百度智慧停车系统建成后,可以实现"无人值守"。这意味着自动监测车位、自动生成订单、自动计时计费、自动推送支付等,在减少了人力物力投入、使工作效率提高的同时,也降低了人工收费争议、避免出现纠纷。

同时,系统平台还可以帮助停车管理企业实时掌握多个地区停车场管理收费运营的情况,有利于提高泊位使用周转率。此外,通过大数据分析深度了解停车用户属性、停车人群,可以辅助企业精准营销。而未来进一步打通停车收费管理平台与政府征信体系,可以有效避免逃单,实现应收尽收。

3.政府侧:"从规划到决策"的智能交通治理闭环

百度可以帮助政府搭建起城市级停车服务系统,将所有城市路内、路外停车信息统一到城市停车管理平台。一方面,通过智能诱导技术,向车主推荐新增、共享或临时的空位,让存量停车位资源尽可能均衡地发挥作用,减少拥堵的发生;另一方面,基于对交通大数据的分析,帮助决策者更好地判断在哪里规划和建设新增停车位,让原本就有限的城市资源更加高效地用在需要的地方。

通过智慧停车管理系统的建设,公安、交管部门可以实现对违法停车、不文明停车的自动取证,对无牌/套牌车的自动纠察;并且加强对车辆行踪的布控、跟踪能力,为刑侦提供更好的数据依托。城市停车主管部门可以对现有停车设施数量、布局和利用情况有更全局、更准确的掌握，从而完善停车资源基础数据库，科学制订路内停车策略，平衡不同区域的停车需求……不同部门各自的职能需求可以汇合到同一个管理平台上，综合协调处理（见图 5-4）。

图 5-4　百度智慧停车助力政府交通综合治理

二、百度智慧停车场景应用三大趋势

截至目前，百度智慧停车的产品、服务及综合解决方案已经应用于湖南省长沙市、湖南省株洲市、上海市徐汇区、云南省普洱市、福建省浦城县等 30 多个城市（见图 5-5）。我们参与得越多，与各地行业企业、政府部门交流得越多，就越能感受到智慧停车在实际场景的应用中正呈现出以下的特点和趋势：

1. 路内外一体化建设与运营管理成效显著

在 2017 年以前，很多城市在解决停车难时，往往是局部的、项目式的。不仅承建商之间彼此割裂，连功能之间都难以打通。2018年后，越来越多的城市决策者开始用整体思维、城市思维，把区域内的路侧停车位（路内车位）和封闭停车场（路外车位）当作一个整体对象来看待，统一规划和解决停车问题。

斜位停车　　　　　跨位停车　　　　　逆向停车

图 5-5　百度智慧停车应用场景

比如湖南省长沙市，2019 年全市城区停车位 133 余万个，缺口达 27 万个，"一位难求"几乎是普遍现象。在百度智慧停车技术全力支持下，长沙市交通集团及其子公司湘行智慧交通科技有限公司统一进行了全市智慧停车平台的建设，并开展了路内外一体的智能化改造。与改造前（2018 年 10 月）相比，单个车位每天的周转率提升 88%；单人管理车位数从 15—20 个泊位增加到 60—150 个泊位，包括停车计时等准确率也从 70% 提升到 99%，有效缓解了群众停车难的问题。

2019 年，云南省普洱市政府与百度停车达成 BOT 合作模式，这也是国内领先的政企协同智慧停车项目（见图 5-6）。"畅行普洱"于 2020 年 1 月 2 日正式上线，2020 年共产生订单 380 万笔，月均缴费率达 80% 以上。每天泊位周转率为 400%—500%，不规范停车及违法停车现象由 30% 下降至 0.3%。从根本上解决了以往每到节假日城区道路周边基本停满车辆的现象。同时，一部分区域停车位利用率不高、另一部分区域车位饱和所造成的交通堵

图 5-6　云南省普洱市城市级智慧停车一体化平台

塞现象不复存在。

2.高位视频停车解决方案成为主流选择

高位视频停车解决方案基于百度的自主视频技术，使各种被俗称"探头"的前端感知终端脱胎换骨。总体来说，多技术方案下，多数项目以高位视频为主、地磁为辅。

与目前行业比较常见的其他两种模式运营效果相比，高位视频方案的优势显而易见（见表5-2）。

表5-2 三种模式运营情况对比

类别	"人工+咪表"	"人工+地磁"	高位视频
收费情况	人为影响因素较多，"跑冒滴漏"现象严重	半自动收费模式，可实现电子支付，需要人工手动拍照录入车牌，也有人为影响	全自动收费模式，可实现电子支付，不需要人工手动拍照录入车牌，无人为影响
管理情况	没有信息化手段监管，只能人工巡查，效果较差	人工手动拍照录入车牌有误差，后台数据准确性有待提高，不能为欠费追缴提供充分证据	摄像头自动识别车辆出入场时间，且有图片及视频，后台数据准确性高，能为欠费追缴提供充分证据，还可以处理停车过程中发生的剐蹭事故，为交警提供违停数据
人员职责变化	单纯地收取停车费，无法对欠费车主进行补缴	由于要人工手动拍照录入车牌，工作量较纯人工收费没有减少，可对欠费车主进行补缴，没有达到降低人工成本的目的	收费员变成管理员，主要工作就是指导车主用新模式缴费，重点对欠费车主进行补缴，后期工作量减少，可降低人工成本
用户反馈	收费员乱收费现象严重，投诉较多	地磁准确率有待提高	有车辆停车图片和短信推送给车主，车辆出入场时间准确性高，车主停车消费明白放心，但第一次付费时需要注册及绑定车牌号码

这套解决方案中，大倾斜角度车辆视觉识别技术是百度独有

的，可以支持 80 度大倾角和 160 度超广角。这使得无论是枪机还是球机等前端设备都可以突破传统视频识别对角度的约束，在复杂场景和大倾斜角度下保持对车牌识别的精准度（见图 5-7）。

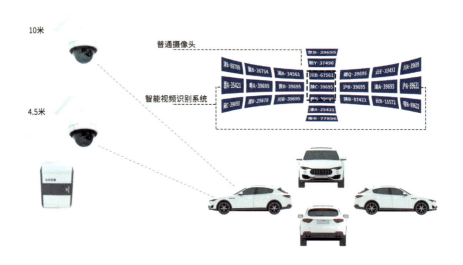

图 5-7 百度的高位视频停车解决方案可突破传统视频识别对角度的约束

每个点位上的镜头也能覆盖更广的感知范围。应用在垂直停车场景中，部署在屋顶或是高杆上的 1 套枪球就可以管理 20—30 个车位。这样通过技术优势来降低设备部署成本，效果是非常显著的。

在湖南省长沙市的案例中，湘行天下一开始针对路侧停车泊位改造，先选用"地磁 + PDA"的手段，但因地磁方案的误报率高、计时准确性较差，"跑冒滴漏"现象严重，用户投诉居高不下。后来百度将路侧泊位全面升级为第六代高位视频方案，并辅助以 PDA 进行异常信息巡查，管理手段、运营效果都有了明显提升。

这样的技术，在 2018 年上海市徐汇区道路停车管理智能化升级项目中更体现出巨大的优势。当时，政府方面向百度提出了不立杆、不设补光灯、不破坏原有风貌的建设要求。百度采用第六代大倾角高位视频技术实施建设，在道路狭窄等复杂环境下，实现车牌精准识别及停车区域无死角监控。项目共建设泊位 1000 多个，能够全自动识别车辆颜色、类型、车牌号码，并为市民提供从车位预约到费用清缴的智慧停车全过程服务。目前，徐汇区 3.9 万个泊位都已经纳入平台，汇聚所有停车资源，实现统一管理，市民通过 APP 就可以实时查询空余车位，或通过智能诱导轻松、顺利地找到停车位。

3. 自主泊车推动"最后一公里自由"时代到来

根据有关统计，我们开车的时间中有 30% 是用来找停车位的。站在百度智慧停车解决方案的角度，通过自主泊车，这 30% 的时间完全可以节省下来，因为车辆可以自己去找停车位。这个能力的第一次公开展示，是在 2018 年的百度世界大会上。当时我在现场播放了一个完全实拍的视频，百度的一名员工开车来到公司路边下车后，车辆就开始进入自主巡航状态，到地下停车场找到车位并且停了进去。

仅仅半年之后，甚至还可以通过手机 APP 召唤车辆远程启动，自动开出地库来找车主。整个行驶期间，若发现前面有车，该等的时候它会等，过弯道它会自动减速；遇到障碍它会停，道路条件允许的情况下，它会绕开障碍物；就算遇到突发情况如有横穿道路的行人，它也能在 0.5 秒内作出反应，并且保持至少 30 厘米的安全距离；对于路边正常行走的行人，它不会把他们当作障碍物产生误判；可以轻松应对市面上 95% 以上停车场的标准车位，遇到很难停的车位，人类司机可能会吃力，它却能很轻松地停进去。此外，系统可以智能判断当下的气候环境是否足以保证驾驶安全，一旦因为雨雪雾霾、能见度过低或是光照过强，超出系统承受、不满足安全边界，就会交给人工接管（见图5-8）。

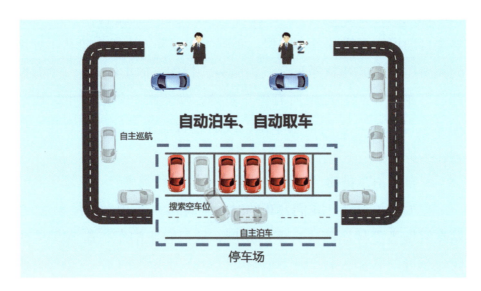

图 5-8　自主泊车技术可以让用户享受更加轻松的停车体验

　　截至目前，百度自主泊车已与比亚迪汽车、广汽、长城汽车、威马汽车等知名车企达成生态合作，量产订单率位居中国市场首位。在北京南站、华润五彩城、翠微印象城，上海仲盛世界商城，深圳星河 COCO Park 等合作项目停车场的实地测试已经深度展开。同时，上海市、广州市、成都市等城市还有多个项目即将陆续启动。最快 2022 年，大家就可以在上述地点亲身体验。

　　严格意义上讲，自主泊车其实就是"最后一公里"的无人驾驶，与车路协同的发展息息相关。通过在车库提前部署传感器，在车位上提前安装倒车摄像头，并在车身上配置"摄像头＋超声波雷达"

的组合，系统就能在无人驾驶状态下对车辆作出准确的引导和管理。而路侧智能化建设能够延伸到多远，也决定了开车的人可以在距目的地多远的位置下车离开，然后让车辆去处理剩下的事情。一旦基础设施的智能网联化可以充分支持这样的场景，自主泊车就会获得快速发展。因为在自主泊车状态下，车辆是以比较慢的速度在行驶，不仅技术实现需要面对的问题变得简单，更大大降低了事故风险。这个技术也更容易被用户和市场所接受。换言之，实现"最后一公里自由"的自主泊车，会比完全无人驾驶时代更早到来，还会推动真正的智能交通时代更早到来！因为这会对那些不具有"最后一公里"自动驾驶能力的车产生一个挤压效应。试想一下，当你在路上堵得完全走不动的时候，前面那辆车的司机下车关门就走了，而你还要跟着无人驾驶的车在那里慢慢往前挪动，这是一种什么感受？

未来，随着自主泊车与路内外一体化智慧停车系统之间连接及响应水平的不断提升，用户会享受更加轻松的停车体验，停车场的车位运营管理会更加高效，城市道路也会因为良好的停车秩序而更加通畅。这样一个令人期待的智慧停车未来景象，通过"把车更好地停下来"，最终"让车更好地跑起来"。

本章谈到，我国智慧停车已经从一个相对独立的行业，逐步与智能交通、智慧城市融合。因此，推进智慧停车的价值就不仅在于帮开车的人寻找车位，更在于支撑交通系统效率提升乃至城市治理体系的构建。

智慧停车有三个基本明确的发展方向：

一是智慧停车成为智能交通、智慧城市的子系统，已经脱离了简单的停车收费，而是更多聚焦于实现交通管理的智能化，为提高现代城市治理能力提供支持。

二是智慧停车的前端设备要求有强大的计算和感知能力，才能作为子系统为智能交通、城市治理提供数据支持。在技术上，基于视频图像的智能识别技术在智慧停车行业，尤其是在路内停车智慧化管理领域逐渐占据主流。

三是智慧停车市场竞争格局由小型的、停车收费产品提供商之间的竞争，向头部的、智慧化管理服务提供商之间的竞争演变。因为智慧停车正在升级为包括技术底座、项目能力、品牌影响等多方位、多元素的生态级竞争。

第六章
车路协同

车路协同像是路灯，而单车智能就像车灯，在两者协同作用下，自动驾驶规模商业化落地门槛能够大大降低，加速单体智能向协同智能的转变。
——《面向自动驾驶的车路协同关键技术与展望》
（白皮书），2021 年

▶▶▶ 扫码听音频

2018 年 7 月的一天，百度科技园附近的后厂村十字路口，出现了一个与众不同的红绿灯——顶端有一个 64 线激光雷达，周围还搭载了计算单元、环视摄像头、GPS 天线、差分定位、V2X 路侧通信单元等设备（见图 6-1）。

这是一整套的路侧感知和通信设备。由于激光雷达价格不菲，我们的工程师打趣说，这可能是"中国最贵的红绿灯"。这套设备

图 6-1　百度科技园附近第一个智能红绿灯

主要对路口全量交通参与者进行对象级实时感知，并通过 V2X 无线直连通信发给附近的无人车进行协同感知、预测、规划的闭环测试；同时也对路口车流、路口各方向延误情况进行分析，并在此基础上，对红绿灯放行时间进行实时调整（见图 6-2）。

图 6-2　第一张雷达路口扫描的影像图片

百度在后厂村路口做车路协同的原型验证，很快被媒体报道出来，外界才知道百度正式进军车路协同领域。最近三年，百度 Apollo 车路协同经历了多轮技术升级，并在不同城市实现了商业化落地，包括湖南省长沙市、河北省沧州市、广州市黄埔区、北京市亦庄区、重庆市永川区、山西省阳泉市、上海市嘉定区、成都市高新区等。

但直到今天，很多人对百度投入做车路协同还疑惑不解：百度不是一直做无人车吗？为什么又去搞车路协同？

百度从 2013 年开始，一直持续投入做自动驾驶。对于自动驾驶，大家感受最深的是无人车，这也是目前争议最大的一个技术方向。比如，卡耐基梅隆大学教授、美国工程院院士金出武雄认为，未来 5—10 年，机器的驾驶能力毫无疑问会比人类驾驶员更好。

但另一些专家，比如法国的图灵奖得主约瑟夫·斯发基斯（Joseph Sifakis）则认为，自动驾驶的发展分为"自动化系统"和"自主系统"，自动驾驶就是由自动化走向自主化。自动化阶段，人类司机应当负有责任；自主化阶段，机器将能够独立作出决策。他认为，要实现无人驾驶的自主化，还需几十年的时间。

对于自动驾驶，百度有新的解题思路。自动驾驶的普及，不能只依赖单车智能，道路基础设施的智能化也很重要。所以，百度果断地投入做车路协同。车路协同可以大大提升无人车的安全性，车路协同也会加快自动驾驶大规模商用的进程。

最近几年，业界有所谓单车智能和车路协同的"路线之争"。单车智能主要依靠车辆自身的视觉、毫米波雷达、激光雷达等传感器，计算单元以及线控系统进行环境感知、计算决策和控制执行。车路协同，则是将路端升级到与车端智能化同等的水平，通过车联网将人—车—路—云这些交通参与要素有机地联系在一起，从而保证自动驾驶安全，加快自动驾驶应用的成熟。单车智能与车路协同并不是非此即彼、互为替代的关系（见图 6-3）。

车路协同可以解决自动驾驶的长尾问题。在自动驾驶领域有90/10 理论——最后 10% 的长尾问题，可能需要付出 90% 的努力，甚至更多。车路协同是从路端着手，解决最后 10% 的长尾问题。当然，关于路侧需求，需要先对自动驾驶有深刻的认知——你得先做好 90% 的场景，才知道最后的 10% 是什么。车路协同，是自动驾驶单车智能发展到一定阶段的必然。

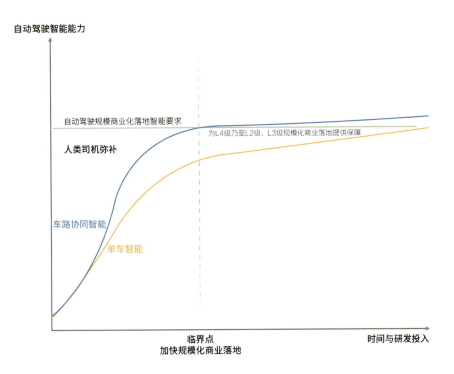

图 6-3　单车智能自动驾驶（AD）与车路协同自动驾驶（VICAD）两种技术路线发展路径演进与比较

　　这几年，百度研发车路协同自动驾驶的关键洞察是：需要车端、路侧和通信链路三管齐下，而车端经验尤其重要。只有车端的多场景实践，才能对路侧感知设备精度和通信链路效率提出更精准的需求，并对路侧设备信息反馈的实际效果进行验证。这也是，百度在自动驾驶单车智能的路上摸爬滚打了几年之后，大举投入车路协同的原因。

　　车路协同可以理解为自动驾驶的另一条重要的支柱。在车的智能取得阶段性进展后，路的智能就被迅速地推上历史进程。今天在城市道路，尤其是在繁华路段，晚上都是有路灯的。可是在农村，在偏远地区，路上没有路灯。当然，没有路灯，车也能行驶。但有路灯和没有路灯的差别就是，交通事故率大大下降了，安全性提升了。

同样，在车路协同模式下，当有路侧设备跟车进行协同交互的时候，自动驾驶的能力就会大幅度提升，智能汽车安全性提高，自动驾驶规模商业化落地也将提速。

第一节　车路协同的概念及发展概览

一、车路协同是什么

车路协同概念并不新鲜。早在 20 世纪 60 年代，美国汽车三巨头之一的通用汽车，便在新泽西州的普林斯顿市打造了一条电子化高速公路的测试跑道，车辆在这条测试跑道上可以实现自动启动、加速、转向与停止，全程没有人工参与。这被业内视为最早的"车路协同"方案。

普林斯顿市政府随后还发表了一篇畅想自动驾驶的文章：未来某一天，电子化高速公路将允许人们周末出游时，坐在行驶的车中打桥牌或者睡上一觉。囿于当时的技术水平，以及高昂的成本，电子化高速公路并没有流行起来。

车路协同，是采用先进的无线通信和新一代互联网等技术，全方位实施车与车、车与路、车与人之间动态实时信息交互，并在全时空动态交通信息采集与融合的基础上，开展车辆主动安全控制和道路协同管理，充分实现人、车、路的有效协同，保证交通安全，提高通行效率，从而形成安全、高效和环保的道路交通系统。

车路协同自动驾驶则是指——在单车智能自动驾驶的基础上，通过先进的车、道路感知和定位设备（如摄像头、雷达等），对道路交通环境进行实时感知定位，按照约定协议进行数据交互，实现车与车、车与路、车与人之间不同程度的信息交互共享（网络互联化）；它涵盖了不同程度的车辆自动化驾驶阶段（车辆自动化），考虑了车辆与道路之间协同优化问题（系统集成化），通过道路数字化、网络互联化、车辆自动化，最终构建一个车路协同自动驾驶系统。

时至今日，日本、美国、欧盟等主要发达国家和地区，在发展单车智能自动驾驶的同时，对车路协同自动驾驶也给予了高度关注，在政策法规、技术研发、示范应用等方面开展了一系列创新探索。他们还通过中长期战略规划、标准制定等多层面进行布局，积极抢占车路协同发展的制高点。

日本方面，2011 年智能交通路端节点设备（ITS Spot System）在全日本高速公路上开始安装使用，城际高速安装间隔为 10—15 公里，城市高速路安装间隔约为 4 公里。ITS Spot System 为智能车有效提供了自适应巡航、安全行驶、盲区检测、道路汇集援助、电子付费等服务，这些道路基础设施为发展车路协同自动驾驶提供了良好基础。

美国提出了网联自动驾驶（CAV）的概念。美国联邦公路管理局开发了 CARMA（Cooperative Automation Research Mobility Applications，协同式驾驶出行应用研究项目）平台和 CARMA 云，以支持协同驾驶自动化（CDA）的研究和开发；美国联邦通信委员会（FCC）为 C-V2X 分配了 5.905—5.925 吉赫专用频谱，并把

5.895—5.905 吉赫频段的 10 兆赫从专用短程通信技术（DSRC）转给 C-V2X。

欧盟道路运输研究咨询委员会在 2019 年发布了《智能网联汽车路线图》，提出的目标是：2022 年网联自动驾驶实现与大数据可信平台开放数据交互；2025 年下一代 V2X 提升 L4 级自动驾驶能力。

近年来，我国已出台多项政策支持车路协同产业发展：2019 年 7 月，交通运输部发布《数字交通发展规划纲要》，提出要推动交通基础设施全要素、全周期数字化，布局全方位交通感知网络。2020 年 12 月，交通运输部发布《关于促进道路交通自动驾驶技术发展和应用的指导意见》，指出以关键技术研发为支撑，以典型场景应用示范为先导，以政策和标准为保障，鼓励创新多元发展。2021 年 4 月，住房和城乡建设部、工业和信息化部联合发布《关于确定智慧城市基础设施与智能网联汽车协同发展第一批试点城市的通知》。随后，北京市、上海市、广州市、武汉市、长沙市、无锡市 6 个城市被确定为智慧城市基础设施与智能网联汽车协同发展第一批试点城市。

随着相关文件和政策的出台，国内各地方车路协同试点项目遍地开花，市场投资火热，中国迎来快速发展的黄金期。

今天的中国，汽车和交通市场规模稳居世界前列。其中汽车年产销量超过 2500 万辆，中国超大规模的汽车和交通市场在全球发挥着重要的引领作用。如果集中力量推进车路协同技术路线，将在成本、效率、安全性等方面对单车智能路线实现技术超越，在智能交通领域实现领先。

随着车路协同的逐步推进，车路协同将与现有的传统智能交通产业深度融合，为智能交通产业注入新的元素。另外，通过车路协同赋能自动驾驶，能够加速自动驾驶规模商业化落地，其产业链潜力巨大，将成为新一轮科技创新和产业竞争的制高点。而在新基建的推动下，车路协同有望进入快速发展阶段，降低自动驾驶的复杂度和车载成本，弥补中国在单车智能发展方面的不足，成为中国特色的发展道路，有望在全球率先实现 L4—L5 级高等级自动驾驶技术的大规模商业化落地。

二、为什么要发展车路协同

当我们谈论自动驾驶时，常常谈论的是单车智能，希望汽车能够像人类一样去驾驶，并且识别交通标识，读懂交通信号灯，分辨出路上的物体。但事实上，交通安全的问题，并不是仅仅依靠单车智能就能够解决。现阶段，以单车智能路线为代表的自动驾驶依然面临着几大挑战。

第一大挑战，自动驾驶安全问题依然没有得到很好解决。与传统汽车相比，自动驾驶汽车是一个更为复杂的系统，对安全提出了更高的要求。单车智能自动驾驶经过多年的发展，仍不能实现 100% 的安全。在低等级自动驾驶方面，很多车企都已经商用量产，但一些高级驾驶辅助系统（ADAS）功能仍然存在特定场景下应对能力不足和失效的风险。以自动紧急制动系统（AEB）为例，在夜间或者儿童穿梭等场景下，车辆的应对能力不足，有可能出现碰撞危险。另外，针对雨天打伞、隧道等场景也可能出现系统失效等情形。

在高等级自动驾驶方面，自动驾驶的可靠性和应对挑战性交通场景的能力仍然有待提升。高等级自动驾驶车辆目前面临的安全问题主要包括：软硬件系统可能出现错误或漏洞；感知上，可能出现因遮挡、恶劣天气等环境影响导致的失效；目标运动行为可能出现预测能力不足，决策时间超时和生成轨迹错误的现象；目前道路设施是以服务人类驾驶员进行设计和建设，车辆难以高效准确地获取道路设施提供的交通规则、交通状态等信息。

第二大挑战，单车感知长尾问题限制了车辆运行设计域（Operational Design Domain，ODD）。自动驾驶运行设计域是指自动驾驶系统功能设定的运行条件，包括环境、地理和时段限制、交通流量及道路特征等。运行设计域限制是保证车辆安全的重要手段，也是自动驾驶商业化中需要不断突破的边界。例如，美国国会至今也没有发布全国性的自动驾驶法规，亚利桑那州、佛罗里达州和其他地方政府也都要求，自动驾驶汽车必须在限定的区域内开展自动驾驶测试和试运营。

限制自动驾驶运行设计域的原因或条件有很多，感知的长尾问题是当前限制单车智能自动驾驶车辆运行设计域的主要原因之一。受车端传感器安装位置、探测距离、视场角、数据吞吐、标定精度、时间同步等限制，车辆在繁忙路口、恶劣天气、小物体感知识别、信号灯识别、逆光等环境条件中行驶时，仍然难以完全做到准确感知识别和高精度定位。

第三大挑战，自动驾驶的经济性问题还未得到充分解决。为了实现高等级自动驾驶，车载传感器的数量需要显著增加，目前 L4 级自动驾驶车辆的硬件设备一般包含：6—12 台摄像头、3—12 台毫米波雷达、5 台以内的激光雷达、1—2 台 GNSS/IMU，以及 1—2 台计算平台。除了硬件系统外，对高精度地图及相应的软件系统的需求，也大大增加了自动驾驶车辆的成本。简单来说，在自动驾驶大规模商业化落地前，经济性是必须考虑的现实问题。

最后一大挑战来自车外，道路交通情况让自动驾驶的预期功能安全变得更加特殊。部分地区人口密集、交通拥堵；司机的驾驶行为不文明，如逆行、闯红灯、驾车过程中打电话等；以及城市复杂的交通场景，都为预期功能安全问题带来更多挑战——这些来自车外的挑战和不确定因素，也在一定程度上增加了单车智能克服未知场景的难度。在没有路侧设备的情况下，行驶在公开道路上的自动驾驶车辆有不可预知的风险。因此，给予车辆路侧信息的车路协同技术就显得很重要。

综上所述，单车智能自动驾驶要实现规模商业化落地，依然面临着安全性、运行设计域限制和经济性等方面的挑战，在当前自动驾驶能力条件下，业内还无法找到兼顾安全性、运行设计域限制和经济性的平衡点。但车路协同却能以更小的代价解决更为复杂的场景问题，相比单车智能存在实现成本高昂、商业落地缓慢、技术路线有瓶颈等弊端，车路协同系统有诸多优势。

一是低成本。目前一辆自动驾驶汽车的硬件成本在 100 万元左右。如果将部分自动驾驶功能让渡给"聪明的路"，则可以补齐单车智能的短板，大规模降低成本。

二是安全。车路协同通过车路的传感器互联，实现超视距感知，能综合考虑路上所有车辆的运动情况，从而作出全局最优决策结果，保证驾驶的安全性。比如，以往在极端天气、不利照明、物体遮挡等情况下，单车智能的感知、预测能力面临挑战。而车路协同可弥补车端感知不足，有效扩大单车智能的安全范围。

车路协同能够扩展自动驾驶车辆运行设计域。一般而言，受天气、行驶区域、时段、速度等因素限制，单车智能能够感知和应对的驾驶场景有限。而路侧的协同感知能够扩展车辆的感知范围、能力和场景，从而扩展单车的运行设计域，进一步提升自动驾驶的点到点能力。

三是效率。车路协同在效率上优于单车智能。通过车路协同从全局来统筹优化，效率远高于单车智能，并能从根源上解决拥堵问题，让交通效率大幅度提升。在同等自动驾驶安全前提下，车路协同可以大范围实施部署，促进自动驾驶规模商业化的早日实现。

四是商业落地。由于 5G 的发展，中国通信行业迎来基础设施建设浪潮，政府加大政策指引力度，路侧改造进程加速，车路协同技术演进路线愈发清晰。车路协同自动驾驶在安全性、自动驾驶运行设计域和经济性上都有着不可比拟的优势，将大大加快自动驾驶的商业落地。

第二节　车路协同的本质

如果说以往自动驾驶的价值是让路上的车辆都能由经验丰富的"老司机"驾驶，那么车路协同则像是给每辆车开了一个"天眼"。这个"天眼"能帮助车辆在"完美"视角下保障安全、疏导交通，高效分配道路资源。

以一个路况复杂的路口为例，人类司机和自动驾驶车载传感器由于视角和视线的局限，都只能感知路况信息的一部分，那些看不到的障碍物造成了危险隐患。如果拥有"天眼"的路侧感知设备，利用高清摄像头等多种传感器，再加上 Apollo 平台的计算识别能力，就可以感知路口范围内全部的交通参与方，即人、车、路、环境等全方位的信息。把这些信息通过 V2X 通信实时共享给路口的全部车辆，即可最大限度地消除诸如超视距、盲区、动静态遮挡、异常天气等场景中的感知难题和危险隐患。

据测算，车路协同能够帮助解决 54% 的单车智能在路测中遇到的问题，减少 62% 的单车智能的接管数。甚至还有行业研究者曾做过仿真测试，如果在十字路口实现车路协同技术，十字路口的通行能力将提高至少3.8倍。如果后续彻底打通路侧交通基础设施，车路协同还能通过优化交通管理、优化信号控制，来实现感应通行和绿波通行，提升交通效率，缓解交通拥堵。

目前业界有一个共识是，单车智能容易陷入局部最优，而车路协同所构成的群体智能可以使全局效率最大化。车路协同通过车路信息的充分共享交换，让车辆由被动感知转向主动交互，尤其是车路协同在"车端＋路侧"感知的"天眼"，几乎完胜单车智能。

"天眼"只是一个比喻。更本质的原因是，车路协同中出现了以高维度数据为代表的新智能要素，主要体现为数据高维、算力高维和算法高维。

数据高维：车路协同自动驾驶在路侧会产生大量的数据，且信息特性与单车智能数据具有一定的正交属性，通过车路协同融合后将形成新的更高维度数据，如空间维度（范围、视角、盲区）、时间维度（动／静态、时间范围）、类型维度（多源多层）等，分布在不同维度具有正交性的高维数据信息量更大，对智能系统的能力会产生更有效的帮助（见表 6-1）。

表 6-1　单车智能自动驾驶（AD）与车路协同自动驾驶（VICAD）
数据维度比较

维度类别	维度子类别	AD 数据维度特性	VICAD 数据维度特性
空间维度	范围	单车局部范围，且同等设备可更密集精确	多点位全局范围，超视距，且有条件因地制宜地布设
	视角	第一视角有优势，但易于被视距问题影响	有多视角优势，可俯视视角
	盲区	传感器集中部署于车上易造成静态盲区和动态遮挡区盲区，可通过运动推理盲区状态来补偿	高于参与者观察，所以盲区小，并可通过多传感器重叠区域消除盲区
时间维度	动 / 静态	观测点动态移动所以有难度，但也有动态视角变化前后印证的优势，观测相对变化	观测点静态，可长时间观测并分辨差异
	时间范围	单车实时	持续观测长期推理预测未来
类型维度	多源多层	单车传感器，实时一手	交通、场景、用户等多源多层数据，且易做灾害异常等高等级推理，如红绿灯、天气、人文活动等跨领域跨行业信息
其他维度特性		设备按车规部署于车内，须较小，耐高温振动电磁，且能力受限	架设于路侧，可使用较大体积和重量的设备，可选择不同的形态种类，且上限更高

　　算力高维：车路协同自动驾驶通过路侧智能，匹配高维度数据的算力智能要素，也具备更高等级的条件。如固定点位和机房集群、固网通信、算力调度等条件（见表 6-2）。

表 6-2　单车智能自动驾驶（AD）与车路协同自动驾驶（VICAD）
算力维度比较

维度子类别	AD 算力	VICAD 算力
移动属性	移动设备，体积较小且防震、防热、防电磁、防尘等要求障碍物持续时间求和	固定设备，端边云多层，端的设备须防震、防热、防电磁、防尘等，云的设备有较好 IDG 环境
电源属性	电池供电，能耗受限	电网供电，能耗不受限
解耦调度	车载算力专用，定制紧耦合配套设计	多种解耦调度形态，如忙闲调度、多点位空间调度、时间调度、步骤配合调度、在线与离线调度
通信	整车 CAN、车载以太网等	车路无线通信，路云间有线传输

算法高维：车路协同自动驾驶通过新的算法要素进行实时在线处理，离线的挖掘训练仿真，可为自动驾驶提供更多、更高等级的智能应用（见表 6-3）。

表 6-3　单车智能自动驾驶（AD）与车路协同自动驾驶（VICAD）
算法维度比较

维度子类别	AD 算法和机制	VICAD 算法和机制
场景化高精	依赖推理高级语义或地图，偏静态	具备基础设施设计参与度，可动态处理
分工服务化	单车能力闭环	交通运营商服务
全局大数据	单车实时结合地图与模型	端边云融合大数据分析处理
协同智能	单向，博弈推理	多方多层次协同

车路协同区别于单车智能，是新的智能形态。车路协同自动驾驶通过引入新的智能要素，带来高维数据，并配合灵活算力和算法机制，实现由个体智能向协同智能或群体智能发展。车路协同自动驾驶新智能使自动驾驶能力得到本质提升，突破了单车智能的"天花板"限制，将极大地促进自动驾驶技术发展，加速其规模商业化落地。

从复杂系统的角度，车路协同自动驾驶引入了熵减的智能要素，来对抗单车智能自动驾驶系统自然迭代生长的熵增。以交通信号灯色识别为例，如果通过单车智能完成，需要在 3D 环境中识别定位到较远处的交通信号灯，通过光学传感器识别灯色，并预测相位灯态变化，还需要面临炫光、尾灯霓虹灯干扰，LED 频闪、灯亮度达标延迟和老化，移动式红绿灯的位移，欧美悬挂式灯的晃动、多相位匹配、超视距、盲区、动静态遮挡，异常天气等场景中的感知难题。而通过车路协同可以引入路侧子系统的高维数据系统，连接协调通行算法，使用低复杂度信号灯机对接信息，不仅可以实时通过低码率编码获得准确可靠的信号灯态语义信息，还可以超视距获得灯态语义信息以及倒计时信息等。

此外，车路协同的路侧和云端基础设施更有条件进行数据积累和协作，进一步通过挖掘来提升个体与群体的协作智能和学习成长型智能。通过车路协同子系统的加入，提供了新的以高数据为代表的智能要素，可以有效分担车载自动驾驶系统感知、决策和控制压力，降低系统的复杂度。随着自动驾驶研发投入的增加，投入产出比呈边际效益递减的趋势，车路协同自动驾驶可以使个体智能向协同智能体过渡，快速提高自动驾驶的能力，并加快规模商业化临界点的到来。

第三节　车路协同的构成部分

据相关数据估算，假设每公里公路需要路侧单元 2 个，每 50 公里需要设置路侧计算单元 1 个，到 2030 年中国路侧单元应用渗透率为 30%，车载单元（集成 ADAS）、高精地图渗透率为 5%，那么到 2025 年中国车路协同主要 IT 设备（路侧单元、车载单元、高精地图、路侧计算单元）累计投资规模为 912 亿元。到 2030 年，车路协同主要 IT 设备累计投资规模将达到 2834 亿元。[①]

随着 5G 技术的不断推进，云控平台、车载单元、路侧单元将率先放量。从商业化进程来看，这也涉及车路协同四个核心部分：通信平台、终端层（车端/路端）、边缘计算和云控平台。

一、通信平台

车路协同通信技术包括车车通信、车路通信两部分。作为车路协同中的连接管道，通信平台主要负责提供车与车、车与路间实时传输的信息管道，通过低延时、高可靠、快速接入的网络环境，保障车端与路侧的信息实时交互。

车路协同的底层通信技术有两种通信标准：一种是专用短程通信技术。专用短程通信技术目前主要应用于不停车自动缴费、出入控制、车队管理、车辆识别、信息服务等领域。另外，专用短程通信技术是针对低移动场景的 Wi-Fi 技术，其测试性能并不稳定，比如在高速场景、高密度场景下有可靠性较差、时延抖动较大的缺点。另一种是基于蜂窝网通信技术演进的 C-V2X。2015 年，3GPP（3rd Generation Partnership Project）正式启动基于 C-V2X 的技术需求以及标准化研究。

我国经过综合判断认为 C-V2X 模式与 5G 可以珠联璧合，坚

---

① 前瞻产业研究院：《2021—2026 年中国车路协同行业发展模式与投资战略规划分析报告》，见 https://www.qianzhan.com/analyst/detail/220/200710-48be0385.html。

定选择了 C-V2X。这是因为，基于蜂窝通信技术，C-V2X 的可移动性、可靠性强。最为重要的一点是，C-V2X 能够兼容 5G 演进路线，可支持自动驾驶。尤其是在引入 5G 蜂窝网络之后，C-V2X 和专用短程通信技术之间的技术优势差距也将会进一步扩大。作为新一代信息通信技术，5G 所提供的大宽带、低延时、高速率的无线通信环境，将大幅提升车路协同之间的信息、数据传输。

二、终端层

终端层分为车载终端和路侧终端。两者在原有的设备上，通过智能化改造，搭载激光雷达、摄像头等传感器，以实现车辆之间的互联监测，与路侧端的环境监测，进行信息数据传导，产生交互行为。

从产业结构角度来看，车载终端主要包括通信芯片、通信模组、终端设备、V2X 协议及 V2X 应用软件。其中，车载终端负责车载端的海量数据实时处理和多传感器数据融合，保证车辆在各种复杂的情况下稳定、安全行驶。借助当前主流的 LTE-V2X 以及新一代 5G-V2X 信息通信技术，车载终端可以实现车辆之间、车路之间、车与行人之间、车与云端之间的全面信息交互。可以说，车载终端是车内网和车外网通信的枢纽。

车载单元是车辆的中央通信单元，是汽车与外界实现 V2X 通信的关键设备之一，与路侧设备相联，进行数据的读取、接收、发送等。

智能路侧系统负责路况信息搜集与边缘侧计算，完成对路况的数字化感知和就近云端算力部署。路侧单元具有交通信息采集、传输和处理三大功能，是车路协同系统的核心基础设施，是感知路网特征、道路参与者的信息交换枢纽。

据《C-V2X 产业化路径和时间表研究白皮书》的数据：2021年前主要在示范区、先导区、特定园区部署路侧设施，2022—2025年在典型城市、高速公路逐步扩大覆盖范围。近年路侧单元部署主要在高速公路及城市岔路口，预计 2025 年高速公路路侧单元渗透率将达到 70%，城市路口路侧单元渗透率将达到 40%。

路侧通信单元负责与车载单元、路侧计算单元通信等，相当于移动网络基站。路侧计算单元起着边缘大脑的作用，接收来自路侧感知单元的信息、接收车载单元和其他路侧计算单元的信息，然后进行分析、检测、跟踪、识别等一系列处理。

近年来，在单车智能发展进入瓶颈后，车载端传感器向路侧端转移趋势越来越明显，智能路侧系统建设被提上日程。

三、边缘计算

边缘计算，是指在靠近应用场景的网络边缘，将计算、存储、通信等任务分配到网络边缘的计算模式，就近提供边缘智能服务。

边缘计算服务器可以发挥近距离部署的优势，及时获取路况信息，如果是紧急事件，就直接下发给车 / 路设备，提醒各方及时处理。如果是可能影响全局的数据，就上报给中心云，由中心云计算决定是否追加下发，同时协助中心云绘制出整体交通态势图。

边缘从逻辑上包括路侧通信单元（Road Side Unit，RSU）、路侧计算单元（RSCU）、路侧感知单元（包括雷达、摄像头、交通信号灯与指示牌等环境信息）。路侧计算单元是路侧基础设施的核心组件，包含采集传感、计算决策、通信汇聚、安全认证、状态检测等模块（见图 6-4、图 6-5）。

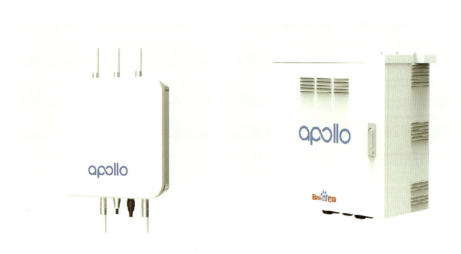

图 6-4 路侧通信单元（RSU）　　图 6-5 路侧计算单元（RSCU）

为什么要在路侧部署边缘算力？在真实道路交通场景中，对云计算的需求十分复杂，有的场景需要根据实时局部信息快速分析计算并将结果反馈给周边车辆，比如危险路况避让、交通事故预警；有的场景需要汇总全局信息，俯瞰大局统一分析，比如交通态势分析、道路限行控制。这正是边缘计算的应用场景。

四、云控平台

云控平台是车联网的核心环节，是实现网联协同感知、网联协同决策与控制的关键基础技术。从更宏大的角度看，云控平台是智慧城市实现、智能交通体系建设中非常重要的基础设施。云控平台包括云控基础平台和云控应用平台。

云控平台的作用是什么？它可以提供设备管理控制、数据融合与云端数据交换、全域事件信息发布，为不同级别的智能网联和自动驾驶车辆提供服务，为管理及服务机构提供车辆运行、基础设施、交通环境、交通管理等动态基础数据，是支持智能网联汽车实际应用需求的云端支撑平台。

目前，通过云控基础平台的物理架构，已经基本形成车端—边缘云—区域云—中心云四级支撑体系。云控平台可以实现协同感知和融合感知，在路侧即可做大规模信息融合，再上传至边缘端，然后下发至车端作出决策。总而言之，云控平台让车路协同的实现增添了更多可能性。除此之外，云控平台还能作为车辆协同运行调控和安全节能控制。

从车路协同的四个核心组成部分来看，车路协同的利益相关方主要包括政府机构、车企、设备制造商、车联网公司、地图服务提供商及定位系统提供商、网络及通信服务商、云计算服务商、整体解决方案提供商、出行服务商等多种角色。多种角色参与使得车路协同产业关系复杂。因此，产业链各参与方之间的开放合作至关重要。

第四节　车路协同的典型场景

车路协同需要不断探索场景应用。与单车智能自动驾驶落地方式类似，应用场景也是车路协同落地的关键节点。只有根据汽车、交通管理等行业需求，确定各行业都认可的场景，依据场景进行车辆和基础设施的部署，使安装了 V2X 设备的车辆与安装了路侧基础设施的道路实现有效协同，使车辆和道路两端都能切实从 V2X 受益，车企和用户买单时才能"物有所值"，交通部门的基础设施投资才能"物尽其用"。

2017 年出台的车路协同第一阶段（Day I）标准，应用场景主要是基于车车、车路间的状态共享，通过自身的算法判断来提前消减冲突或获知交通信息。随着 V2X 技术的发展与需求的增长，车路协同第二阶段（Day II）标准应运而生。

2020 年 11 月，团体标准《合作式智能运输系统 车用通信系统应用层及应用数据交互标准 第二阶段》开始征求意见。这个标准结合 C-V2X 技术迭代与行业需求演进，定义了车路协同第二阶段（Day II）的 12 个应用场景和 9 个新交互消息，进一步丰富了 V2X 应用场景，为更安全、智能、协作的场景实现提供基础，推动 C-V2X 车联网加速落地（见表 6-4）。

表 6-4 车路协同第二阶段定义的 12 个应用场景

序号	Day II	通信模式	触发方式	场景分类	主要消息
1	感知数据共享	V2V/V2I	Event	安全	Msg_SSM
2	协作式变道	V2V/V2I	Event	安全	Msg_VIR
3	协作式车辆汇入	V2I	Event	安全 / 效率	Msg_RSC Msg_VIR
4	协作式交叉口通行	V2I	Event/Period	安全 / 效率	Msg_RSC
5	差分数据服务	V2I	Period	信息服务	Msg_RTCM
6	动态车道管理	V2I	Event/Period	效率 / 交通管理	Msg_RSC
7	协作式优先车辆通行	V2I	Event	效率	Msg_VIR Msg_RSC

续表

序号	Day II	通信模式	触发方式	场景分类	主要消息
8	场站路径引导服务	V2I	Event/Period	信息服务	Msg_PAM Msg_VIR
9	浮动车数据采集	V2I	Period/Event	交通管理	Msg_BSM Msg_VIR Msg_SSM
10	弱势交通参与者安全通行	P2X	Period	安全	Msg_PSM
11	协作式车辆编队管理	V2V	Event/Period	高级智能驾驶	Msg_PMM
12	道路收费服务	V2I	Event/Period	效率 / 信息服务	Msg_VPM

注：表中"主要消息"列给出了实现对应应用场景所需要的主要交互消息，但不一定是所有消息，现实中可根据不同的需求和服务水平，使用更多的消息。

资料来源：星云互联、华安证券研究所。

与第一阶段（Day I）标准相比，车路协同第二阶段（Day II）标准中的场景，更多强调了车、路、人之间的意图和感知共享，应用场景主要包含安全、信息服务、效率、交通管理、高级智能驾驶、综合六大类。

这一阶段定义的系统和应用，越来越关注和利用路侧的能力，有更多的 V2I 场景出现，更加体现"车路协同"的技术趋势。同时，应用场景的用户视角也从单纯的车端，扩展到兼顾交通管理方、行人以及场端。可以说，车路协同第二阶段（Day II）标准充分契合了当前车路协同的发展需求，车路协同技术轮廓也日渐清晰。

目前，我国车路协同研究和发展迅速：第一阶段已在多个城市开展规模性测试验证和先导示范，并逐步开展商业化运营；第二阶段也在部分城市开展了建设部署和测试试验，道路的协同感知能力得到了充分验证，部分场景下基础设施的协调和控制也进行了初步探索。

百度 Apollo 车路协同自动驾驶在满足行业已发布标准的基础上，结合已落地项目开展了大量 V2X 车路协同应用测试验证和先导示范，总结归纳了 3 个大类 7 个典型协同感知应用场景。这些应用场景同样适用于高等级（CSAE 158-2020）标准要求，并且向下兼容车路协同第一阶段（Day I）标准、车路协同第二阶段（Day II）标准。

Apollo 车路协同自动驾驶应用场景分为以下三类（见表 6-5）。

表 6-5 典型车路协同自动驾驶应用场景举例

场景类别	场景名称	使用标准	对应道路智能等级
全量交通要素感知定位	动静态盲区 / 遮挡协同感知 车辆超视距协同感知 路边低速车辆检测	（1）满足高等级（CSAE 158-2020）标准要求 （2）向下兼容 Day I（CSAE 53-2019）与 Day II（CSAE157-2020）标准	C4
道路交通事件感知	违章停车、"死车"事件识别 排队事件识别 道路遗撒（施工锥筒、货物等）事件识别		
	路侧信号灯融合感知		

第一类是全量交通要素感知定位，包括动静态盲区 / 遮挡协同感知、车辆超视距协同感知、路边低速车辆检测。

以路边低速车辆检测为例，一般来说，受车端传感器感知视角及车辆实时运动等因素的影响，自动驾驶车辆对路边低速车辆检测的速度估计不准，如路边缓慢倒车、路边车辆驶出等，造成潜在碰撞或急刹风险。而在车路协同自动驾驶协同感知的情况下，可以对路边缓慢驶出车辆进行稳定检测，准确获取车辆速度、位置等信息，发送到自动驾驶车辆进行融合感知定位，进而避免了急刹或事故的风险（见图6-6）。

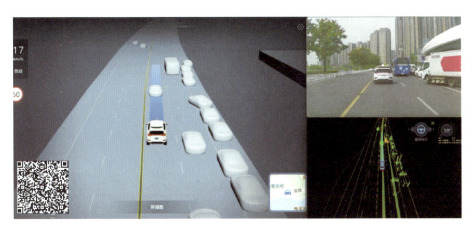

图6-6　车路协同下的路边低速车辆检测效果

注：扫一扫图中二维码可观看视频。

第二类是道路交通事件感知。包括违章停车、"死车"事件识别，排队事件识别，道路遗撒（施工锥筒、货物等）事件识别。以道路遗撒（施工锥筒、货物等）事件识别为例，自动驾驶车辆的感知视角有限，对低矮障碍物的准确检测需要较近距离才能实现，容易造成车辆急刹。通过车路协同自动驾驶交通事件协同感知，自动驾驶车辆可对道路遗撒低矮障碍物进行有效检测，并通过V2X远距离提前发送给车辆，提前进行预判和车辆决策控制，如变道绕行（见图6-7）。

第三类是路侧信号灯融合感知。信号灯数据获取是自动驾驶必须解决的问题，单车智能主要通过视觉AI获取，但仍存在很多不足：识别信号灯能力有限，异形信号灯无法识别；车端视角限制，容易被前车遮挡；容易受外界环境限制，尤其是逆光、雾天、扬尘、夜晚等环境；识别的数据维度有限，倒计时信息识别不准。

图 6-7　车路协同下对低矮障碍物的准确检测

车路协同自动驾驶超视距 / 遮挡信号灯协同感知：车路协同自动驾驶协同感知主要是通过 IoT 信号灯数据接入、路侧多视觉融合感知等技术获取信号灯灯色和倒计时信息，经数据融合处理后，通过 V2X 发给自动驾驶车辆。车路协同自动驾驶信号灯协同感知的优势：获取方式不受灯的外观、环境影响；获取到的数据内容丰富（包括灯色、倒计时）；车辆可在很远的距离提前获取信息，提前进行决策控制。

如图 6-8 所示，前方大车遮挡信号灯时，可通过车路协同自动驾驶信号灯协同感知实时获取准确的路口信号灯灯色和倒计时数据，以便车辆提前作出预判和决策控制，避免出现闯红灯或者急刹。

2020 年 8 月 31 日，全国首条完全支持 L4 级自动驾驶车辆的高速示范样板——湖南 G5517 高速长益段正式通车。这条路段为湖南湘江新区"双一百"项目（100 公里智慧高速和 100 公里城市智慧开放道路）的高速路段部分。这条路段覆盖干线、互通、隧

图 6-8　车路协同自动驾驶信号灯协同感知

注：扫一扫图中二维码可观看视频。

道、桥梁、服务区等典型的高速公路场景，路侧和云平台系统采用百度 Apollo 车路协同方案。百度通过路侧先进的车道级事件检测能力和强大的云平台处理能力、LTE-V、4G、5G 等通信融合技术，为长益复线高速提供了丰富的智能网联应用场景。

第五节　车路协同的演进路线

一、车路协同的发展阶段

车路协同主要分为 DSRC 和 C-V2X 两类通信技术。DSRC 由美国主导，福特、丰田等车企推动，应用于 V2V（车—车）和 V2I（车—基础设施）两个方向。DSRC 产业链已形成商业量产状态，V2V 功能已实现，其缺点是 V2I 功能难以实现，路基改造成本过高，并且不具备 V2N（车—互联网）和 V2P（车—行人）功能，不是完整的车联网（见图 6-9）。

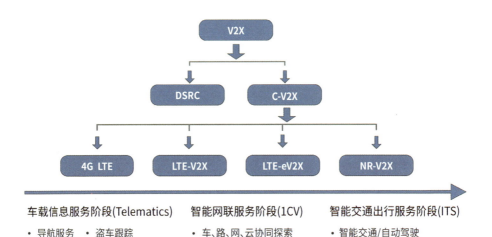

图 6-9　V2X 两大技术路线与 C-V2X 技术演进

从通信角度来看，基于 5G 的发展，车路协同将会经历三个发展阶段。

第一阶段：支持辅助驾驶安全、提高交通效率，主要应用在智能公交和高速公路。这一阶段需要 LTE-V2X 直通模式（PC5）和 4G 蜂窝（Uu）支持，提供车—车、车—路协同感知能力，在城市道路和高速公路部署 LTE-V2X，实现智能交通，提高交通效率，辅助驾驶提升安全性。

第二阶段：封闭园区和封闭道路中商用车的中低速自动驾驶。这一阶段需要 LTE-V2X 和 5G 蜂窝（Uu）支持，与区域部署的多接入边缘计算（MEC）相结合，提供封闭区域（如工业园区、港口、矿山等）的协同决策和控制能力，实现在特定区域、特定场景（园区、港口）等部署 LTE-V2X，通过区域性中低速行车协同决策与控制，实现商用车（如工程车、货运车等）自动驾驶。

第三阶段：乘用车的自动驾驶以及高速公路的车辆编队行驶。这个阶段需要 NR-V2X 和 5G 蜂窝（Uu）支持，与广泛部署的多接入边缘计算（MEC）融合提供开放道路的协同决策和控制能力。

2020 年 7 月，国际组织第三代合作伙伴计划（3GPP）宣布 5G R16 标准冻结，意味着基于低延时的车路协同自动驾驶商用开始提上日程，车路协同相关基础设施和硬件走向量产。但车路协同的真正成熟落地，预计将在侧重于万物互联的 R17 标准落地及车路相关基础设施、路侧单元、车载单元硬件覆盖率达到规模化部署之后。

整体来看，目前基于 R14 和 R15 标准的车路协同第一阶段和第二阶段可以实施和部署，而且这两个阶段的应用也有相应的社会价值和商用价值。

从车路协同自动驾驶的角度看，这是一个由低到高的发展过程，主要包括以下三个大的发展阶段。

第一阶段，信息交互协同。车载单元与路侧单元进行直连通信，实现车辆与道路的信息交互与共享。

第二阶段，协同感知。在第一阶段的基础上，随着路侧感知能力的提高，自动驾驶的感知和决策的实现不仅依赖于车载摄像头、雷达等感知设备，而且需要智能道路设施进行协同感知。协同感知分为初级协同感知和高级协同感知两个分阶段：初级协同感知阶段，道路感知设施相对单一、部署范围有限、检测识别准确率较低、定位精度较低，达不到服务于 L4 级自动驾驶车辆的要求；高级协同感知阶段，道路感知设施多样、道路全面覆盖、检测识别准确率高、定位精度高，能够服务于 L4 级自动驾驶车辆。

第三阶段，协同决策控制。在第二阶段协同感知的基础上，道路具备车路协同决策控制的能力，能够实现道路对车辆、交通的决策控制，保障自动驾驶安全，提高交通效率。这一阶段又分为有条件协同决策控制和完全协同决策控制。有条件协同决策控制，是在自动驾驶专用道、封闭园区等环境下实现协同决策控制，或实现 AVP 自主泊车；完全协同决策控制，是在任何时间、任何道路和交通环境下，都可实现车路全面协同感知、协同决策控制功能。

二、基于 V2I 的感知增强和冗余将先行

以 V2I 为主，作为 V2X 产业化的切入点，是一条中国特色的有效途径。

部署智能路侧系统，是对传统智能交通系统的一次升级，建设新一代合作式智能交通系统，将极大改善交通系统的安全性，提升交通效率，赋予城市管理者更便捷、更有效的交通和车辆管理手段。

与 V2V 不同，V2I 只要车辆搭载新的车载终端，在进入 C-V2X 路段时就能实现车路协同。除此之外，V2I 感知有两个优势：一是打破现有车载传感器局限，融合增强；二是 V2I 感知更加经济。

近几年，百度 Apollo 已经成功落地沧州市、重庆市、广州市、成都市等地，越来越多的自动驾驶车路协同示范项目助力各地的智能网联基础设施建设。正是基于这些项目的落地经验，百度 Apollo 对于车路协同有更进一步的思考：

在以车载感知为主、路侧感知为辅的传统融合策略中，路侧感知的问题和缺陷，在车载感知的辅助下，无法得到充分的暴露，其效果的显现也会受到车端感知融合等因素的影响。因而，百度意识

到为自动驾驶系统提供真正冗余的必要性，排除车端感知的干扰，研究纯路侧感知的技术，Apollo Air 应运而生。可以说，Apollo Air 蕴含了百度对车路协同的最新思考。

Apollo Air 计划有三大典型特征：一是依靠纯路侧感知实现车路协同自动驾驶；二是持续降维反哺车路协同产品；三是标准开源开放实现业界共享。

依靠纯路侧感知实现车路协同自动驾驶是 Apollo Air 的最大技术创新，在不使用车载传感器、仅依靠路侧轻量感知的前提下，实现连续覆盖感知，并利用 V2X、5G 等无线通信技术就可以实现车—路—云协同的 L4 级自动驾驶。这相当于，Apollo Air 技术替换了一个稳定的自动驾驶系统的感知系统，通过车—路—云配合实现自动驾驶。

当然，百度下决心投入资源研发纯路侧感知解决方案，并不是说要放弃现有基于车路协同的技术路线。而是预期在技术实践过程中充分意识到自动驾驶系统真正冗余的必要性，通过增强路侧感知技术来进一步提升车路协同的融合感知。

从目前进展来看，车路协同正在从关键技术研究走向局部先导示范应用，全面商业化落地应用未来可期。截至 2021 年 7 月，我国已经建设了国家智能网联汽车创新中心及 4 个国家级车联网的先导区。我国 10 余个省（自治区、直辖市）出台了车路协同相关工作安排，20 余个城市和多条高速公路已经开展了车路协同改造升级。

以百度为例，2021 年 3 月发布了交通路口解决方案——ACE 智能路口解决方案，目前这一方案已在北京市亦庄区高级别自动驾驶示范区落地，首期在 12.1 公里、28 个路口进行车路协同智能化改造，支持高级别自动驾驶示范运营。

2020 年 8 月，广州市黄埔区、广州开发区与百度 Apollo 开启"广州市黄埔区广州开发区面向自动驾驶与车路协同的智能交通'新基建'项目"。在黄埔区 133 公里城市开放道路和 102 个路口，规模化部署城市 C-V2X 标准数字底座、智慧交通 AI 引擎及 6 个城市级智能交通生态应用平台，并与现有交通信息化系统实现对接应用。

在北京市亦庄区、广州市黄埔区等先行城市地区的指导下，利用车路协同开展自动驾驶规模化商业落地的测试验证和示范运营，也在积极帮助和推动更多城市实现智能交通转型。

第六节　车路协同如何提升安全

提到车路协同，外界最多的疑问是：安装了车路协同设备对自动驾驶的帮助有多大？实际上，这不是一个仅依靠研究就可以回答的问题，还需要大规模实践以及理论推演。

过去几年，百度部署了全球最大规模自动驾驶车队与 L4 级车路协同路口，这是全球最大规模的"基础设施 × 无人车"组合。通过"数百辆车 × 数百个路口"，在实际路跑中收集数据和案例。与此同时，百度基于大规模车端与路侧数据同步采集，进行理论建模与仿真。

与车企、通信厂商在封闭测试场进行车路协同测试不同，这项工作的意义在于，通过实地测试去验证车路协同的可行性，而不是停留在简单的联动性测试上。只有通过提升路侧的智能化，路侧与车端的感知才能真正形成正交冗余。

安全角度V2X收益量化公式

$$g = \frac{\text{事故周期(单车智能+V2X)}}{\text{事故周期(单车智能)}}$$

(g：单车智能结合V2X，事故/风险率降低倍数)

$$g = \frac{1}{1 - c \times p \times x}$$

c = V2X设备覆盖率 (%)
p = 可依靠V2X规避的事故/风险比例 (%)
x = V2X系统/算法的问题解决率 (%)

	现状	未来
P (%)	**低** 1.决策计划类问题占头部，能借助V2X解决的比例不高 2.生效功能限于盲区，红绿灯等	**高** 1.单车智能缺陷多与感知相关 2.新V2X功能持续研发逐步生效
X (%)	**低** 初期研发阶段，设备稳定性算法效果爬坡阶段	**高** 设备稳定性和算法效果迭代，问题解决率上升
C (%)	**低**	**高**

- p：商业化阶段，单车智能缺陷大比例来自感知，"看不见、看不清、看不稳"(盲区、遮挡、视距……)
- x：现状X_0，通过设备&算法的迭代，解决率提升q倍/年，n年后问题解决率 $X_n = 1-(1-X_0)/q^n$
- c：增加V2X设备的部署量，提升V2X感知覆盖范围

(注：使用仿真路侧感知结果时，x=1，即达到理想值)

图 6-10　车路协同收益理论模型

从一个量化公式展开来说（见图 6-10）：在这里，V2X 的覆盖率参数是 C，解决问题的比例是 X，解决了这些问题之后可以避免相应事故的概率是 P。这个公式是说，当单车智能可以达到人类驾驶水平的时候，有一个数字可以作为一个参考。比如人类司机每 10 万小时出一次事故，当单车智能接近人类水平时，剩下的问题大部分来自感知：因为看不见、看不清等造成的。

而车路协同可以解决 99％ 的问题。当然，要充分验证车路协同对自动驾驶的作用，路侧系统能力也是其中的关键。根据百度技术迭代的推演得到的数据：目前算法可以解决 60％—70％ 的难题，而真正商业化的时候可以达到接近 99％。因此，通过车路协同可以减少 10—100 倍的驾驶风险，自动驾驶事故率可以降低 99％。

然而，自动驾驶汽车是一个极其复杂的系统，所处的实际驾

驶环境要素繁多、复杂多变，这使得自动驾驶车辆在安全方面存在许多不确定性。自动驾驶要量产落地，安全是一切功能设计的核心。车路协同想要快速落地，更是如此。百度一直高度重视安全性，并一直在用超越行业水平的研发成果进行实践和印证。

为了应对自动驾驶领域越来越复杂的系统和工况，百度在车路协同中也引入了预期功能安全（Safety of the Intended Functionality，SOTIF)。预期功能安全是自动驾驶安全体系的重要组成部分，主要是为了应对由于自动驾驶功能不足和可预见的人为误用造成的危害问题。

预期功能安全将所有场景划分为四个区域（见图 6-11），即已知安全、已知不安全、未知不安全、未知安全区域。车路协同之所以能提升自动驾驶的安全性，就是因为车路协同提供了更多传感器的数据和信息；有的是互补的，有的是冗余感知信息。通过车路协

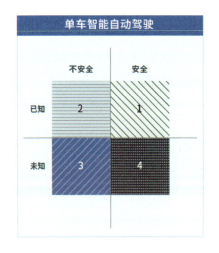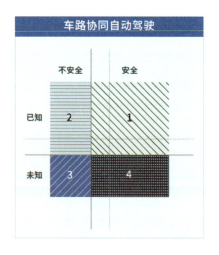

图 6-11　基于 SOTIF 车路协同使得各区域发生变化

同自动驾驶的预期功能安全，可以使自动驾驶 SOTIF 中的不安全场景转化为安全场景，未知场景转化为已知场景。

基于百度 Apollo 提供的真实交通流数据，统计拟合出场景分布模型，并结合我们提出的车路协同自动驾驶安全收益模型（VICAD-SRM），我们分别计算出了单车智能和车路协同在三种典型场景下的运动状态和安全评价指标，实验计算结果如表 6-6 所示。

表 6-6　三种典型场景下自动驾驶安全的理论计算结果

场景	超视距跟驰		换道冲突		无保护左转	
感知	单车智能	车路协同	单车智能	车路协同	单车智能	车路协同
TTC (S)	7.209	7.212	4.493	4.835	—	—
$\Delta T(S)$	—	—	—	—	2.852	3.745
1-Psafe	2.08×10^{-5}	1.27×10^{-5}	1.17×10^{-4}	1.81×10^{-5}	8.39×10^{-4}	7.76×10^{-5}

资料来源：《面向自动驾驶的车路协同关键技术与展望》（白皮书），2021 年。

在时间评价维度（采用 TTC 和 ΔT 作为基于时间的安全评价指标），针对超视距跟驰、换道冲突和无保护左转三种场景，车路协同对比单车智能，实现了 0.04%、7.61% 和 31.31% 的提升。在概率评价维度（使用事故率 1-Psafe 作为指标），车路协同相比单车智能在三种场景下分别降低 38.94%、84.53% 和 90.75%。

实验结果表明，车路协同可以将预期功能安全的"已知不安全"场景转化为"已知安全"场景，从而显著提升自动驾驶安全性。

第七节　车路协同如何提高经济性

当搭载自动驾驶技术的汽车进入量产时代，智能汽车只有行驶在同样"聪明的路"上，才能发挥最大功能。我们可以看到，交通工具的迭代也带来了道路的升级。而眼下，我们去建设部署高等级智能道路，既能满足车路协同自动驾驶车辆规模商业化落地的发展需求，还能降维解决低等级自动驾驶和车联网的发展需求。

智能道路不仅可以"面向未来"，还能"兼容当下"。在 L4 级单车智能自动驾驶规模商业化存在较大困境的情况下，加快建设 C4 级智能道路，可以支撑 L2 + 和 L3 级自动驾驶快速提升能力，获得收益实现规模商业化落地。可以说，当下建设"聪明的路"，是具有显著经济性的（见表 6-7）。

表 6-7　智能道路等级划分

道路智能等级	等级名称	道路 + 云的能力						与VICAD发展阶段对应情况	可配套实现L4级闭环的车辆要求
		道路附属设备	地图	协同感知定位能力	网络通信能力	协同决策控制能力	功能安全与SOTIF体系		
C0	无	无	无	无	无	无	无	无	无
C1	较低智能化	基础交通安全设施，基础交通管理设施	导航 SD 地图	无	3G、4G蜂窝通信，DSRC直连通信	无	无	无	L5 级、限定环境下的L4 级

续表

道路智能等级	等级名称	道路+云的能力						与VICAD发展阶段对应情况	可配套实现L4闭环的车辆要求
		道路附属设备	地图	协同感知定位能力	网络通信能力	协同决策控制能力	功能安全与SOTIF体系		
C2	初级智能化	C1所有设施，直连通信设备		无	4G蜂窝通信，DSRC、LTE PC5直连通信	无	无	阶段1：信息交互协同	
C3	部分智能化	C2所有设施，感知设施（单一传感器），辅助定位设施、计算设施等	导航SD地图（车道级）	机非人环境感知识别米级定位	4G、5G蜂窝通信，DSRC、LTE PC5直连通信，全链路500ms端到端较低时延	无	可选	阶段2.1：初级协同感知	L5级、限定环境下的L4级
C4	高度智能化	C3所有设施，高精度融合感知定位设施，高精度辅助定位设施，MEC、区域及级控平台	HD地图（静态+动态）	全量交通要素实时感知，多特征精准识别，分米级定位	5G Uu蜂窝通信，LTE-V2X、NR-V2X直连通信，全链路200ms端到端超低时延	有	必须满足	阶段2.2：高级协同感知；阶段3.1：有条件协同决策控制	L2+级、L3级、L4级、L5级

续表

道路智能等级	等级名称	道路＋云的能力						与VICAD发展阶段对应情况	可配套实现L4闭环的车辆要求
		道路附属设备	地图	协同感知定位能力	网络通信能力	协同决策控制能力	功能安全与SOTIF体系		
C5	完全智能化	C4 所有设施连续部署，跨域协同MEC、云控平台	HD 地图（静态＋动态）	全时空全量感知，厘米级定位	支持5G、NR-V2X、6G 等，全链路100ms端到端极低时延	所有环境	必须满足	阶段3.2：完全协同决策控制	L2＋级、L3 级、L4 级、L5 级

为什么这么说呢？从微观角度看，如果我们以 L4 级自动驾驶规模化落地为目标，车路协同自动驾驶所需的成本约等于建设 C4 级智能道路的升级改造费用。

据公安部统计发布数据，截至 2020 年年末，全国汽车保有量达 2.81 亿辆。据统计，全国各大城市交通路口数量约 25 万个，从汽车保有量和城市交通路口的两者数字上可以直观看出，汽车保有量与路口数量的比例为"千"级别。

交通运输部《2020 年交通运输行业发展统计公报》数据显示，截至 2020 年年末，全国四级及以上等级公路里程 494.45 万公里，高速公路里程 16.10 万公里，全国城市道路 45.90 万公里。

全国汽车保有量为 2.81 亿辆，由此可推算，只要在每辆车上节省 1.98 万元（考虑到城市车辆密度高，分摊到每辆车费用低，是造成每辆车节约金额有数量级差别的主要因素）的成本，就可以在每公里的道路上投入 100 万元的智能化改造。

从这个角度来看，车路协同与单车智能是技术和资金在车侧和路侧的不同分配方案。随着车路协同大规模落地，可以预测每公里智能化道路的升级改造成本会远低于 100 万元，即使我们扣除掉一些测算的误差，车路协同自动驾驶所需的智能化道路升级改造成本也是相对很低的。

不难看出，城市的车辆密度高，摊薄到每辆车费用较低。通过单个城市部署成本收益分析，重点城市快速部署具备一定的经济可行性（见表 6-8）。

表 6-8　车路协同自动驾驶（VICAD）智能设备升级改造成本与单车智能自动驾驶（AD）车端节约成本

| 城市 | VICAD 智能设备升级改造平均成本 | | | | | | | 汽车保有量（万辆） | 车辆节约成本（万元） |
	路口数量（万个）	平均成本（万元）	合计（亿元）	道路里程（万公里）	平均成本（万元）	合计（亿元）	总计（亿元）		
北京	0.96	81.84	78.57	0.83	50.00	44.50	120.07	593.40	0.20
上海	0.70	81.84	57.29	0.55	50.00	27.50	84.79	415.80	0.20
天津	1.23	81.84	100.66	0.89	50.00	70.00	145.16	309.00	0.47
石家庄	0.37	81.84	30.28	0.25	50.00	12.50	42.78	288.10	0.15
重庆	1.56	81.84	127.67	1.01	50.00	50.50	178.17	463.30	0.38

注：以上数据为统计估算，测算结果仅供参考。

从宏观角度看，建设部署高等级智能道除服务于自动驾驶外，还有多重收益（见图 6-12），比如：通过基础设施的集成或复用，避免道路设施重复建设，节约投资成本；通过道路基础设施数据开放共享和创新应用，可以提供更多新型智能应用，带来营业收入，同时带动产业发展。

图 6-12　城市部署智能化道路成本收益分析

　　车路协同自动驾驶规模商业化落地是一个循序渐进、由局部到全面逐渐发展的过程。如果我们以车路协同自动驾驶完全规模商业化作为愿景目标，那么可以分为三个阶段实施（见图 6-13）。

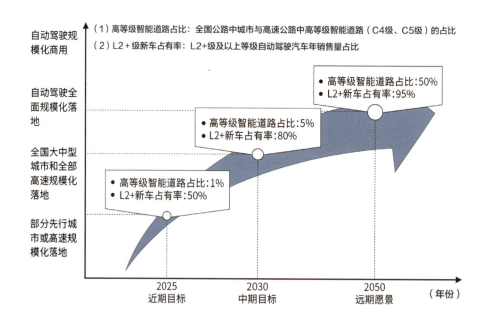

图 6-13　车路协同自动驾驶规模商业化落地愿景目标

近期目标：预计到 2025 年，车路协同自动驾驶在部分先行城市或高速公路实现规模商业化落地。在建有高等级智能道路的城市、区域或高速公路，L2＋级及以上等级的自动驾驶车辆可以在高等级智能道路上连续实现无人化的自动驾驶，在该阶段城市道路和高速公路中 C4 级及以上高等级智能道路里程占比达到 1%，L2＋级及以上等级新车年销量占比达到 50%。

中期目标：预计到 2030 年，大中型城市和全部高速公路完成了高等级智能化道路建设，L2＋级及以上自动驾驶车辆在城市和高速公路智能道路可实现大规模商用。在这一阶段，城市和高速公路中 C4 级及以上高等级智能道路里程达到 5%，L2＋级及以上新车年销量占比达到 80%。

远期愿景：预计到 21 世纪中叶，L2＋级及以上自动驾驶车辆在全国主要城市和重要高速公路智能道路上都能实现连续自动驾驶，这一阶段，C4 级及以上高等级智能道路里程达到 50%，L2＋级及以上新车年销量占比达到 95%。

车路协同是对传统分散式交通技术的一次深刻变革，也是构建安全、便捷、高效、绿色、经济的现代化综合交通体系的科技支撑。正如前文提到的，以车路协同为基础的智能交通基础设施建设，将能够提升 15%—30% 的通行效率，从而为 GDP 贡献 2.4%—4.8% 的绝对增长。

以京津冀协同发展的关键节点城市保定为例，基于百度的车路协同、大数据和 AI 技术，保定市区高峰通行拥堵指数已下降 4.6%，平均速度提升 11.6%，单个路口车流量通行效率提升 5.3% 以上。应用动态干线协调控制的四条主干道，车辆行程时间平均缩短约 20%，车速平均提高约 6.5 公里 / 小时。

在长沙市，百度打造的 32 个 ACE 智能路口，自运行以来，有效减少闯红灯、逆行、违停、违法变道等交通不文明驾驶行为70%以上，交通秩序显著改善；降低交通延误 20%以上，路口通行效率提升 25%，交通事故减少 35%。公众出行体验明显改观，交通安全性大幅提高。

建设高等级智能道路，大力发展车路协同自动驾驶，由此带来的优势是，可以显著提升交通管理运营水平、减少道路安全事故、大幅提升交通出行效率、降低城市碳排放能耗、有效释放城市发展潜能和激发数字城市新增需求，同时也将带来万亿级规模的智能网联、智能交通新经济，为新一轮经济增长创造新动能。

第八节　车路协同面临的挑战及百度的实践

一、车路协同面临的挑战

尽管车路协同是一项非常好的技术，有诸多优点，但大规模落地仍需要时间。放眼全球，车路协同目前还处在智能交通从信息化、数字化向网联化、自动化过渡的发展阶段，依然存在诸多挑战与困难，需要行业多方协同，共同攻克。

第一，自动驾驶与车路协同深度融合所形成的复杂系统，需要构建基于系统工程的功能安全和预期功能安全体系。自动驾驶与车路协同深度融合所形成的复杂系统，需要解决大规模移动接入、多层次互操作、低延时、高安全可靠等一系列问题，尤其是要适用各种复杂场景，如地域（北京市、上海市等超大城市）、工况（高速、城市、乡村、停车场等重点区域）、环境（晴天、雨天、雪天、雾霾等天气）和范围（典型场景、边角场景、事故场景等多种类型）等。因此，需要基于系统工程的角度构建车路协同自动驾驶功能安全和预期功能安全体系，明确系统架构、系统功能、应用场景和服务内容，对系统设施提出明确的功能要求、性能要求、数据要求、安全要求，以保障车路协同自动驾驶安全可靠运行。

第二，道路智能化与驾驶智能化发展不够协同，需要建设高等级智能化道路，服务于车路协同自动驾驶、智能交通管理和智慧城市建设。车路协同自动驾驶是未来的必然趋势，通过车路协同能够保障驾驶安全、加快自动驾驶的规模商业化落地，也可为智能交通管理、智慧出行和智慧城市建设等提供更多应用服务。目前，国内部分城市和高速公路已经规划建设了一批自动驾驶封闭测试场、开放测试道路，但这些都还处在小范围测试验证和应用示范阶段，道路的感知定位、车路信息交互等方面的能力还不能满足自动驾驶的需求，更不具备协同决策或协同控制的能力，难以满足高等级自动驾驶对数据精度、数据质量的要求，因此需要建设高等级智能化道路，以推进自动驾驶规模商业化落地应用。

第三，需要探索更加高效、经济的车路通信技术方案，以解决车端渗透率低、难以规模商业化推广的一系列问题。在高效传输方面，基于 LTE-V2X 的车载通信设备和路侧通信终端能够满足 Day I 和 Day II 等标准确定的驾驶辅助类应用场景对数据交互的需求，但是高等级车路协同自动驾驶需要路侧协同感知或协同决策控制，车路之间的数据交互数据量更大、频率更高，需要更高性能的车路通信技术提供支持和保障，比如 NR-V2X 或 5G Uu，时延要求 10 毫秒以内，传输可靠性不低于 99.9%。在经济性方面，基于 LTE-V2X

通信终端的价格是影响车端渗透率和路侧规模化部署的重要因素，要实现自动驾驶的规模商业化落地，迫切需要 5G Uu 等更具经济性的车路通信技术方案。

第四，车路协同自动驾驶需要跨行业、跨地域互联互通，并不断探索开展应用服务创新和商业模式创新。在互联互通方面，车路协同自动驾驶在具体推进过程中还有很多影响或限制因素，比如车辆数据开放应用、道路感知设施复用、道路信号控制数据使用、道路收费系统打通等，需要开展深入研究并逐步推进。在应用服务创新和商业模式创新方面，要学习 DSRC 推广应用好的做法，也要总结其不足和局限性，充分发挥 C-V2X 可演进的优势，在服务于车路协同自动驾驶的基础上，探索更多应用服务和商业模式。

第五，政策法规和标准建设是引领和支撑车路协同自动驾驶发展的关键因素，应按照车路协同自动驾驶发展的不同阶段，提前开展相关法规标准的研究、制定及修订工作。在政策法规层面，虽然国家和地方已积极出台了关于自动驾驶的道路测试管理规定，一定程度上推动了全国范围内自动驾驶公开道路测试进程，加快了自动驾驶应用的步伐，但总体上与国外还有不小的差距，影响自动驾驶汽车研发、生产、销售和商业化应用的相关法律法规仍需要加快研究和制定。在标准层面，工业和信息化部、国家标准化管理委员会、交通运输部、公安部归口管理的相关标准化组织已经牵头制定了不少自动驾驶、智能网联、车路协同相关技术标准，但是道路基础设施、云控基础平台、功能安全和预期功能安全等车路协同自动驾驶核心技术标准仍需要加快研制，汽车、通信、电子信息、交通、安全等行业标准组织间也需要加强有效协同，尽快构建完善车路协同自动驾驶标准法规体系。

二、百度是车路协同的践行者

随着能源、环境、交通安全等问题日益突出，车路协同是自动驾驶技术与互联网通信技术相互促进、共同解决交通出行问题的融合解决方案，是目前世界上最有可能成为新技术应用的市场之一。

百度是车路协同自动驾驶理念坚定的践行者。因为，我们相信，只有车路协同才能加速自动驾驶的到来，才能真正解决交通的安全、效率、绿色等问题。

首先，车路协同作为一项技术，有助于提升人们的出行品质与出行效率。传统解决交通问题的方式，以最简单的红绿灯、出行屏幕诱导为例，这是一种大规模、无差别的控制与诱导，是一种相对比较粗糙的方式，效率比较低。而车路协同技术通过与单车发生信息交换，信息可以直接触达车端。理论上，车路协同能够实现更精细化的交通管理和控制。

其次，中国在交通基础设施上的大力投入是独特的优势。据相关数据统计，在国家利好政策和 5G 商用的驱动下，中国车路协同行业市场规模将于 2024 年达到 1841.1 亿元。其中，路端将是行业的主要增长领域。中国在 C-V2X 的行业标准、核心技术、全产业链布局方面具备优势，在多项利好政策的推动下，中国车路协同行业将迎来爆发式增长。[①]

在走向智能交通的变革中，未来 AI 也是非常重要的基础设施。

①　头豹研究院：《2020 年中国车路协同行业概览》，见 https://pdf.dfcfw.com/pdf/H3_AP202009171413948052_1.pdf?1600368075000.pdf。

如果利用 AI 软件算法提升交通效率，而不是一味投资于物理的基础设施建设，城市交通将获得 10 倍甚至 100 倍的回报。现在这种理念已经开始被一些城市所认可，智能交通、车路协同方案已经开始在各地落地部署，而且成效开始显现。

最后，从技术路线的终局看，未来一定是车与路相结合的车路协同技术路线。我们可以参考现在的航空业，飞机飞上天空之后，可以开启自动巡航自动驾驶，但是飞机落地时依然需要地面相关管控的配合。未来智能交通终局也是这样的：智能化的路与智能化的车协同配合，才能让我们的出行更安全、更高效、更经济、更低碳。

将人从堵车，甚至从驾驶中解放出来，让每个人的出行更加自由舒畅，是百度多年来一直在做的事情。如何让普通民众在当下享受到 AI 技术对道路交通带来的积极变化，也是我们在这一领域耕耘的持续动力。

车路协同是智能交通中非常重要的理念和发展方向，在这一章中我们谈到了车路协同的概念、本质，车路协同的构成、典型应用场景，以及车路协同的演进路线等。

对"为什么要大力发展车路协同"这个关键问题，前文给出了一些探索方向和答案：

一是低成本。目前一辆自动驾驶汽车的硬件成本在 100 万元左右。如果将部分自动驾驶功能让渡给"聪明的路"，则可以补齐单车智能的短板，大规模降低成本。智能汽车成本下降是大规模应用普及的前提之一。

　　二是安全。车路协同通过车路的传感器互联，实现超视距感知，理论上可达无穷远且不存在死角，安全性高。车路协同能综合考虑路上所有车辆的运动情况，从而作出全局最优决策结果，保证驾驶安全性。

　　三是效率。车路协同在效率上优于单车智能。通过车路协同从全局来统筹优化，效率远高于单车智能，并能从根源上解决拥堵问题，让交通效率大幅度提升。

　　四是商业落地。车路协同自动驾驶在安全性、运行设计域和经济性上都有不可比拟的优势，车路协同会加快自动驾驶大规模商用的进程，中国有望在全球率先实现L4—L5级高等级自动驾驶技术的大规模商业化落地。

　　高速是车路协同的重要应用场景，高速也是智能交通重要的组成部分。因此，接下来一章，就来谈谈智慧高速。

第七章
智慧高速

高速公路虽然属于公共基础设施，但运营主体权责清晰，属于企业性质，以效益为目标，在"投资—回报"模式下，有动力在保障安全的基础上提升道路运力和服务水平。

▶▶▶ 扫码听音频

第一节　中国特色的高速公路系统

改革开放初期，中国经济快速发展，群众出行需求日益旺盛，国内外贸易规模不断扩大，但公路基础设施发展严重滞后。为打破公路基础设施严重落后对经济社会发展的掣肘，1984 年 12 月，国务院第五十四次常务会议作出"贷款修路，收费还贷"的重大决定，一举破除了公路建设单纯依靠财政投资的体制束缚，形成了"国家投资、地方筹资、社会融资、利用外资"的多元化投融资机制，对我国公路交通的快速发展起到了至关重要的作用。

高速公路是一个国家经济社会发展过程中的产物，是衡量一个国家公路交通运输和汽车工业现代化水平的标准之一，在世界公路交通运输和各国经济社会发展中具有不可替代的地位和作用。

高速公路由于建设成本高，多采用收费方式运营。2019 年中国收费高速公路总里程达到 14.28 万公里，占到全球收费高速公路的 70% 以上。其中政府还贷公路 7.45 万公里，此外还有近 2 万公里的还贷非高速路。[1]

未来，高速公路的发展仍是推进交通基础设施建设发展的主要动力。但受制于高速公路建设技术要求高、资金投入成本大、运营

---

[1]　中华人民共和国交通运输部：《2019 年全国收费公路统计公报》，见 https://xxgk.mot.gov.cn/2020/jigou/glj/202009/t20200928_3471326.html。

维护难等问题，高速公路收费在短期仍将是主要趋势。

2019 年，中国政府大力推行 ETC 技术，促成其管理体制完善、基础设施升级、智能化水平提高，加快高速公路数字化、网络化和智能化进程。2019 年为促进高速公路 ETC 的发展，共取消 487 个高速公路省界收费站，建成 24588 套 ETC 门架系统，改造 48211 条 ETC 车道，ETC 累计用户达到 2.04 亿人，新增 ETC 用户 1.27 亿人。

无论是政府还贷公路还是经营性公路，收支缺口都比较大，并且有逐年扩大的趋势。2019 年度，政府还贷公路收支平衡结果为 –2514.9 亿元，经营性公路收支平衡结果为 –2334.9 亿元（见图 7–1、图 7–2）。2020 年因为新冠肺炎疫情影响，高速公路通行费收入下滑幅度达 18%，收支缺口或增至 7478 亿元。经营性高速公路各省份都有相应的上市公司，21 家高速上市公司运营的高速里程约 1.4 万公里，这部分上市的高速公路的经营利润 / 经营现金流较好，主

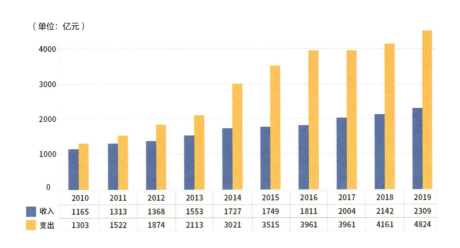

（单位：亿元）

	2010	2011	2012	2013	2014	2015	2016	2017	2018	2019
收入	1165	1313	1368	1553	1727	1749	1811	2004	2142	2309
支出	1303	1522	1874	2113	3021	3515	3961	3961	4161	4824

图 7–1　2010—2019 年政府还贷公路收入与支出

资料来源：中华人民共和国交通运输部：《2019 年全国收费公路统计公报》。

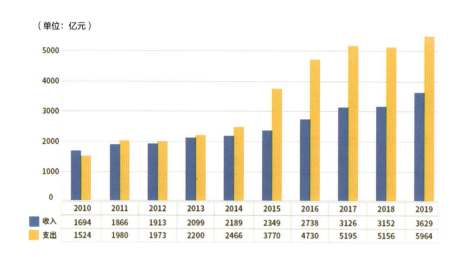

（单位：亿元）

	2010	2011	2012	2013	2014	2015	2016	2017	2018	2019
收入	1694	1866	1913	2099	2189	2349	2738	3126	3152	3629
支出	1524	1980	1973	2200	2466	3770	4730	5195	5156	5964

图 7-2　2010─2019 年经营性公路收入与支出

资料来源：中华人民共和国交通运输部：《2019 年全国收费公路统计公报》。

要是因为当地经济发达，车流量较大。以 2019 年为例，大部分上市公司的营业利润率大于 30%。

　　无论是高速公路的运营方还是主管方，对建设智慧高速都有强烈的诉求。一方面，高速公路行业的债务余额不断增大，收支缺口一直处于高位，高速公路企业财务风险急剧扩大。政府和主管部门需要防范和控制风险，高速的智能化转型、探索更多的盈利方式就成为当务之急。另一方面，高速路公司大多具有资金实力和独立决策权，可以大力投资建设智慧高速。

　　具体来讲，高速公路企业拥有高速公路的收费权，具有稳定的通行费流入，资产质量较好，信用评级较高，且其资产规模较大，有资金实力来投资建设智慧高速路。另外，负责高速公路运营的高速公司(或集团)，大多是国资股东背景，受交通部门管理。在交通主管部门顶层规划设计下，企业在具体方案制定、采购话语权等方面具有一定的独立性。尤其在智慧高速建设方面，高速公司在日常经营、资金保障、人才队伍以及政企关系等方面具有较大的优势，自身强大的实力能保障高速公路利用新技术提升道路运力和服务水平。

《交通强国建设纲要》明确要求，推动交通发展由追求速度规模向更加注重质量效益转变，由各种交通方式相对独立发展向更加注重一体化融合发展转变，由依靠传统要素驱动向更加注重创新驱动转变。高速公路的收入主要来自通行费，单公里通行费收入主要与车流量及收费标准有关，因此通过技术创新提升车流量就是高速公路可持续发展的关键路径。

中国的高速公路起步虽晚，但得益于人口规模大、基建效率高，以及每年超过 1 万亿元的投入，成就了中国公路网的不断延伸，目前总里程已成为世界第一。中国高速公路四通八达、纵横交错，规模庞大的动脉网络贯通城市、畅达乡村，奠定了保运保供、保通保畅的基础（见图 7-3）。

图 7-3　京新高速是亚洲投资最大的单体公路建设项目

资料来源：视觉中国。

高速公路经历了传统的机电信息化发展后，正迈向数字化、网络化、智能化阶段。大数据、人工智能、车路协同等技术的进步，更是加速了智慧高速的发展。

第二节　智慧高速全新的发展机遇

当前，"智慧高速"的概念并没有统一。业内对智慧高速的阐释是——借助移动通信和互联网、大数据、云计算、人工智能等新一代信息技术，实现高速运输系统的协同管控与创新应用服务，其中包括智能设施、智能决策、智能服务和智能管控等，从而进一步促进我国高速路网的科学管理、高效运行和优质服务。

智慧高速的建设，是为了促进人、车、路与环境之间的深度融合，实现高速公路的建设、管理、养护、运营以及服务全生命周期的数字化和智能化。智慧高速的特点主要体现在智能、高效、绿色和安全四大方面。

以智能化举例，百度参与的京雄高速项目中，自动化照明系统就结合车速来反馈系统，实现车来灯亮、车走灯灭，也可根据天气变化自动调节亮度、色温，起到节能减排作用；遇到低温结冰和雪天等恶劣天气的时候，自动开启融雪除冰系统，保障车辆行驶安全；当有事故发生时，自动关联最近两个情报板，提醒司乘人员注意前方事故。

事实上，单从智能照明系统就能看出，智慧高速建设一定是通过构建"人—车—路—环境"协同的综合感知体系，实现路网综合运行监测与预警，未来还可能实现汽车编队自动驾驶与通行提速等，这也是快速、绿色和安全的体现。

建设智慧高速关键的落脚点不仅仅是"路"，一条真正的智慧高速考虑的一定是"人—车—路—环境"的和谐统一，整体融合实现全天候精细化管理，满足路网运营、经营单位及用户的不同需求。需要提升路网运营安全性，提高高速公路经营管理单位工作效率，提升用户出行服务满意度。所以智慧高速服务的对象不仅是行驶在高速路上的车辆和人，还有背后的运营者和管理者。

简单来讲，智慧高速的设计、建设、运营一定要以给使用者带来创新服务、给公路运营方和管理者创造新的价值和带来获得感为目标。

随着中国经济进入高质量发展阶段，着力发展现代化基础设施体系，成为转变经济发展方式的重要手段和深化供给侧结构性改革的方向之一。作为现代化基础设施体系的重要组成部分，建设智慧高速的目标是，在满足经济发展的同时，解决安全与速度之间的矛盾，实现更加安全、快速高效、绿色便捷的出行和货物运输。

智慧高速作为智能交通领域的新型数字基础设施，是世界交通强国争相加快部署的热点。在"十三五"期间，我国政府相继发布了一系列政策规划以推动智慧高速的建设。

2016 年，交通运输部印发的《交通运输信息化"十三五"发展规划》指出，要在高速公路和中心城市开展新一代交通控制网示范应用，实现交通运输网络化、智能化控制，提高运行效率和交通运输安全水平。

2018 年，我国智慧高速试点建设全面开花，交通运输部下发了《关于加快推进新一代国家交通控制网和智慧公路试点的通知》，划定了北京市、河北省、吉林省、江苏省、浙江省、福建省、江西省、河南省以及广东 9 个智慧公路试点地区；确定了"基础设施数字化、路运一体化车路协同、北斗高精度定位综合应用、基于大数据的路网综合管理、'互联网＋'路网综合服务、新一代国家交通控制网"6 个试点主题。

2019 年 11 月，交通运输部办公厅印发通知，发布了《全国高速公路视频联网监测工作实施方案》和《全国高速公路视频云联网技术要求》，全面加快推进可视、可测、可控、可服务的高速公路运行监测体系建设，不断优化服务能力和监管水平，满足人民群众高品质出行需求。

2021 年作为"十四五"开局之年，关于智慧高速未来发展规划和方向，国家又相继出台了一系列纲要与政策。中共中央、国务院印发的《国家综合立体交通网规划纲要》指出，到 2035 年，国家综合立体交通网中公路 46 万公里左右，其中国家高速公路网 16 万公里左右。2020 年国家高速公里里程为 11.3 万公里，即需要新建 4.7 万公里，具体由 7 条首都放射线（G1—G7）、11 条纵线、18 条横线及若干条地区环线、都市圈环线、城市绕城环线、联络线、并行线组成。

随着国家政策的不断推出，各省（自治区、直辖市）纷纷响应号召，加快研究制定智慧高速的顶层设计，为智慧高速的建设提供强有力的保障。目前，浙江省、江苏省、山东省、四川省、宁夏回族自治区等地方政府都已出台智慧高速建设的指导性文件。

2020 年 3 月，浙江省交通运输厅发布《智慧高速公路建设指南(暂行)》，提出九大基本应用建设，包括实时交通信息监测系统、多网融合通信系统、云控平台、伴随式信息服务系统、车道级交通控制系统、桥隧安全提升系统、服务区智能化系统、自由流收费系统、基础配套系统（设施）。四大创新应用建设包括准全天候通行、货车编队行驶、全寿命周期智能养护、自动驾驶支持。

2020年11月，江苏省交通运输厅印发《江苏省智慧高速公路建设技术指南》，提出了智慧高速公路的发展目标、建设原则、总体架构和主要内容。并明确了每一部分的功能要求、性能要求和实施要求，重点强调了5G、"北斗"、云计算、高分遥感、人工智能等新一代信息技术在高速公路的典型应用，体现指导性、实用性和前瞻性。

2021年2月，宁夏回族自治区交通运输厅组织编制了《宁夏公路网智能感知设施建设指南》并印发试行。首次明确了全区桥隧健康监测、路网监测和超限超载非现场执法三个方面的智能感知设施建设的基本标准和要求。

2021年6月，山东省交通运输厅印发《智慧高速公路建设指南（试行）》，提出智慧高速公路是基于业务需求，以数据为核心，充分利用现代技术，提升多源感知、融合分析以及决策支持能力，促进人车路环境的深度融合，实现建设、管理、养护、运营、服务全过程数字化和智能化的高速公路。

"新基建"已成为国家发展战略，智慧高速作为新基建不可分割的场景之一，未来的发展潜力不容小觑。国家政策强力推动，各省（自治区、直辖市）规划落地，我国智慧高速面临前所未有的发展机遇，一幅崭新的智能交通图景正徐徐展开。

第三节 智慧高速的发展现状

一、智慧高速发展三阶段

自 2018 年国内 9 个地区的智慧高速试点工作开展以来，基础性的探索阶段已经结束。"十四五"期间，智慧高速将进入规模建设阶段。具体来看，智慧高速发展将经历以下三个阶段。

第一阶段，基础设施数字化。这一阶段主要提升高速公路的感知能力，构建高速公路主体及附属设施监测、交通运行状态监测和公路气象环境监测；融合应用多种监测设备实现人、车、路、环境的状态感知；将道路数据、车辆行驶数据、环境数据采集上来，为全方位服务、全业务管理、车路协同与自动驾驶提供数据支撑。

第二阶段，服务与管理智能化。在数字化的基础之上，高速公路实现立体感知和整体协同化，通过数据分析赋能车主信息服务、车道级管控服务、全天候通行、自由流收费、智慧服务区等。

第三阶段，构建车路协同一体化应用体系。面向未来自动驾驶服务，智慧高速在建设初期需要考虑预留自动驾驶专用道，以及相关配套系统的可演进性。简言之，当前构建的基础设施除了要支持当前业务的正常运行外，还要满足未来智能化应用服务的演化。

二、国际国内智慧高速建设现状

1. 国际上智慧高速公路建设现状

世界各国都在结合新兴技术，推进高速公路基础设施系统升级改造，积极开展自动驾驶和车路协同技术、标准和试验验证等方面的探索。

（1）美国

美国作为交通系统智能化研究最早的国家之一，在智慧高速信息系统上具有丰富的实践经验。早在 1967 年，美国公路局就进行了电子路径导向系统（Electronic Route Guidance System，ERGS）实验，并在全美开展"智能车辆—高速公路系统"（Intelligent Vehicle Highway System，IVHS）的研究。到了 20 世纪 90 年代初，美国以加利福尼亚的先进技术高速公路项目（Program on Advanced Technology for the Highway，PATH）为样板，开始在全美大规模实施智能车辆—高速公路系统建设。

在智慧高速建设过程中，美国较为注重车端智能化，以高速公路为载体开展车路协同、自动驾驶新技术探索。有关数据显示，在美国，开展车联网设备部署应用的州已超过 50%，并在高速公路开展智能网联汽车测试，美国高速公路管理局（NHTSA）预测，车联网系统部署能够减少近 80%的车辆碰撞事故。[1]

在单车智能与智慧高速系统实践上，美国都走在前列。2018年，世界首个自动驾驶汽车专用测试高速公路在密歇根州开放，该路段全长 4 公里，允许车企以至少每小时 105 公里的速度测试自动驾驶汽车，并且还有一段 213 米的弯曲隧道来测试自动驾驶汽车在失去与卫星信号连接情况下的表现。[2]

---

[1] National Highway Traffic Safety Administration，Proposed Rule Would Mandate Vehicle-to-Vehicle (V2V) Communication on Light Vehicles, Allowing Cars to "Talk" to Each Other to Avoid Crashes，https://one.nhtsa.gov/About-NHTSA/Press-Releases/ci.nhtsa_v2v_proposed_rule_12132016.print.

[2] American Center for Mobility，American Center for Mobility Open for Testing，https://www.acmwillowrun.org/american-center-for-mobility-open-for-testing/.

（2）日本

日本高速公路建设时间也比较早，其高速公路的信息化、智能化发展在世界范围内具有很高的水平。有关报道数据显示，日本共规划高速公路 14000 公里，截至 2020 年实际已经建成运营约10200 公里，高速公路网基本成型。

对于建设智慧高速，早在 1991 年，日本就建立了道路交通信息通信系统（Vehicle Information and Communication System，VICS），其通过运用 GPS 设备等作为传输介质，将警察部门和高速公路管理部门提供的交通堵塞、行程时间、交通事故、道路施工、车速及路线限制，以及停车场空位等信息及时发布给交通出行者。

另外，日本依托 ETC 2.0 技术，并融合了道路交通信息通信系统，推出专用短程通信技术大容量双向通信设备 ITS Spot（智能交通系统点位），提供拥堵预测及路径规划、特殊车辆运行规律及轨迹追溯、动态费率调整、异常驾驶行为识别等智能出行引导和运营管理服务。

日本政府也在积极推动全国范围内高速公路的数据一体化协同运用。2019 年 6 月，日本政府就开始了一项为期 6 个月的自动驾驶车辆服务试点试验，试验内容是利用自动驾驶车辆提供某地区的出行末端接驳服务。

（3）欧洲

欧洲由于地域广大、国家众多，且各国交通运输环境不同，早期多是各国分散进行智能交通系统研究。直至 1991 年，欧洲各国政府单位、交通运输产业、电信与金融产业组成了"欧洲智慧运输系统协会"（European Road Transport Telematics Implementation Coordination Organization，ERTICO，又称"ITS Europe"），成为欧洲推动智慧运输的主要组织。

欧洲高速公路的智能化管理以"主动交通管理"为核心，重点关注交通出行者的需求，提供信息给出行者，用以提高出行时间的可靠性，并建立出行者和管理者之间的信息交互。再通过采取速度协调、线、网、交叉口的控制（使用 VMS），动态路线选择，排队警告，出行者信息提供，临时硬路肩使用，节点控制，限制大货车行驶车道等策略，实现对高速公路的交通管理。

在前沿探索方面，开展内嵌 C-ITS 的智能基础设施研究，提出高速公路路内智能监测体系，通过短程通信及 LTE 蜂窝技术融合应用，逐渐替代传统的路侧挂靠设施，支持基于位置的车载终端及手机端无线交互，集成交通流监测、指引体系及管控信息虚拟化、基础设施健康状态实时感知等功能，集约化理念突出。

结合国外目前高速公路智能化建设和管理趋势，随着科学技术的不断进步和人们对出行质量需求的不断加强，我国的智慧高速建设发展任重道远。

2.国内智慧高速公路建设现状

大家对安全、高效、便捷的出行需求增长，不断促进我国智慧高速公路的发展。作为"基建大国"，我国在高速公路"新基建"方面的发展速度和表现一直都很出色。目前，国内各地都在加速推进智慧高速建设，建成和在建的智慧高速公路有近 30 条，总里程已经近 4000 公里，智慧高速在理论框架和工程实践方面都取得了宝贵的经验。①

---

① 　赛文研究院：《2021 年中国高速公路机电市场研究报告》，见 http://www.7its.com/html/2021/yanjiuyuang_0806/10280.html。

接下来就简单介绍一下国内几条比较有代表性的智慧高速：京雄高速公路、延崇高速公路与杭绍甬高速公路以及国内第一个虚拟收费站——都安高速云雾收费站。

（1）京雄高速公路

京雄高速起点位于北京市西南五环京良路立交桥往北 1.6 公里处，终点位于容城县张市村南，与既有荣乌高速相接。其中，北京段长 27 公里，河北段长 69.462 公里，均为双向八车道（见图 7-4）。

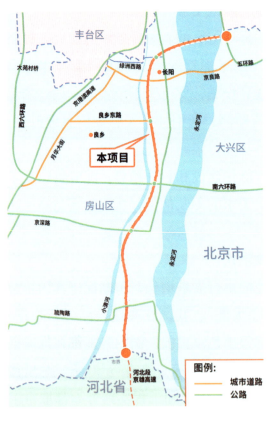

图 7-4　京雄高速规划图

秦承"科技引领、智慧先行"的理念，京雄高速采用新技术、新设备、新工艺，全面打造智慧高速。在信息化、智能化、车路协同上积极探索，综合运用北斗定位、窄带物联网、大数据、人工智能等新一代信息技术，提供车路协同、准全天候通行、全媒体融合调度、智慧照明、综合运维等智能服务，实现管理决策科学化、路网调度智能化、出行服务精细化、应急救援高效化。

（2）延崇高速公路

延崇高速公路是从北京市延庆区到河北省张家口市崇礼区的高

速公路，全长约116公里，是2022年冬奥会延庆赛场与张家口崇礼赛场的直达高速通道。其中北京段全长约33.2公里，起点为延庆区大浮坨村西侧，终点在市界与延崇高速河北段相接处（见图7-5）。

图7-5　延崇高速规划图

作为交通运输部智慧公路试点项目，延崇高速公路河北段利用摄像机、雷达、高清卡口、特征识别单元以及气象监测站等手段，实现交通运行状态、车辆状态、环境信息的全面感知，能够自动发现、跟踪、分析事件，并通过车载智能单元、路侧智能基站通信和服务平台统一决策等，实现安全、效率等两类、十三项应用场景的数据互通，为北京奥运转场车辆提供交通保障。

（3）杭绍甬高速公路

杭绍甬高速公路规划全长161公里，其中杭州段长约9公里、绍兴段长约29公里、宁波段长约123公里。按双向六车道建设，建成后将与嘉绍大桥、杭州湾跨海大桥、舟山连岛工程金塘大桥相接（见图7-6）。

作为杭州亚运会的重点配套工程，杭绍甬高速公路计划于2022年杭州亚运会前建成通车。其在智能化方面的建设主要对象包含：实时交通信息监测系统、多网融合通信系统、云控平台、伴

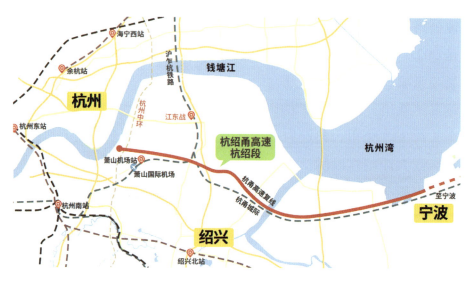

图 7-6 杭绍甬高速规划图

随式信息服务系统、车道级交通控制系统、桥隧安全提升系统、服务区智能化系统、自由流收费系统、基础配套系统、准全天候通信、货车编队行驶、全寿命周期智能养护和自动驾驶支持等。

（4）贵州都安高速公路

都安高速是贵州省都匀市到安顺市的一段高速路，也是都匀到香格里拉国家高速的首段，全长约 276 公里。2021 年 6 月 28 日建成通车，10 月 13 日，中国首个虚拟收费系统在贵州都安高速云雾收费站（见图 7-7）正式运行，这也标志着中国首个虚拟收费站投入运营。

以往的收费站是每条车道都有专属的后台系统在控制车辆通行，虚拟收费站是通过后台技术的升级，将原有的多套后台系统整合为一个系统，比原来的系统具有更高的车道数据传输率和交易率，大大提升了稳定性，让车辆的通行效率更加快速。虽然目前从外观上看不出任何差别，但是在车辆数据读取、通行费交易、摄像

图7-7 贵州都安高速云雾收费站

资料来源：北京中新雅视文化发展有限公司。

头等方面已经做了集成化管理。

虚拟收费系统取消了收费亭及亭内工控机，原有车道设备集成于智能节点上，原来每个设备需要单独接线，现在只需对智能节点一台设备接线，极大地降低了施工难度及建设成本，经测算总体建设成本下降了约20%。另外，虚拟收费系统与传统车道相比，交易成功率从99.5%提升至99.92%，流水上传及时率和车道连通合格率均达到100%。虚拟收费系统通过技术架构的改变还从根本上解决了邻道干扰、黑名单体量大等问题，有效提高了工作效率。

都安高速云雾收费站作为国内首个虚拟收费站，是贵州省高速公路收费系统首次底层架构上的创新开发应用，目前运行状态良好稳定。未来，依托这个集成化的收费系统，贵州省的高速公路收费站或将被打造为只有车道、取消抬杆的"透明"收费站。

整体来看，我国智慧高速发展已达到了一个新的阶段，无论是京雄高速打造的车路协同与精细化的出行管理，还是延崇高速公路构建的全要素数字化公路基础设施，抑或是杭绍甬高速公路将在远期支持全线自动驾驶车辆自由行驶，都极大体现了我国智慧高速建设的高水平能力。

三、智慧高速面临的挑战

从目前我国高速路网的建设效果来看，由于大家对智慧高速的理解和认识没有在深层次形成统一，导致路网实施效果还有待提升。虽然国内建设智慧高速公路迎来了最好的机遇和时代，但是在这种蓬勃发展态势之下，围绕建设智慧高速的关键技术和团体标准都亟待突破和完善，这也导致了目前国内难以形成一套成熟且可以快速落地的样板。

前面已经探讨过，智慧高速的建设是融合了当前新一代的信息技术，包括人工智能、大数据、云计算、信息安全、5G、V2X、车路协同、高精地图与定位、北斗卫星导航系统等，从而构建全面实现高速公路建设、管理、养护、数据运营、出行服务在内的全方位、全生命周期管理的应用服务体系。但是从实践来看，单点技术的突破和新兴技术的融合都存在问题。

1. 车路协同技术

目前车路协同技术方案中包含"聪明的车"、"智慧的路"、网络通信以及云平台，实现决策支持、车路协同管理、运行监测与预警、综合分析、综合交通诱导等应用。首先，车路协同将感知、计算、通信、控制等技术进行一体化融合，建设这样一套系统，集成难度很大；其次，车路协同技术发展很快，但是标准体系建设相对滞后，不同企业的产品之间难以互联互通；最后，车路协同建设内容主要包括车端、路端和云端。云端需要接入智慧高速全线交通数据，并打通公安、消防、气象等外部数据，对收集的海量数据进行存储和复杂任务计算处理，难度很大。而如果计算出现问题，车路就不能实现协同。

2. 高精地图与定位技术

高精地图与定位是智慧高速智能感知、精确分析、精细管理和智慧服务建设的重要支撑技术之一。除了精度问题，还涉及地图与定位延迟、刷新频率、稳定性等。我国高速公路覆盖地形复杂，大部分都会涉及隧道和崎岖地势，导致一些地方难以收到全球导航卫星系统（GNSS）的地基增强信号，从而造成定位的精度显著下降，自然会影响车辆编队和自动驾驶。这要求高精度地图应提供面向机器识别的、满足车路协同式自动驾驶应用需求的地图数据，应具备支持车道级信息服务及交通管控的能力。

3. 多源信息融合与网络安全技术

智慧高速网络体系需要将车、路、云以及环境等多源信息进行融合，经过决策输出结果，为车主和运营者提供智能化的服务。但是在信息融合之后会面临诸多问题，例如传感器数据的有效同步与数据的实时处理等。另外，是网络安全技术问题。智慧高速涉及大量的传感器设备、路侧设备、基础设施和配套系统，这些设备和系统暴露在网上，被攻击的风险也将大幅提升。在智慧高速时代，信息安全隐患贯穿整个高速出行过程，更高标准的网络安全方案，才能保障车辆与基础设施的安全。

当前，我国智慧高速建设如火如荼，相关试点项目多点开花。浙江省、江苏省、山东省、四川省等地相继推出了地方建设指南，河北省、北京市、贵州省等地的建设指南也在编制中，在此基础上，宜加快推出统一的建设指南及标准。另外，国内针对智慧公路的定额和用地指标等关键技术指标也有待明确。

智慧高速建设还有以下问题有待解决。首先，为实现高速公路的"智慧"，要避免建设中智能设备、新兴技术的堆砌，以及由此带来浪费。其次，智慧高速建设呼唤机电设备的有机融合。各类设备要考虑统一的标准及接口，避免整合的难度和数据采集处理的难度都加大。最后，智慧高速涉及的管理部门较多，如何平衡协调各管理部门，以实现高效配合，也值得深入研究和探讨。

第四节　百度智慧高速探索和实践

2021 年国庆假期，不少网友晒出了亲历的高速"网红服务区"：一进服务区，在智能停车引领系统的指导下，驾驶者无需排队，可以直接将车驶入空闲停车区；渴了，餐厅里有机器人帮忙下单；想上厕所，空余厕位、厕内环境数值实时显示；要付款，加油站、收费站全都支持无感支付……越来越多智能化、人性化的设计在智慧高速服务区中出现。

本质上，智慧高速要满足路网运营、经营单位及用户的不同需求，需要提升路网运营安全性、经营管理工作效率、用户出行服务满意度等。对象上，智慧高速要统筹"人、车、路、环境"四要素，打通视频、气象、门架等多方面的数据融合和管理问题，实现数据融合共享和信息安全。

基于对客户需求的理解，以及对前沿技术和应用的把握，百度推出了智慧高速整体解决方案。百度智慧高速解决方案融合了大数据、人工智能、车路协同等关键技术，致力于解决视频联网、监控调度、巡检养护等传统高速业务痛点问题，实现公路规划、建设、管理、养护、数据运营、出行服务等全方位、全生命周期的应用服务。同时，百度智慧高速解决方案还面向未来，面向自由流收费、AI稽核、主动安全、车路协同等下一代智慧高速应用场景，提供精细化、智能化管理支撑，持续推动智慧高速的数字化、智能化升级。

百度在智能交通领域深耕多年，在高速公路建设方面有较丰富的实践。2020年8月，百度建设的国内首条支持高级别自动驾驶车路协同的高速公路——G5517高速长益段正式通车；9月，百度在四川省都汶高速龙池段建成西南地区首个"全天候车路协同"试验场。此外，百度在山西省五盂高速公路15公里范围建成了国内首条智能网联重载高速公路示范路段。2021年，百度中标京雄高速河北段，将运用全新视角打造国内首条具有L2—L4级自动驾驶专业车道的智慧高速公路。

在京雄高速的建设过程中，百度就基于"全栈闭环、主动交互"的车路云图高速数字底座，融合大数据、人工智能、车路协同等关键能力，协助其打造"一屏观全域、一网智全程"的智慧高速样板。比如，在交通指标实时监测方面，对全路段交通流量、能见度、平均车速等指标，通过照明设备、情报板、摄像机、智慧机箱、全要素气象站、能见度检测仪等设备和收费站、服务区实时联动，可采取上下行、分路段的精细化管理。

除此之外，京雄高速在全线设置了3700余根智慧灯杆。这种智慧灯杆可不只是路灯这么简单，是在照明灯杆的基础上整合了能见度检测仪、边缘计算设备、智慧专用摄像机、路面状态检测器等新型智能设备，依托北斗高精度定位、高精度数字地图、可变信息标志和车路通信系统等，可为车主提供车路通信、高精度导航和合流区预警等服务。值得一提的是，京雄高速靠近中间隔离带的车道使用黄色标线，这是全国首条智慧驾驶测试车道，可用于支持部分车辆在真实道路环境中实现车路协同式自动驾驶。

百度智慧高速解决方案主要包括智慧监控、收费 AI 稽核、车路协同、智慧管养等（见图 7-8）。

一、智慧监控

高速公路智慧监控系统的建设，对高速公路的建设及未来发展意义重大。如何实现智慧高速精细化管理成为行业发展的迫切需求。百度基于 ACE 智能交通底座，全面参与高速公路 AI 智慧感知"一张网"建设，提供高可知、高可测、高可控的全天候、全要素、全域智慧监控方案，形成智慧应用基础；进一步，将以领先 AI 引擎助力智慧监控发展需求，融合强大云平台及大数据引擎，打造"看得快、看得清、看得准"的新一代智慧高速监控体系。

通过智慧监控系统，可对高度典型常发事件以及三十多种偶发事件进行实时预警，事件召回率高达 95%，确保高速交通事件的即发即检，提升交通事件的处置效率和应急处置能力。比如，以往司机在高速上发生事故拨打报警电话时，往往需要寻找周边公里桩来确定位置，或是需要口头向民警描述大概的高速名称、方向、周边建筑物或村镇等来定位。不仅花费时间较长，且往往描述不准确，交警很难根据模糊的位置描述信息快速找到事故地点，既影响事故处理效率，也使在高速公路上等候的司乘人员面临巨大危险。

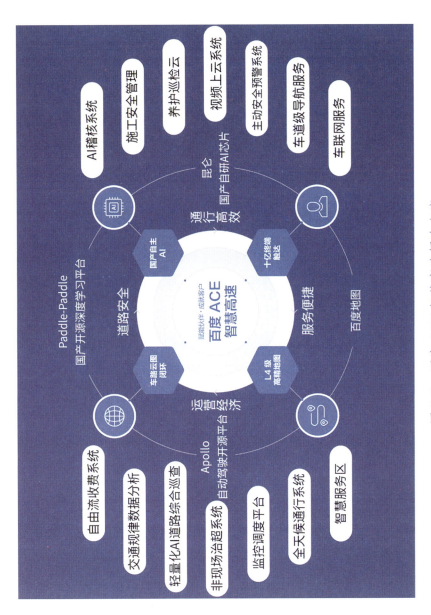

图 7-8　百度 ACE 智慧高速解决方案

而借助百度地图 APP，用户直接说出"小度小度，我要报警"或"小度小度，事故报警"等关键词即可进入报警页面。随后，页面将展示用户所处位置"高速公路名称＋里程桩号"。如果里程桩号无法显示，百度地图将显示一个四位数的位置码。用户拨打地图页面中的报警电话，将高速公路名称和里程桩号或四位数的位置码提供给接警员，接警员就能快速定位并派警力赶赴现场。这一服务已在湖北省落地，并将陆续在全国其他省份上线。

二、收费 AI 稽核

面向高速公路稽核需求，针对事后追缴证据不足、路径还原证据链缺失等稽核痛点，百度提出云端、路段、收费站"三位一体"的完整稽核方案，包含收费稽核数据汇聚、收费车型识别、车辆特征提取、以图搜图、路径还原、证据链存储等技术于一体，综合路段固定稽查、收费站固定稽查等常见应用场景，提升收费稽核效果和稽核追缴效率。

三、车路协同

百度长期致力于车路协同、自动驾驶关键技术的探索，创新提出了智慧高速车路协同解决方案。方案融合了自研前端感知设备（AI 相机）、边缘计算设备、路侧通信单元、车载单元、云控平台等系统和设施，实现面向高速公路全天候通行、自由流收费、车路编队管理等多场景应用。

或许有人不理解，什么是自由流收费？简单来说，就是依托北斗系统对车辆进行高精度定位，绘制出车辆在高速公路的行驶轨迹，据此计算里程费率，再通过移动互联网收取费用。这种方式大大提高了收费效率，当车辆开至收费站时，基本就可以直接抬杆放行，实现不用踩刹车的无障碍通行。

这一应用的背后，是集成了 ETC 和 V2X 终端功能于一体的新一代车载终端产品，是通过北斗导航、V2X 车路协同、高精度地图、智慧门架等技术和产品的共同协作实现的。实施后，可以缩短车辆 25%—35%的通行时间，减少收费站拥堵 60%以上，至少提

图 7-9 百度 ACE 智慧高速自由流收费站

升 30%高速公路效率（见图 7-9）。

四、智慧管养

截至 2020 年年底，中国高速公路累计通车里程达 16.1 万公里，位居世界前列。保障高速公路的状态稳定、健康安全运行成为道路

养护的首要责任。高速出行，最重要的是安全和通畅，要达到这一目的，离不开智能化、轻量化、快速化的巡检养护。

基于传统巡检工程车，运营方在车上加载激光雷达、感知相机后，可以借助车载定位和百度智能云服务，实现管养数据采集即上云，上云即开启病害检测流程，自助完成数据处理、特征识别、结果输出、决策支持等工作，获得随地图更新的巡检报告，一机多用，提升设备运维能力，简化巡检养护工作，大幅度降低道路管养成本。

值得关注的是，"智慧大脑"是智慧高速建设中最核心的内容。道路前端的所有信息和数据都需要经过"大脑"的汇聚处理和分析研判，才能形成决策、下发指令。有了"智慧大脑"，设备与设备之间、道路与道路之间不再是孤立的个体，而是成为一个相互连接、相互协调、数据共享的系统。

当前，"智慧大脑"基于各类信息数据，可以对高速上的各类突发状况迅速作出反应。比如，平台能够智能化识别出因故障而长时间停在路边的车辆，会自动通过广播、导航、可变信息标志等，及时提醒其他过往车辆，防止出现二次事故。同时，故障车的司乘人员还可以一键报警或发送救援信息。平台接收到信息后会迅速组织交警、路政、医院、消防等相关方，并将精确的现场情况提供给应急调度人员、现场处置人员，实现高效的道路救援。

第五节　智慧高速的发展方向

2022 年，崇礼将迎来冬奥会。同时，作为新建的智慧高速路，延崇高速将会给大家带来全新的智能化体验。到 2022 年，不仅延崇、京雄、京礼、津石高速都会采用相应的车路协同设备，升级为智慧高速。

智慧高速集感知、管控、服务于一体。当前，传统高速公路存在碎片式信息采集、被动型事后处置、间断式推送服务等不足。基于各地的探索试验，智慧高速尚未形成标准定义和功能框架，但"设施数字化、运输自动化、管理主动化、服务个性化"的发展理念已基本确立并加速成熟，未来5年将进入规模化建设阶段，且呈现以下发展特点：

全要素、全时空感知。借助高清视频、北斗定位、专用传感器等多类型监测设备，搭建全要素、全时空感知体系，对高速公路数据进行高质量采集、高可靠传输，是推动伴随式信息服务、实时交通管理等应用的关键。基于全要素、全时空感知数据的挖掘，将更好地推动高速的智慧化升级迭代。

精细化管控提升高速效率。基于高速公路智能感知、动静态运行数据分析，可以精准识别或预判关键匝道、瓶颈路段、主流量通道，可以有力赋能动态匝道控制、路肩控制、车道控制、费率调整等主动控制策略，实现车流提前引导及管控，极大地提升了高速公路通行及事件应急处置能力。

新技术打开新商业空间。当前高速公路的商业模式"天花板"很低。但面向未来，基于大数据、人工智能、融合感知、自动驾驶、车路协同等新技术，编队驾驶、无线充电、订阅服务等新商业模式将迎来爆发式增长，极大地拓展智慧高速的商业空间。

而下一个十年，将是智慧高速发展的"黄金十年"。

南看杭绍甬，北望京雄，支撑这两条超过100公里的智慧高速落地的，是局部地区先行先试的魄力。在交通强国的大背景下，建智慧高速已经成为共识，但怎么建、怎么用、怎么管，都需要立足当下，着眼长远。

其中，智慧高速的前瞻布局尤为关键。比如，在搭载自动驾驶技术的智能汽车规模上路的前夜，智慧高速应该为"智能的车"提前做好准备，这也符合国家倡导的"基础设施适度超前建设"的原则。适度超前的基础设施的建设，才能在新一轮的变革中赢得先机，使得新技术、新模式和新产品得以更好地朝产业化、市场化和规模化的方向发展。

按照目前的经济发展态势，全国的客货运输需求仍会以每年2%—3%的速度增长，而长三角、珠三角和京津冀地区的增长速度会是全国的两倍。大概 15 年以后，道路路网所要承载的交通量是现在的两倍。这是我们要面对的非常现实的问题，不仅要规划、建设、运营好现有的高速公路，更需以长远布局、创新的技术理念和服务模式给用户带来真正获得感。

智慧高速作为智能交通领域重要的数字基础设施，已经成为世界各国争相部署的制高点。随着中国经济发展进入新一轮周期，着力发展以智慧高速为核心的现代化基础设施体系，成为转变经济发展方式的重要手段之一。

智慧高速的建设，将助力包括智能监测、智能调度、智能管控、智能服务等在内的应用场景的创新发展。智慧高速的建设，也将加速自动驾驶的商业化进程，推动自动驾驶应用场景的落地。

　　展望未来，基于大数据、人工智能、融合感知、自动驾驶、车路协同等新技术，编队驾驶、无线充电、订阅服务等新商业模式将迎来爆发式增长，极大地拓展智慧高速的商业空间。

　　本章介绍了"智慧的路"，下一章将要重点谈谈"聪明的车"，也就是智能汽车。

第八章
智能汽车与自动驾驶

仿真实验表明，某些场景下只要每 14 辆车中有一辆自动驾驶车就可以使车流速度翻倍。
—— "Watch Just a Few Self-driving Cars Stop Traffic Jams"，《科学》2018 年 11 月 16 日

▶▶▶ 扫码听音频

2021 年 8 月 25 日，我用"萝卜快跑"APP 在后厂村的无人驾驶合规测试路段，亲自体验了一回无人车通勤。先用"萝卜快跑"APP 下个单，车来了后扫一下码，车门就打开了。上车后，系好安全带，点击"开始"，无人车就根据预订的行程开始运行。其间，无人车自主打灯变道、加减速、停车礼让行人等操作都比较好，整体体验平稳顺畅。

"萝卜快跑"是百度在 2021 年世界大会上全新升级的自动驾驶出行服务平台，它代表了百度在无人车出行服务领域的新突破。在此之前的 2021 年 5 月 2 日，百度在北京首钢园区正式开放了"共享无人车"服务，普通市民使用 Apollo Go（"萝卜快跑"的前身），即可约车，享受无人驾驶出行服务。

百度一直希望能够尽快普及无人车，也相信无人车一定会成为未来主流的出行方式。无人车装了大量的传感器，不会违反交通规则，比人类驾驶更安全；另外，无人车出行能提高道路通行效率，缓解交通拥堵；无人车出行也更绿色、更低碳，还能成为人类的智能助手和工作娱乐的新空间。

今天，自动驾驶技术正在极速演进，每更新一代，成本大约会下降 30%—50%。当成本下降到一个阈值，就会触发无人车规模化运营；另外，车路协同将大大提升无人车的安全性，使得大规模商用成为可能。

自动驾驶汽车正在走进普通人的生活。截至 2021 年上半年，百度 Apollo 自动驾驶出行服务已累计接待乘客超过 40 万人次，在北京市、广州市、长沙市、沧州市、上海市五个城市开放了无人车载人服务。百度计划到 2025 年将业务扩展到 65 个城市，到 2030 年扩展到 100 个城市。

在全球汽车产业聚焦智能汽车科技创新与战略发展的关键时期，中国智能汽车创新发展也上升为国家战略。以此为全新开端，我国自动驾驶加速战略布局。2020—2050 年，自动驾驶将迎来长达 30 年的战略纵深，我国将逐步实现智能汽车强国的愿景目标。

第一节　国家智能汽车创新发展战略

2020 年 2 月，国家发展改革委等十一部委联合印发了《智能汽车创新发展战略》，明确了建设中国标准智能汽车和实现智能汽车强国的战略目标，勾勒出未来较长一段时间中国智能汽车发展的宏伟蓝图，对我国智能汽车未来发展作出全面部署和系统谋划。

《智能汽车创新发展战略》对中国智能汽车进行了标准化的定义：智能汽车是指通过搭载先进传感器等装置，运用人工智能等新技术，具有自动驾驶功能，逐步成为智能移动空间和应用终端的新一代汽车。智能汽车通常又称为"智能网联汽车""自动驾驶汽车"等。

《智能汽车创新发展战略》指出，智能汽车已成为全球汽车产业发展的战略方向。从技术层面看，汽车正由人工操控的机械产品逐步向电子信息系统控制的智能产品转变。从产业层面看，汽车与相关产业全面融合，呈现智能化、网络化、平台化发展特征。从应用层面看，汽车将由单纯的交通运输工具逐渐转变为智能移动空间和应用终端，成为新兴业态重要载体。从发展层面看，一些跨国企业率先开展产业布局，一些国家积极营造良好发展环境，智能汽车已成为汽车强国战略选择。

《智能汽车创新发展战略》明确了智能汽车发展的战略愿景。到 2025 年，中国标准智能汽车的技术创新、产业生态、基础设施、法规标准、产品监管和网络安全体系基本形成。实现有条件自动驾驶的智能汽车达到规模化生产，实现高度自动驾驶的智能汽车在特定环境下市场化应用。智能交通系统和智慧城市相关设施建设取得积极进展，车用无线通信网络（LTE-V2X 等）实现区域覆盖，新一代车用无线通信网络（5G-V2X）在部分城市、高速公路逐步开展应用，高精度时空基准服务网络实现全覆盖。展望 2035—2050 年，中国标准智能汽车体系全面建成、更加完善。安全、高效、绿色、文明的智能汽车强国愿景逐步实现，智能汽车充分满足人民日益增长的美好生活需要。

第二节　自动驾驶发展提速

《智能汽车创新发展战略》印发后，3 月 9 日，工业和信息化部官方网站公示了《汽车驾驶自动化分级》推荐性国家标准报批稿，规定了汽车驾驶自动化系统的分级原则和技术要求，为智能网联汽车发展提供支撑，为自动驾驶发展提速。

一、自动驾驶分级标准出台

自动驾驶的技术分级为全球自动驾驶技术研发提供了指导。国际自动机工程师学会（SAE）所定义的自动驾驶分级，是目前业内最通用的参照标准，许多国家的自动驾驶分级均参考 SAE J3016 自动驾驶分级标准（见图 8-1）。

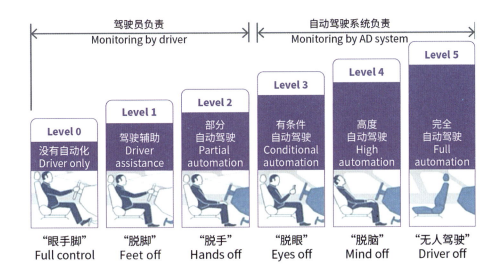

图 8-1　SAE J3016 自动驾驶分级标准

该分级标准根据系统执行动态驾驶任务的多少，将自动驾驶分为 L0—L5 级六种不同级别（见图 8-2）。根据"开启自动驾驶功能后，驾驶员是否应该处于驾驶状态"这一标准，自动驾驶以 L3 级为分界线，分为辅助驾驶和自动驾驶。理论上讲，只有 L4 级及以上级别才能称为自动驾驶。

自动驾驶汽车最理想的状态是 L5 级，最高级别的是完全自动

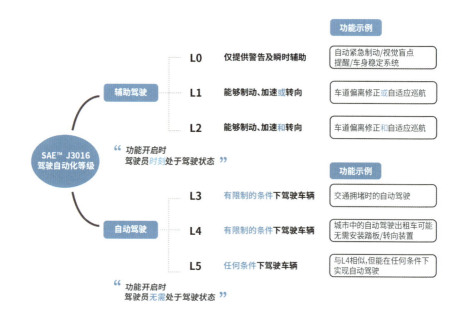

图 8-2　SAE J3016 自动化等级

驾驶。自动驾驶系统能在所有道路环境下、在任何条件下执行完整的动态驾驶任务和动态驾驶任务支援，全程无需驾驶员介入。

SAE J3016 是国际上影响最大、应用最广泛的自动驾驶分级标准。自 2014 年首次公布，已经分别于 2016 年、2018 年、2021 年发布了三次更新。

2017 年，我国工业和信息化部提出，汽标委智能网联汽车分标委组织行业骨干单位，启动了我国自主的汽车驾驶自动化分级标准研制工作。2020 年 3 月，工业和信息化部官网公示了《汽车驾驶自动化分级》推荐性国家标准报批稿，成为"中国版自动驾驶分级标准"（见图 8-3）。具体如下：

0 级驾驶自动化（应急辅助）：驾驶自动化系统不能持续执行动

态驾驶任务中的车辆横向或纵向运动控制，但具备持续执行动态驾驶任务中的部分目标和事件探测与响应的能力。

1级驾驶自动化（部分驾驶辅助）：驾驶自动化系统在其设计运行条件内持续地执行动态驾驶任务中的车辆横向或纵向运动控制，且具备与所执行的车辆横向或纵向运动控制相适应的部分目标和事件探测与响应的能力。

2级驾驶自动化（组合驾驶辅助）：驾驶自动化系统在其设计运

汽车驾驶自动化分级		车辆横向和纵向运动控制	目标和事件探测与响应	动态驾驶任务接管
	0级 应急辅助	驾驶员	驾驶员及系统	驾驶员
	1级 部分驾驶辅助	驾驶员及系统	驾驶员及系统	驾驶员
	2级 组合驾驶辅助	系统	驾驶员及系统	驾驶员
	3级 有条件自动驾驶	系统	系统	动态驾驶任务接管用户（执行接管后成为驾驶员）
	4级 高级自动驾驶	系统	系统	系统
	5级 完全自动驾驶	系统	系统	系统

图 8-3　驾驶自动化等级与划分要素的关系

资料来源：工业和信息化部：《汽车驾驶自动化分级》。

行条件内持续地执行动态驾驶任务中的车辆横向和纵向运动控制，且具备与所执行的车辆横向和纵向运动控制相适应的部分目标和事件探测与响应的能力。

3 级驾驶自动化（有条件自动驾驶）：驾驶自动化系统在其设计运行条件内持续地执行全部动态驾驶任务。

4 级驾驶自动化（高度自动驾驶）：驾驶自动化系统在其设计运行条件内持续地执行全部动态驾驶任务和执行动态驾驶任务接管。

5 级驾驶自动化（完全自动驾驶）：驾驶自动化系统在任何可行驶条件下持续地执行全部动态驾驶任务和执行动态驾驶任务接管。

2021 年 8 月 20 日，由工业和信息化部提出、全国汽车标准化技术委员会归口的 GB/T 40429—2021《汽车驾驶自动化分级》推荐性国家标准由国家市场监督管理总局、国家标准化管理委员会批准发布(国家标准公告 2021 年第 11 号)，将于 2022 年 3 月 1 日起实施。

至此，中国自动驾驶分级终于有了官方出台的统一标准。标准规定了汽车驾驶自动化分级遵循的原则、分级要素、各级别定义和技术要求框架等，之前行业内混乱的自动驾驶分级状况将得到根本性改善。

二、自动驾驶应用场景拓展

由于当前自动驾驶的技术还不成熟，寻找可落地的商业化场景开展应用示范，通过学习和反馈实现技术能力的持续迭代，探索规模商业化的模式，就成了必由之路。现阶段，自动驾驶在高速、干线物流、港口、园区、固定路线接驳、清扫车、自动驾驶出租车等场景陆续实现了落地，自动驾驶应用场景持续、快速拓展中。

　　当前，在任意场景下的全无人驾驶还做不到。全国有 500 万公里的道路，一步登天实现无人驾驶确实不可能。那么能不能先从最简单的 5 万公里、10 万公里做起？技术上，在人车混行比较少的地方，在大家都比较遵守交通规则的地方，在红绿灯设置比较合理的地方，已经可以实现全无人驾驶了，我们可以在这些地方先跑起来。在实际运营的过程中不断学习、不断提高，逐步扩大无人车服务的地域范围，这样也能走到 L5 级。

　　百度就采取了这样渐进式发展的路线。目前，在北京市亦庄区、广州市黄埔区以及长沙市、沧州市等不少地方，普通用户都可以打到百度的"萝卜快跑"无人车。如本章开头所言，百度的无人车已经累计接待超过 40 万人次。

　　自动驾驶包括了运人、运货和一些工业场景。其中，运人的场景可以分为园区和开放道路，从形态上也可以分为固定路线和区域内任意互达；运货的场景可以分为高速干线、城市支路和末端仓储配送等不同的环节，执行的载体也包括卡车、物流车和售货车等不同的形态；在工业场景，特别是像港口、码头、矿山这样的场景中，自动驾驶也能发挥它独特的作用。

　　当然，最为大众所熟知的还是城市道路共享出行的场景，也就是自动驾驶出租车。L4 级的城市自动驾驶出租车是所有场景中技术难度最高、挑战最大的一个，但同时也是与大众生活最息息相关的一个，具有巨大的商业化潜力。百度"萝卜快跑"就是典型的自动驾驶出租车服务。

　　当前来看，自动驾驶主要应用场景包括以下几大类：

　　场景一：自动驾驶出租车。2021 年 8 月，IHS Markit 发布了《中国自动驾驶市场和未来出行市场展望》报告。该报告认为，未来自动驾驶出租车将占到共享出行市场的 60% 以上，市场规模预计超过 1.3 万亿元。

2020 年是国内自动驾驶出租车规模化运营的元年。2020 年 4 月 19 日，百度在长沙市正式向所有市民开放自动驾驶出租车服务，成为首个面向普通市民的自动驾驶出租车规模化试运营项目。8 月 21 日，百度自动驾驶出租车又在河北省沧州市落地（见图 8-4），沧州市成为中国第一个可以在主城区打到自动驾驶出租车的城市。10 月 10 日，百度自动驾驶出租车落地了第三座城市——北京市，在海淀区、亦庄区，市民们可以免费乘坐无人驾驶汽车。从长沙市到沧州市再到北京市，百度成为中国第一家在多城开放运营自动驾驶出租车的公司。

此后国内又有多家自动驾驶公司也在北京市、上海市、广州市、深圳市等地展开自动驾驶出租车试运营，加入到这一改变未来出行模式的变革中来。

图 8-4　河北省沧州市的自动驾驶出租车

2021 年 9 月 12 日，百度自动驾驶出行平台"萝卜快跑"落地上海（见图 8-5）。上海市是继长沙市、沧州市、北京市、广州市四城之后，第五座拥有百度 Apollo 自动驾驶出行服务的城市。上海市民使用 APP 一键约车，即可体验自动驾驶出行服务，目前百度在上海市嘉定区一共设置了 150 个虚拟试乘站点。

场景二：自动驾驶干线物流。干线物流是指利用道路的主干线路，进行大批量、长距离的货物运输，是长期以来我国公路运输的主要形式，也被视为自动驾驶应用领域能最快创造价值的场景。

干线物流基本上以重卡运输为主，成本主要来自司机，人力成本占总成本的 30%—40%；而且重卡司机非常短缺，招聘困难。①据报道，国内目前货车司机缺口达 1000 万人。在就业的选择中，很少有年轻人愿意选择这个行业。因此，预计在 10 年、20 年之后将会迎来货车司机极度短缺的状况。同时，重卡物流行业也是交通事故高发的行业。

因此，自动驾驶技术在干线物流大有用武之地：一方面，自动驾驶系统可以先接管部分驾驶任务，技术成熟后可完全替代司机，解决司机短缺的难题；另一方面，机器驾驶比人类

图 8-5　上海市民体验"萝卜快跑"自动
驾驶出租车

---

① 　中国电动汽车百人会：《自动驾驶应用场景与商业化路径（2020）》，研究报告，2020 年。

驾驶员更为稳定和安全，能避免各种人为原因造成的交通事故，减少人身伤害和财产损失。

2020 年 12 月，百度联合国内领先的公路物流运输企业狮桥物流，成立了 DeepWay 公司，目标是打造 L4 级自动驾驶重卡。外界把 DeepWay 的角色理解为干线物流领域的"特斯拉"。2021 年 9 月，DeepWay 正式发布了首款概念产品"星途 1 代"。

场景三：无人配送。新冠肺炎疫情期间的无人配送（见图 8-6），代替人工完成了送餐、送药、送快递等任务，为抗疫作出了积极贡献。

移动互联网时代，电商的爆发推动了物流行业的持续发展。消费者对物流时间和便捷程度的要求也越来越高，"最后一公里"，也就是末端配送问题已经成为物流环节的瓶颈。

国内无人配送已经拥有比较完整的产业链，产业链上游是关键零部件供应商，包括线控底盘供应商如新石器、智行者等，芯片商如华为、地平线等，以及感知器件、高精度地图等企业；产业链中游是自动驾驶技术解决方案商，有行深智能、白犀牛、驭势科技这样的初创企业，百度、京东、菜鸟等大的互联

图 8-6 搭载 Apollo 自动驾驶系统的无人物流车

网公司也有布局；产业链下游是服务商，有阿里巴巴、亚马逊、京东、美团等电商企业，以及以顺丰、"三通一达"为代表的物流企业。

目前，大多数无人配送车辆是在封闭园区内行驶，电商物流和工业物流将是未来无人配送的重要应用场景。国内丰富的无人配送应用场景，将全面带动产业链上游关键技术开发，促进下游无人配送设备的销售和物流运营产业的转型升级。

未来无人配送将成为智能物流的重要组成部分。从技术发展上看，随着自动驾驶、5G、物联网等技术的发展，未来5—10年将是我国无人配送高速发展的时期。

场景四：无人巴士。公共交通具有车速慢，距离短，线路、车型、站点、到站时间固定，专用道行驶等特点，因此公交车被认为是最适合自动驾驶技术落地的场景之一。国家相关政策法规也明确鼓励支持智能公交的研发和应用，这将快速推动我国城市智能交通建设的进程。

国内已有不少企业开启了自动驾驶在公共交通领域的技术研究和测试。2015年8月，宇通自动驾驶客车在河南省郑开大道开放道路测试，全程无人工干预首次成功运行；2017年12月，名为"阿尔法巴"的自动驾驶公交车在深圳市福田保税区进行试运行；2018年，长沙市首批无人驾驶公交车在具备自动驾驶智能系统的智能公交示范线上进行调试运营。

2021年4月12日，搭载百度Apollo系统的全国首个自动驾驶公交车（见图8-7），在重庆市永川区投入运营，公交运营路线双向里程近10公里，首批投放运营的自动驾驶公交车的巡航速度为每小时40—60公里，通行效率很高。作为面向开放道路运营的自

图 8-7　全国首个自动驾驶公交车在重庆市永川区投入运营

动驾驶巴士，可实现精准靠站，轻松应对公交站场景及更为复杂的城市道路路况，完全满足公交正常运营的需求。

场景五：封闭园区物流。封闭园区物流的典型场景包括港口、矿区、机场等特定场景（封闭区域），这是自动驾驶技术商业应用的重要市场。相比开放性道路，封闭园区物流场景相对简单，干扰因素少，自动驾驶技术的应用落地速度也会更快。

目前国内的驭势科技、踏歌智行、易控智驾等自动驾驶初创公司都已经在封闭园区有了运营案例。百度 Apollo 携手生态合作伙伴推出了 Robo-X，可以称之为"自动驾驶园区新物种"（见图 8-8），包括无人售卖车、无人游览车、无人巡逻车、无人割草机等。

图 8-8   Apollo 自动驾驶园区新物种

Robo-X 已经在全国三十多个城市落地运行。

场景六：无人矿卡。2021 年 10 月，百度 Apollo 联合华能伊敏煤电公司对外展示了矿用卡车无人驾驶示范应用成果。Apollo 在华能伊敏煤电公司露天矿投入使用的自动驾驶矿用卡车，已经实现自动化作业效率达到人工水准。这也是目前国内首个面向矿山场景，以超高计算能力为支撑，并具有机器学习能力的单车智能方案案例。在国内率先实现了无安全员情况下，人工驾驶车辆与无人驾驶车辆混编作业，向着矿山无人化运输进程迈出关键一步。

除了以上六大主流自动驾驶应用场景外，还有很多细分应用场景有待探索。

第三节   自动驾驶的两种发展路线

人们对自动驾驶汽车最直观的印象就是车顶上的激光雷达。和激光雷达一起充当自动驾驶汽车"眼睛"和"耳朵"的传感器还有摄像头、毫米波雷达等，这些传感器硬件的更新迭代速度，在一定程度上决定了自动驾驶产业的进步速度。

目前，全球自动驾驶汽车的发展路线分为两种：一种是"跨越式"发展路线，走激进的全自动驾驶路线，追求的是一步到位，制造达到 L4、L5 级别的自动驾驶汽车；另一种是"渐进式"发展路线，主张从 L2 级的辅助驾驶量产开始，沿着 L2 → L3 → L4/L5 级的无人驾驶等级，逐步升级。

其中，"渐进式"一派需要考虑车辆量产、成本等因素，所以选择了以"摄像头传感器＋视觉技术"为主；"跨越式"一派则倾向于先实现 L4 级自动驾驶，然后降低成本，所以选择了以激光雷达传感器为主的融合感知技术。

目前，"渐进式"发展路线最典型的代表就是特斯拉，而选择"跨越式"发展路线的典型代表如美国的 Waymo。这两种路线背后是两种思维，即"科学思维"和"工程思维"。自动驾驶用科学思维去做，就是"一步登天"，做到 L5 级再扩大规模，进行商业化；用工程思维去做，就是循序渐进，先在部分场景下实现自动驾驶。

特斯拉是一种工程思维逻辑，从 L2 级逐步迈向 L3、L4、L5 级。选择这一发展路线，市场更容易接受。每天都有成千上万的人开着特斯拉的车子为他们免费采集各种数据，特斯拉因此有了超大规模的自动驾驶相关数据，投资者都认为特斯拉做成无人驾驶的概率更大。特斯拉采取的是自动化程度的渐变，但这是不是唯一可行的渐变方式呢？我认为，还有一种渐变方式，就是自动驾驶行驶范围的渐变，百度采取的就是这样的发展路径，这一点前文已经讲过了。

从技术的角度，百度选择的是"技术降维、数据反哺"的路径，结合"渐进式"和"跨越式"两种路线的优势，以更快实现 L4 级自动驾驶的规模商业化。

一、"渐进式"发展路线

特斯拉最早交付的 Model S 并没有 Autopilot 辅助驾驶功能。2014 年 Autopilot 硬件开始随车量产，2015 年 Autopilot 软件向用户开放。

因为激光雷达的成本高达几万美元，这对于售价为 10 万美元的 Model S 而言实在是过于昂贵。于是特斯拉选择了与以色列公司 Mobileye 合作，将基于视觉的 L2 级自动驾驶技术应用在量产车上，由此特斯拉走上了以视觉为主、逐渐演进的自动驾驶之路。

"渐进式"发展路线就是从低级别的辅助驾驶系统搭载开始，先量产商用，再通过数据对算法进行迭代，最终实现完全无人驾驶。具体来讲，先让量产车搭载 L2、L3 级辅助驾驶功能，在车主使用和驾驶过程中，用影子测试模式帮助 AI 系统学习。这种路线备受争议，因为每一个使用特斯拉辅助驾驶的车主，都在帮特斯拉测试车辆、收集数据、训练算法。

2016 年 5 月，在美国佛罗里达州发生特斯拉 Model S 车主死亡交通事故。事发前，车主开启了 Autopilot 功能并放弃了对车辆的控制，最终由于特斯拉的视觉系统没有识别到前方出现的白色卡车而撞击身亡。这起致死事故也直接导致特斯拉与其视觉系统供应商 Mobileye 分道扬镳，后来特斯拉组建了自己的视觉技术团队，并且着手自动驾驶芯片和计算平台的研发。目前，特斯拉在自动驾驶层面的布局就是已经量产的 Autopilot 系统，及一直处在测试中的高级别自动驾驶系统——全自动驾驶（Full Self Driving，FSD）。

特斯拉首席执行官马斯克是渐进派自动驾驶的忠实信徒，视觉系统的特点是摄像头硬件成本低并适合在量产车上搭载。但压缩成本不是马斯克唯一的理由，从第一性原理出发，他认为更少维度的信息输入能够达成更纯粹的信息获取。比如人类可以依靠双眼很好地完成驾驶任务，那么自动驾驶系统也能依靠视觉技术来实现相应功能。

因此，特斯拉自始至终都在坚持研发以深度学习为基础的计算机视觉技术，试图将视觉系统的效能发挥到极致。而且特斯拉已经在推动移除车辆上的毫米波雷达传感器，以实现真正的纯视觉自动驾驶。

二、"跨越式"发展路线

从技术的角度，走"跨越式"发展路线的公司，大多选择摄像头与激光雷达等多传感器融合的路线。Waymo 就是坚决地走"一步到位"，直奔 L4 级及以上高级别自动驾驶的公司，它瞄准的商业模式是自动驾驶出租车、共享无人出租车。

Waymo 之所以决定采用激进的完全自动驾驶路线，原因是它认为，要求驾驶员在汽车处于自动驾驶状态之下，遇到紧急情况时介入干预、掌控汽车，这种"人机共驾"汽车控制方式极不安全，完全背离了自动驾驶技术的初衷。

业界甚至有观点认为，从"人机共驾"逐渐进化到 L4 级自动驾驶汽车，完全是个伪命题。L1、L2 级开始逐步往上演进的路线，可能在某一时刻就走不下去了，会被彻底抛弃，根本不可能进化到

L4、L5级。

用创新理论之父熊彼特的理论讲就是，"无论你把多少辆马车相加，都不能造出一辆火车来"。意即，特斯拉这样通过低级别的辅助驾驶收集再多数据，进行迭代，也不可能升级到L4级及以上高级别的完全自动驾驶。

Waymo前首席执行官约翰·科拉菲克（John Krafik）在2021年的一次采访中，就再次强调Waymo和特斯拉的不同。他说："特斯拉还算不上Waymo的竞争对手，因为特斯拉做的是辅助驾驶系统，而非无人驾驶系统。"

坚持"跨越式"发展路线的公司认为，随着汽车芯片、激光雷达的大规模量产和成本下降，自动驾驶系统的成本也会不断降低。无人驾驶技术一旦在自动驾驶出租车上得到大规模应用，价格肯定会大幅下降，大规模商业化就会爆发。

三、百度的选择

百度自动驾驶选择了一条"技术降维、数据反哺"的技术发展路线，结合了"跨越式"发展和"渐进式"发展的优势，既照顾到落地实现，也朝着L4级自动驾驶的方向进发。

百度从2013年决定投资研发自动驾驶技术时，就瞄准了无人化、全工况的交通场景，因为完全无人驾驶才是AI技术的桂冠。百度Apollo首先研发的是最高级别的完全自动驾驶，在完成成熟的L4级别的技术储备后，再将L4级纯视觉自动驾驶方案Apollo Lite降维释放到阿波罗辅助驾驶（Apollo Navigation Pilot，ANP）之上。

2020 年，Apollo 发布了高级别智能驾驶解决方案 ANP（见图 8-9）——基于纯视觉自动驾驶技术 Apollo Lite。它是一个主要依托视觉感知、并不需要搭载激光雷达的解决方案。仅靠 12 个摄像头、5 个毫米波雷达、12 个超声波雷达，ANP 就实现了城市领航辅助驾驶，保证量产成本可控。搭载 ANP 的汽车，可实现自主变道、自主掉头、绕开障碍车等动作，支持在高速、快速路和城市环线等场景下应用。

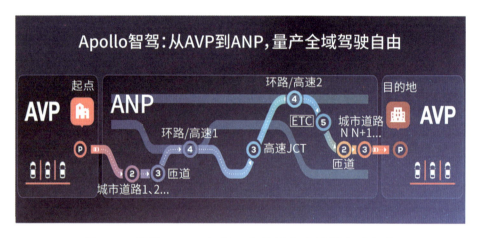

图 8-9　百度 Apollo 智驾，支持城市全场景自动驾驶

2020 年，ANP 在北京市亦庄区进行测试。亦庄测试区是当前国内开放的最大规模的 L4 级别自动驾驶路网，覆盖了复杂城市道路多种典型场景，包含工业区、生活区、商超等多种城市功能区域，道路场景涵盖快速路、主干路、次干路、支路和轻轨铁路等，开放测试区域共 40 平方公里，路网里程约 322.46 公里，涵盖 111 条道路，实现全域开放。

ANP 的量产，可以为自动驾驶出租车提供海量的高质量数据，反哺自动驾驶技术，并且可以筑牢自动驾驶出租车的"数据护城河"。而自动驾驶出租车的高级别技术驾驶能力，又可以持续降维应用到 ANP 量产方案中。这是一个协同效应极强的正循环，将大大促进技术和产品的快速发展，形成独特的竞争力。

技术方案上，为了保证自动驾驶系统的稳定可靠，百度在感知系统上选择了多传感器融合的道路。在 L4 级自动驾驶传感器选型上，激光雷达和摄像头不是互斥的，也不是单纯的从属或互补关系。从安全性考虑，二者具备相同的重要性和不可替代性，缺一不可。

今天，无论是"渐进式"路线，还是"跨越式"路线，抑或是百度坚持的"技术降维、数据反哺"路线，终极目标都是自动驾驶的普及应用。而不同的路线和决策背后，有不同的商业规划，不同的战略选择。随着自动驾驶技术与场景的结合逐渐深化，或许所谓的"派系之争"，根本就无关紧要。

激光雷达的成本已经从高达 10 万美元降至几千美元，同时在满足车规级量产层面也取得了跨越式的技术进展，各种半固态、固态激光雷达产品如雨后春笋般冒出来，激光雷达"上车"已经成为趋势。像 Mobileye 这样以计算机视觉起家的公司，如今也在研发和部署基于激光雷达传感器的自动驾驶出租车，甚至开始自研激光雷达传感器。

不管是"跨越派"还是"渐进派"，其实针对的都是单车智能。在百度看来，路端的智能化要做到与车端智能化同样的高标准。只有在高标准的车路协同、智能信控、边缘计算和无线通信等技术支持下，完全无人驾驶的车才能安全、高效地上路运营。

如此看来，在自动驾驶发展路线上，百度可以称为"车路协同派"，这也是百度自动驾驶的特色所在。

第四节 L4 级及以上自动驾驶的技术难点

自动驾驶是一个复杂的系统，包括环境感知、行为预测、规划控制、高精地图、高精定位等多个领域的顶尖技术。L4 级及以上自动驾驶的实现，在硬件、软件层面，在算力、算法、数据层面，其技术难度不是线性的增长，而是指数级增长。

到达 L4 级自动驾驶阶段，要平衡的两个关键因素是"能力"和"规模"，二者相辅相成——不具备过硬的驾驶能力就无法在扩展规模的同时保证安全；反之，规模跟不上，驾驶系统无法获得充分验证，就不能更快地迭代技术能力，也就不能充分保证安全。

L4 级及以上自动驾驶研发的两大核心指标是"安全"和"成本"，安全保障结合有竞争力的成本，才能够让自动驾驶跨入规模化运营阶段，逐步实现"无人驾驶"的终极目标。

一、安全保障

如前文所述，L4—L5 高级别自动驾驶，相比 L0—L3 辅助驾驶，最大的技术挑战是"无人"，在自动驾驶出租车商业运营中，就是要去掉安全员。L3—L4 级有一道巨大的鸿沟，L4 级及以上驾驶主体由驾驶员切换到自动驾驶系统——这对安全性的要求是呈几何级倍增的。

实现无人化，"安全"是必要条件，需要实现 99.9999% 的成功率目标，才能确保上路无碰撞事故风险。这不仅需要 1000 万公里级的大规模道路测试，还需要至少 10 亿公里级的仿真训练。

自动驾驶有一整套自动驾驶硬件，其中包括激光雷达、毫米波雷达、摄像头、超声波传感器、GPS 定位装置等感知定位设备。此外，作为自动驾驶汽车的大脑，芯片和计算平台也是不可或缺的。这些硬件系统的迭代，很大程度上决定了自动驾驶的感知、决策和执行的能力，也决定了自动驾驶的安全水平。

自动驾驶汽车的复杂程度还体现在软件算法上，自动驾驶算法系统由多个子系统组成，需要它们协同工作来发挥作用。

1. 高精度地图系统

高精度地图将会提供给自动驾驶车辆所行驶的道路环境和道路拓扑。作为绝对精度和相对精度均在 0.1 米以内的高精度、高新鲜度、高丰富度的电子地图，高精度地图不仅包含道路类型、曲率、车道线位置、交通标识等静态的道路信息，同时也囊括交通流量、红绿灯状态等实时的动态信息。高精度地图具备构建类似于人脑对空间的整体记忆与认知的功能，能够帮助汽车预知路面复杂信息，更好地规避潜在风险。

2. 高精度定位系统

定位系统是提供给自动驾驶车辆准确的道路位置信息，例如百度 Apollo 的定位系统是通过多个系统融合而成，其中包括依靠北斗的卫星定位，也有使用激光雷达的点云定位，还有视觉定位。通过多套系统的组合能够让自动驾驶系统在各种不同的道路环境下取长补短，获得精准的定位。比如，在林荫路、高架桥、隧道等没有卫星信号的路段中，自动驾驶车辆可以依靠点云定位或者视觉定位，同样实现精准的定位。

3. 感知系统

感知系统为自动驾驶车辆提供周边的障碍物以及交通参与者的

信息，包括它们的速度、位置、朝向、边界等。自动驾驶汽车只有准确获知这些信息，它的驾驶行为才会有可靠的决策依据。一般来讲，L4 级及以上的自动驾驶感知系统是以点云为主，这种能力能够让自动驾驶车辆更准确地获得周边的环境信息。当然，视觉感知能力同样重要，只有实现了完善的视觉感知，才能实现真冗余，才能在融合之后提供更为完善的感知效果。

4. 决策规划系统

决策规划系统利用周边的环境和道路系统来作出最终的驾驶判断，决定如何让行和超车，以及如何来规划车辆的行驶轨迹。决策规划系统，需要有自我学习能力，通过学习提升决策规划能力。也就是说，车行驶的里程越多，其驾驶能力越强。

综上所述，L4 级及以上自动驾驶，是以数据驱动的核心算法，形成数据越多能力越强的数据驱动闭环，通过大量数据快速自学习，持续提升自动驾驶能力，最大限度保证自动驾驶的安全性。

自动驾驶算法系统取代的是人类驾驶员，完成驾驶员的三大主要驾驶任务：Where——确定汽车的位置，也就是定位；What——周围有什么，即确定汽车所在环境内的相关物体及障碍物，也就是感知；How——怎么样到达目的地？即规划路线、作出驾驶决定并执行驾驶动作。

这三项任务对于人类驾驶员来说并不难，但是对于一套程序算法来说，要配合 AI 技术、通信技术、芯片技术等各种先进技术才能最终实现。

二、有竞争力的成本

汽车本身就是一项要求严苛的工业产品，在它被交付到消费者手中之前，需要经过长期的测试与打磨，遍历各类极端环境的考验，无论是在机械上还是在电子系统的稳定性上都需要做到极致，这样才能保证用户的行车安全。

自动驾驶汽车同样需要在安全和稳定性上做到极致，这比在普通汽车上的要求还要严苛。车辆本身与传感器硬件都需要经过车规级量产的考验。这些考验包括：传感器的尺寸和重量要顾及车辆的美观和安全，同时也要满足上路行驶的标准；车上的自动驾驶硬件必须通过高温高湿高寒的测试，同时车辆行驶过程中会出现冲击和振动，自动驾驶硬件也需要适应这些常态化的考验；自动驾驶汽车必须妥善应对各类天气和气候条件，在任何一种情况下都能保证安全和稳定性；自动驾驶汽车的运行离不开电力的供应，各项系统都是通过电能驱动，要保证任何情况下车辆不会无故断电；在车辆电子系统层面，还需要保证其能应对恶劣的电磁环境，做到抗干扰、免干扰。

总结起来，自动驾驶汽车的设计目标是安全、舒适，必须要用工程师思维和顶级产品经理的思维给用户带来最稳定、最安全、最舒适的出行体验。

除了这些工程上的考验，自动驾驶大规模商业化的难点是成本。

自动驾驶汽车要服务于共享出行或者是物流运输等行业，形成一个健康的商业闭环，就必须降低成本。如今，自动驾驶汽车上的硬件如激光雷达、芯片的价格正在不断降低，这是整个产业链共同努力的结果，特别是国产企业在这方面已经取得了长足进步，未来自动驾驶硬件很多都会实现国产化替代。

为了进一步降低成本，有的企业通过自主研发把有用的模块留下、没用的模块去掉，专门的硬件做专门的用途。还有的企业则是在自动驾驶硬件上做定制化开发，以此来做到软硬一体化开发，通过集成化来降低成本。比如百度的第五代共享无人车车顶的激光雷达就是与国内企业禾赛科技定制化开发的。

与成本紧密相关的是自动驾驶汽车规模量产，因为量产规模越大，规模效应就越明显，成本就能压得更低。未来，由 L4 级自动驾驶汽车构成的城市智能出行体系必然会形成，但前提是能够生产出足量的 L4 级自动驾驶汽车。截至 2020 年年底，全球汽车保有量前十的国家和地区总计拥有汽车约 9.5 亿辆，L4 级自动驾驶汽车总量却不足万辆，这个占比是微乎其微的。据相关估算，如果要替代 2 亿辆普通汽车，起码需要 1000 万辆 L4 级自动驾驶汽车。

L4 级自动驾驶汽车要实现前装量产，需要在设计工艺上进行打磨，在传感器标定上做到更高效率的自动化，而且在生产管理与质量管控上也要投入巨大的精力。

百度在 2019 年已经和一汽红旗达成合作，共建了中国首条 L4 级自动驾驶乘用车前装生产线并投产，这条生产线生产的自动驾驶汽车，正在全国各地进行测试和载人运营。2021 年 6 月，百度与极狐合作，打造出全新一代共享无人车 Apollo Moon，价格降到了 48 万元。同年 10 月，百度 Apollo 联合威马发布了 Apollo Moon 量产车型——Apollo Moon 威马版。

第五节　自动驾驶技术的核心突破口

自动驾驶的智能化演进需要海量的数据输入，数据又能反哺算法的升级和迭代，同时数据训练模型对芯片的算力也提出了更高的要求。数据驱动算法、测试验证、车路协同是自动驾驶技术的核心突破口。

经过几年的探索，百度总结出了"技术降维、数据反哺"的方法。我们将自动驾驶出租车的L4级别技术，降维应用到量产车上，AVP、ANP都是这种降维释放思路上的产品方案。同时，量产车还能为自动驾驶出租车提供海量的高质量数据用于技术的提升。

一、海量数据输入

自动驾驶系统，需要不断进行规模测试、数据采集以及进行基于海量数据的算法训练，为车辆感知、定位和规划路线提供重要依据。为了训练出可靠的模型，工程师会尽可能给自动驾驶系统"投喂"大量数据，以便让自动驾驶汽车掌握更多处理交通路况的能力，并将驾驶失误严格控制在可控范围之内。

随着数据量的增加，自动驾驶算法的精度也会增加。并且，数据每增加一个量级，安全性也会增加一个量级。因此，自动驾驶要想达到与人类驾驶员一样的驾驶水平，需要海量的数据输入。

以Waymo、百度为首的自动驾驶公司，都有一定规模的车队搭载着摄像头、毫米波雷达和激光雷达等传感器在各地、各种路况、各种气候条件下进行路测。保守估算，一辆测试车每天产生的数据量可达 10 TB。1000 辆车一年就是 11 EB 的数据。数据是人工智能时代的"石油"，如何高效地利用数据成为自动驾驶系统成长进化的关键。

一般来说，自动驾驶公司收集数据的模式可分为以下三类：

第一类是重资产模式。为了获取这些关键数据，大多数自动驾驶公司采用重资产模式，通过购置车辆并改装成自动驾驶测试车辆，雇佣安全员进行道路测试，积累必要的里程数以进行算法训练。比如 Waymo、百度通过这样的方式积累了上千万公里的测试里程。

但类似这样的数据采集是一项耗时长且成本巨大的工作。据美国兰德智库的研究，自动驾驶想要达到人类驾驶员水平，至少需要累计 177 亿公里的驾驶数据来完善算法。即组建一支 100 辆测试车构成的自动驾驶车队，以 40 公里的平均时速全天 24 小时不停歇测试，需要 500 年才能完成目标里程。

显然，如果严格按照自动驾驶的测试需求进行实地测试，需要耗费大量的时间和成本。包括 Waymo 和百度这样最领先的自动驾驶企业，在通过上百台测试车辆完成千万公里测试后，已经具备较好的应对各种路况的能力，但真正特殊场景的数据仍然稀缺，自动驾驶系统对极端场景的应对能力依然很弱。另外，由于大部分测试局限在特定区域，迭代出来的算法很难快速推广到更多复杂场景。

第二类是影子模式。针对训练自动驾驶的场景数据不足，尤其是多元化及特殊场景数据稀缺的情况，自动驾驶公司开始转向"影子模式"，即在汽车上加装传感器，搜集用户的驾驶场景相关数据并传回，以进行算法训练。

作为解决驾驶场景数据瓶颈的一种方式，"影子模式"仍然存在挑战。比如，数据保护相关法规日趋严格，尤其重视保护用户行为等隐私数据，在某些国家和地区，"影子模式"能否持续推进、获得足够翔实的数据，存在不确定性。此外，"影子模式"有效的前提是汽车保有量足够大。在利用数据训练完善算法前，加装的各类传感器价格不菲，但用户无法感知价值，如果将成本转移给用户可能导致产品缺乏竞争力，难以扩大规模。

第三类是虚拟仿真。将现实的交通环境和物理规则、运转逻辑复制到虚拟世界中，可以极大地提升自动驾驶测试效率，降低测试成本。这一做法已经成为自动驾驶算法测试的行业通用手段。与实车道路测试类似，自动驾驶的仿真测试同样需要吸收大量场景数据来加速算法的迭代。

以百度的测试里程为例，截至 2021 年 9 月，百度 Apollo L4 级自动驾驶路测里程已经突破 1600 万公里，自动驾驶仿真测试里程已经突破 10 亿公里。通过两组不同数量级的数据对比，仿真系统不仅让实车的测试成本大大减少，还可以拓展千倍于实际路测的里程，覆盖更多的驾驶场景。

据《中国自动驾驶仿真技术蓝皮书 2020》的数据，目前自动驾驶算法测试大约 90% 用仿真平台完成，9% 在测试场完成，1% 通过实际路测完成。虚拟仿真测试已经成为加速自动驾驶技术研发和测试落地的重要手段。通过仿真测试、封闭测试场的测试以及在开放道路的验证，加速自动驾驶的数据与算法迭代。

二、数据驱动算法迭代

未来自动驾驶汽车将不再是"信息孤岛"，而是一个移动的感知终端，将与路、云端互联，通过人工智能等技术实现智慧出行，数据是连接这一切的核心因素。而在数据使用上，有两个维度的能力十分重要：一是数据闭环。没有闭环，数据的有效性就无法得到验证。二是在数据闭环的基础上，实现数据的高效挖掘和运转。

业界的主流观点认为，自动驾驶测试达到一定规模后，最困难的部分不是提升测试里程，而是对有效的困难场景数据进行挖掘，从而驱动算法迭代。从百度的经验看，数据挖掘主要分为以下三个阶段：

第一阶段：类似人工标注。在测试的最早期，百度通过测试人员在车上记录问题来对系统的不足进行针对性提升。

第二阶段：离线挖掘。数据回传到数据中心后，通过动态场景语义理解技术，给数据打上标签，分析其中的典型场景与问题，进行场景、天气、不同类型障碍物等的筛选，并进入仿真场景库。

第三阶段：在线挖掘。随着车辆越来越多，车端的数据采集规模也越来越大，因此百度将数据挖掘直接放到了车端，通过动态条件触发，根据需要采集高价值场景数据，从而大幅降低数据的存储成本和后期处理的时间和成本。

具体而言，车队在开展规模化的路测时，数据被快速传回数据中心，有价值的数据被挖掘出来，加速自动驾驶系统的高效迭代。

举一个例子，2020 年 4 月，百度在长沙市开放自动驾驶出租车运营。通过一年多的实践，百度发现在测试阶段用户更关注乘坐体验，尤其是体感。

为此，百度做了一个优化乘客的体感专项，通过数据挖掘来分析自动驾驶出租车车队每百公里的急刹顿挫，然后与人类司机的平均数以及国宾车队司机的数据做对比。据百度内部统计：人类司机百公里驾驶大概会有 11.7 次体感到急刹顿挫。而国宾车队司机经过专业训练，从首都机场到国宾馆一般不超过 3 次可感知到的刹车，百公里大概是小于 5 次的水平。

最开始，出于安全优先的原则，百度自动驾驶出租车设计的百公里刹车在 30—40 次。针对用户反馈和数据优化，百度的自动驾驶出租车车队在同样的区域内已经能做到百公里急刹不超过 7 次的水平。

只有完成大量数据积累，通过数据、数据驱动算法和两者之间的迭代闭环，才能获得更好的算法输出。另外，自动驾驶本身也有很强的辐射效应，百度在自动驾驶领域构建的数据闭环体系，也将给智能交通、智慧城市等场景带来更大的价值。

三、算力支撑算法训练

自动驾驶对算力最大的挑战来自算法训练。近年来，算法模型的复杂程度呈现指数级增长趋势，不断逼近算力的上限。如果没有强大的算力支撑，数据和算法很难发挥其价值。因此，自动驾驶算法越来越依赖于算力的发展。

有观点认为，自动驾驶算力的变化范围取决于自动驾驶水平，从 20 到 2000 TOPS[①] 不等。也有观点认为，自动驾驶每往上升一个级别，需要的算力会增加 5 到 10 倍：L2 级需要的算力小于 10 TOPS；L3 级需要的算力为 30—60 TOPS；L4 级需要的算力大于 100 TOPS；L5 级需要的算力目前尚未有明确定义（有预测需要至

①　1 TOPS 代表处理器每秒钟可进行 1 万亿次的操作。

少 1000 TOPS）。

拿英伟达曾发布的 Drive PX2 自动驾驶计算平台（处理能力达 8 TPOS）举例，这个平台搭载了 12 颗 CPU 和 2 颗 GPU，运算能力相当于 150 台联机工作的 Macbook Pro 电脑。

《中国自动驾驶产业发展报告（2020）》的数据显示，自动驾驶的软件算力已超过 10 万亿次操作每秒，预计到 2025 年智能汽车将搭载约 7 亿行代码。自动驾驶的发展对芯片高算力和低能耗的要求越来越高。

在算力方面，百度也进行了布局。2021 年 8 月，百度推出了第二代百度昆仑 AI 芯片，适用于云（云计算）、端（终端）、边（边缘计算）等多场景，可高效地同时满足训练和推断的需求，除了常用深度学习算法等云端需求，还能适配诸如自然语言处理、大规模语音识别、自动驾驶等具体终端场景的计算需求。

算力不断攀升的背后，是图形处理器（GPU）已经成为由深度学习技术为代表的人工智能领域的硬件计算标准配置。现有的人工智能算法，尤其在模型训练阶段，对算力的需求持续增加。传统中央处理器（CPU）算力不足，难以满足处理视频、图片等非结构化数据的需求，而 GPU 在计算能力与内存访问速度上填补了 CPU 性能发展的瓶颈问题，在自动驾驶领域取代 CPU 成为主流方案。

当然，随着激光雷达的点云数据以及更多摄像头和雷达传感器的加入，定制化的 ASIC 专用集成芯片在性能、能耗和大规模量产成本方面均优于 GPU。在未来，随着自动驾驶的定制化需求提升，ASIC 专用芯片将成为主流。

四、另辟蹊径的车路协同

如前文所述，自动驾驶的普及，不能只依赖单车智能，道路基础设施的智能化也很重要，车路协同可以大大提升无人车的安全性，加快自动驾驶大规模商用的进程，是自动驾驶的核心突破口之一。

单车智能自动驾驶要实现规模商业化落地，依然面临着安全性、运行设计域限制和经济性等方面的挑战，在当前自动驾驶能力条件下，业内还无法找到兼顾安全性、运行设计域限制和经济性的平衡点。而车路协同系统有成本更低、更安全两大优势，能以更小的代价解决更为复杂的场景问题。

首先是成本更低。目前一辆自动驾驶汽车的硬件成本在 100 万元左右。如果将部分自动驾驶功能让渡给"聪明的路"，则可以补齐单车智能的短板，大规模降低成本。

其次是更安全。车路协同通过车路的传感器互联，实现超视距感知，理论上可达无穷远且不存在死角，安全性高。车路协同能综合考虑路上所有车辆的运动情况，从而作出全局最优决策结果，保证驾驶安全性。比如，以往在极端天气、不利照明、物体遮挡等情况下，单车智能的感知、预测能力面临严峻挑战。而车路协同可弥补车端感知不足，有效扩大单车智能的安全范围。

车路协同让自动驾驶更安全、更经济：车路协同将缓解居高不下的单车成本，提供更有保障的安全冗余；让交通出行更智能、更便捷："让灯数车、让车读秒"① 等更多基于车路协同的场景即将落地。

---

① "让灯数车"是指信号灯根据实时车流、人流感知结果动态智能调节；"让车读秒"是指车辆可以接收到交通信号灯的多维度信息，包括各方向信号灯本周期剩余时间是多少秒，下个周期配时方案。

第六节　自动驾驶如何应对场景挑战

一、特殊城市交通场景的挑战

"中国式过马路"并非中国特有的现象，更深层次地看，这其实是城市交通管理的缺位。在自动驾驶技术的落地过程中，类似这种"中国式过马路"、严重的混合交通（包括步行者、自行车或电动自行车、慢速三轮车辆、汽车等）、不尽合理的道路设计规划、交通标识以及复杂的道路系统，给自动驾驶技术的落地带来新挑战。

也正因如此，自动驾驶研发具有高度的地域性特点。相比于欧美，中国的城市道路构成多样化、交通设施特殊、交通参与者行为复杂，决定了中国自动驾驶技术要适应更特殊的城市道路场景。

一是道路设施的复杂性。应对城市道路场景的复杂性，是自动驾驶测试与商业落地的难点之一。2018 年，在北京市自动驾驶测试管理联席工作小组的指导下，在北京市科学技术委员会、中关村科技园区管委会等相关单位的支持下，由北京市智能车联产业创新中心与互联网、汽车、交通、通信等相关领域单位共同开展研究，编制了《T/CMAX 116-01—2018 自动驾驶车辆道路测试能力评估内容与方法》团体标准（以下简称"能力评估标准"）。

能力评估标准在全球范围内首次创新性地提出了以交通场景复杂度来划分自动驾驶能力级别的思路：从交通密度、车道类型、交叉路口形态、交通设施种类、区域特征、交通参与者特征、交通流组织模式等维度，将城市交通复杂度划分为五大类场景。

在每类城市交通情景下，从认知与交通法规遵守能力、执行能力、应急处置能力、综合驾驶能力、网联驾驶能力五个维度对自动驾驶能力进行分级，分别为 T1—T5 共 5 个等级。其中，如车辆具备 V2X 车路协同功能，则被特别标注为 TX。

以山城重庆市为例，重庆市地形高低起伏，除了高速环路、长隧道、坡道、弯道、桥梁、林荫道等之外，还有"3D 城市""5D 立交"等独特路况。可以说，重庆市是自动驾驶道路测试的"全能型考场"。在如此特殊的城市道路场景下，自动驾驶的应用难度可想而知。

另外，城市的非结构化道路由于没有车道线和清晰的道路边界，道路区域和非道路区域难以区分。多变的道路类型、复杂的环境背景，以及阴影、水迹和变化的天气等，对自动驾驶的感知算法目标识别的实时性和准确率提出了更高的要求。

交通信号灯和交通标识也增大了自动驾驶应用的难度。为了满足各种道路指引需求，国内的红绿灯设计不尽相同。除了红绿灯和交通标识，国内还常用汉字注释来引导交通秩序，比如道路旁的汉字立牌、车道中的汉字指示等，这让自动驾驶的视觉识别难度大大增加。

二是交通参与者的特殊性。城市道路中骑电动车频繁穿插的外卖小哥，城乡接合部存在的各种"异形"交通工具，以及装满快递包裹的快递电动车、三轮车等交通工具，自动驾驶汽车在识别上有一定的难度。另外，还有行人等非机动车目标出现在国内的高速公路及城市高架路等封闭道路，这对自动驾驶的远距离准确检测也提出了非常高的要求。交通参与者素质参差不齐，逆行、碰瓷、加塞等交通乱象，都将给自动驾驶带来挑战。

三是现阶段自动驾驶测试运营范围的特殊性。以当前自动驾驶的成熟度看，如何保证自动驾驶汽车在不同城市场景下，无论是高速还是低速、平原还是山地、直路还是弯路、处于白天还是晚上，都能够安全正常运行？

这就是运行设计域（Operational Design Domain，ODD），指的是自动驾驶汽车安全工作的环境。它通常包括车辆自动驾驶时的速度、地形、路面情况、环境、交通状况、时段等。简单理解，运行设计域即自动驾驶的适用范围。

由于现在自动驾驶技术还处于发展阶段，无法保证自动驾驶车辆在任何天气条件下和任何道路环境中都可以安全行驶。因此，自动驾驶系统会提前设定好运行设计域，通过限制行驶环境和行驶方法，将有可能发生的事故防患于未然。

现阶段以及未来很长一段时间，自动驾驶必须在限定条件下才能正常运行，其根本原因是自动驾驶车辆自身的传感器能力、计算能力、决策规划能力等存在限制，难以保证车辆在各种复杂情况下都能安全运行。

例如，受限于车载传感器的安装位置、传感器自身特性等原因，车辆难以完成以下场景的精准识别：路面遗撒，此场景下必须人工识别并及时接管；违停车辆、排队等交通事件，车辆难以作出准确决策，部分情况下需要人工接管。

自动驾驶要实现规模商业化，就必须保证车辆在各种城市复杂交通环境下都能安全运行，在单车智能难以得到很好解决的情况下，就必须依靠车路协同解决。通过协同感知，可以解决单车感知和预测方面的局限性，对车辆的感知范围、感知能力和可识别场景进行扩展，最终实现对单车运行设计域的扩展，保证自动驾驶车辆能够应对更多城市道路场景。

二、高质高频测试应对场景挑战

按照道路使用特点，我国道路可分为城市道路、公路、厂矿道路、林区道路和乡村道路。其中，城市道路和公路都有准确的等级划分标准。城市道路一般分为快速路、主干路、次干路、支路四级。

复杂多变的城市交通环境，包括道路结构、交通参与者、天气环境等，这些元素交织在一起，构成了场景。场景是自动驾驶汽车与其行驶环境各组成要素在一段时间内的总体动态描述，具有无限丰富、极其复杂、难以预测、不可穷尽等特点。

自动驾驶车辆需要平稳地穿行于各个场景之中，最终把乘客安全地送达目的地。因此，场景是驱动测试的基础，建立一个体系化的场景库，是自动驾驶测试不可或缺的一环。

自动驾驶测试场景库，是由满足某种测试需求的一系列自动驾驶测试场景构成的数据库。测试场景包括测试车辆自身要素及外部环境要素。

测试车辆自身要素包括：重量、几何信息、性能信息、位置状态信息、运动状态信息、驾驶任务信息等。

外部环境要素包括：静态环境要素、动态环境要素、交通参与者要素、气象要素等。其中，静态环境要素主要指障碍物、周围景观、交通设施、道路等；动态环境要素包含动态指示设施、通信环境信息等；交通参与者要素指机动车、非机动车、行人、动物等；气象要素涉及环境温度信息、光照条件信息、天气情况信息等。

以百度为例，自动驾驶测试场景库是百度自动驾驶测试体系的基础，驱动自动驾驶车辆测试各个环节。百度测试场景库包含城市典型的日常行驶场景、高碰撞风险场景、法律法规场景等，同时也包含已经形成行业标准的场景。百度测试场景库已累积数百万个场景，而且仍在不断增长。运行一轮测试场景库，相当于百万公里的实际道路测试。

测试场景库基于经验和相关交通场景数据库（例如，事故数据库）正向设计，并基于路测数据自动化场景挖掘手段进行逆向补充，随着道路测试数据的积累，这个场景库的覆盖度将变得越来越高。

为了高效地管理大规模测试场景，百度建立了基于自动驾驶能力特征、场景特征、区域特征等上百个维度标签体系，实现大规模测试场景的结构化管理，从而达到场景集灵活选取和配置，达到不同的测试目的。

目前百度有2个自建测试场和4个合作测试场，涵盖了常见的城市道路及高速道路，包括直行道路、弯道、路口、坡路、隧道及停车场等。另外，通过假人、假车等测试设备构造各种低频场景。这类低频场景在社会道路上存在，但出现的频率较低，在开放道路上不易得到充分验证。例如，逆行的自行车、突然冲出的行人、路段积水等场景。在完成自测之后，百度会向第三方监管机构提出路测许可申请，通过层层测试和考核，获得上路测试许可牌照。

城市开放道路测试是自动驾驶车辆完成测试评估所必须经过的重要环节。百度的开放道路测试是循序渐进开展的，最新的系统会先部署在少量车上进行测试，确认安全后再部署到更大规模的车队。测试道路的选择同样也是从较低难度的区域开始逐步扩展，在低难度区域内完成一定量的里程积累，并且达到目标平均接管里程数（MPI）后再进入下一难度。

截至 2021 年 11 月，百度自动驾驶已经在北京市、长沙市、重庆市等多个城市地区获得 411 张测试牌照，路测里程 1600 万公里，经历了北京市一年四季的变换，也经受住了长沙市梅雨季节的考验。

百度的高质量测试，覆盖中美两国 20 个以上城市，涵盖多种复杂场景，形成强泛化能力。通过高频测试运行，极端情况也能形成聚类，加上十亿公里仿真里程的放大和验证能力，能够从容应对各类场景。

百度希望通过部署规模化自动驾驶车辆不断在实际道路上进行测试和验证，形成实际路上场景和自动驾驶能力闭环，使自动驾驶车辆在智能度、安全性等方面持续提升，从而逐渐接近让自动驾驶车辆走进千家万户的目标。

第七节　自动驾驶商业成熟的关键

2018 年 12 月，Waymo 推出的自动驾驶载人服务 Waymo One 在凤凰城上线，这被视为全球自动驾驶出租车商用的开端。2020 年，Waymo 的全无人自动驾驶出租车在凤凰城郊区上路。

2021 年 6 月，Cruise 获得加州公用事业委员会（CPUC）颁发的许可证，成为加州首个可以在公共道路提供全无人的自动驾驶载客服务公司。同年 8 月，百度将 Apollo Go 升级，推出了自动驾驶出行服务平台——萝卜快跑。如今，百度已经陆续在长沙市、沧州市、北京市、广州市和上海市 5 个城市进行"萝卜快跑"的商业化试运营，摸索自动驾驶的行业定位和定价模型。

自动驾驶出租车是当前自动驾驶场景中最大的市场。麦肯锡预测 2030 年全球基于自动驾驶汽车销售及出行服务市场规模超过 5000 亿美元；瑞银预测 2030 年全球自动驾驶出租车市场规模超 2 万亿美元；毕马威预测 2030 年自动驾驶汽车和服务将成为价值超过 1 万亿美元的产业。这其中，Waymo、百度等科技公司将成为未来自动驾驶出租车市场的主要参与者。

中国作为全球最大的自动驾驶出行服务市场，拥有万亿规模的商业想象力。那么，在自动驾驶真正到来之前，其商业成熟有哪些关键因素？

一、前装量产和降低成本

在自动驾驶发展的早期，几乎所有主流的自动驾驶公司都使用过林肯 MKZ 作为自动驾驶测试车。由于配备了线控刹车和线控转向，林肯 MKZ 一度作为自动驾驶测试的首选车型。但这种方式存在一些弊端：通过改装无法保障自动驾驶车队的稳定性、可靠性和一致性；另外，改装成本过高，不利于后续开展大规模的测试运营。

从 2018 年起，全球的头部自动驾驶公司纷纷开启了与车企深度合作的进程。2018 年 3 月，通用宣布在位于美国密歇根州的奥莱恩工厂生产量产版 Cruise 自动驾驶汽车。通用还专门拨出了一条独立生产线给 Cruise 组装车顶组件。

随后，百度、Waymo 纷纷将自动驾驶汽车的量产提上了日程。2018 年 7 月，百度与红旗联手打造的中国首条 L4 级乘用车前装生产线在长春投产下线。2019 年 9 月，Waymo 对外宣布在密歇根州的工厂完成了自动驾驶车辆的生产改装。

随着全球各个自动驾驶公司与车企合作的加深，前装量产自动驾驶出租车将成为趋势。这种合作带来的优势是，通过正向设计的方式，将传感器及控制器提前装配，流水线式标定，并在生产过程中完成多项整车测试，提升车辆安全性能，保证车辆生产效率。

经济性是自动驾驶规模商业化落地必须考虑的现实问题。过去，为了实现高等级自动驾驶，车载传感器的数量需要显著增加。一辆 L4 级自动驾驶车辆的硬件设备通常包括 6—12 台摄像头、3—12 台毫米波雷达、5 台以内的激光雷达以及 1—2 台全球导航卫星系统（GNSS）、惯性测量单元（IMU）和 1—2 台计算平台。另外，为了确保自动驾驶安全，车端部署的冗余传感器系统、高精度地图及相应的软件系统，也大大增加了自动驾驶车辆的成本。

动辄上百万元的自动驾驶汽车，不可能成为一个可规模化的产品。自动驾驶大规模商业化的破局点，技术之外就是成本。2021年 6 月，极狐汽车与百度 Apollo 发布的无人共享车 Apollo Moon，属于百度 Apollo 发布的第五代自动驾驶汽车，采用了全新一代的自动驾驶套件，整体成本可达 48 万元。相较于市面上自动驾驶出租车的平均造价，压缩了近 2/3，达到网约车运营成本区间，具备完全无人驾驶能力。

自动驾驶量产成本能够快速下降的原因在于：一是核心部件在技术工艺进步、规模量产的驱动下，成本将有量级下降。二是车路协同将降低车端的成本。过去单车智能的技术路线依赖于在车上不断堆叠传感器来尽可能地提升安全性，而基于车路协同路线，依靠路端智能设备的辅助，自动驾驶车辆可以有效减少车端改造的负担。

二、去安全员

去安全员被认为是自动驾驶出租车由测试阶段迈入商业运营的关键一环。从自动驾驶商业落地的可行性看，机器能否代替人力是重要考量。据麦肯锡预测，自动驾驶出租车与传统出租车相比，成本支出将在 2025—2027 年达到拐点（见图 8-10），预计 2025 年左右，即自动驾驶出租车取消安全员并规模化部署后，其成本优势将更为凸显。

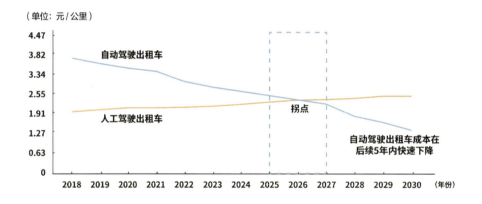

图 8-10　自动驾驶出租车出行服务成本预计在 2025 — 2027 年达到拐点

资料来源：麦肯锡分析，百人会智能网联研究院整理。

纵观全球自动驾驶的发展历程，几乎所有的自动驾驶公司都会经历六个阶段：第一阶段：封闭道路测试；第二阶段：开放道路测试；第三阶段：区域路网测试；第四阶段：小规模运营；第五阶段：商业化运营；第六阶段：多城市商业化运营。

如今全球自动驾驶发展已经能够实现"无人驾驶"，也就是将安全员从主驾驶位解放出来。目前，大部分自动驾驶公司正在测试的自动驾驶出租车，尽管去掉了主驾驶位的安全员，但仍在乘客座位上保留了安全员，以便在紧急情况下"一键叫停"自动驾驶汽车。

2020 年 9 月 15 日，在百度世界 2020 大会上，百度 Apollo 首次向公众展示"5G 云代驾"技术。"5G 云代驾"是无人驾驶的重要配套服务，基于 5G、智慧交通、V2X 等新基建设施，可为无人驾驶系统补位。通过远程云控平台，指挥中心和远程安全员可一对多协助上线车辆，实现高效率、低成本。比如，在面对临时道路变更或交通管制等情况时，接到求助请求后"5G 云代驾"可以接管无人驾驶车，改为平行驾驶状态，帮助车辆解决问题。"5G 云代驾"可实现主驾无人场景下一人控制多车的高效运营服务，为共享出租车的规模化运营提供重要支撑。

三、规模商业化运营

如果说自动驾驶的上半场是证明技术的可行性，那么到了下半场，成本控制、规模化和运营能力的比拼将更加凸显。技术的打磨、验证，运营的经验积累，成本的逐步降低，这些将是众多自动驾驶玩家开启下一阶段规模化商业运营的底气。

从目前自动驾驶的进展来看，自动驾驶规划商业化落地可分为"三步走"发展策略：第一步，对已开通路测的城市，在规定区域内面向用户提供常态化服务，用区域内标准化供给培养用户习惯，让用户从好奇到信赖；第二步，对于规模化车队稳定运营的城市，在主管部门指导下逐步进行商业化试点，包括服务形式、定价机制等，以商业方式让智能驾驶更加符合消费者需求，促进效率和品质提升；第三步，在规定区域内小规模投放无人车队，提升无人车在路运营的实用性，验证无人化商业模式。

以百度为例，随着第五代共享无人车 Apollo Moon 的投入运营，该项业务到 2025 年将扩展到 65 个城市，到 2030 年将扩展到 100 个城市。

作为自动驾驶领域的先行者，百度选择了一条差异化的道路，即驾驶经验丰富的 "AI 老司机"、"车路协同" 的路线、"5G 云代驾" 以及 "前装量产车"，我相信这样做能更快实现 "无人化"，能更早实现自动驾驶的大规模商业化。

第八节　自动驾驶与智能交通

一、中美自动驾驶头部企业发展情况及中国发展自动驾驶的优势

在自动驾驶技术研发上，美国占据先发优势。美国拥有发达的集成电路技术，在高端芯片设计领域也一直保持领先态势，为高性能车载芯片的发展打下了良好的基础。不论是单车智能 "Waymo 派"，还是 "特斯拉派"，背后的核心能力都是人工智能算法和决策芯片，这是美国的优势所在。

中国自动驾驶研发虽然起步较晚，但整体呈现出后发先至之势，无论是相关产业配套还是政策的扶持，都领先于美国。我国大力推行 5G、卫星互联网、数据中心、智能交通等新型基础设施建设，在道路的改造方面坚决推行 5G LTE-V2X 技术标准，支持

LTE-V2X（Long Term Evoeution-Vehicle to Everything）向 5G-V2X
平滑演进。

　　Waymo、百度等中美自动驾驶公司，在目标上都直指自动驾
驶的"无人化"。在发展路径上，中美两国头部企业又有所不同。

　　均为自动驾驶行业的领头羊。百度和 Waymo 是目前全球唯二
完成了千万公里级自动驾驶测试里程的公司。2021 年 4 月，全球
领先的公共及商业咨询公司 Guidehouse 发布了最新自动驾驶竞争
力榜单，百度再次进入国际自动驾驶"领导者"阵营，是"领导者"
阵营唯一上榜的中国公司（见图 8-11）。

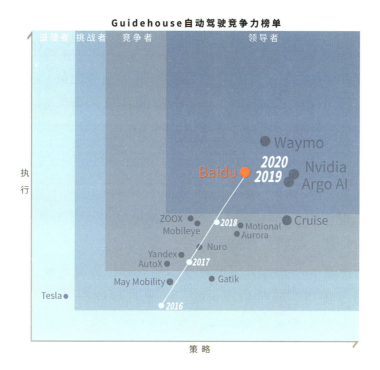

图 8-11　Guidehouse 自动驾驶竞争力榜单，百度居全球前四位

资料来源：The Navigant Reserch Leaderboard Grid。

均已进入无安全员运营阶段。Waymo 持续推进无人出租运营业务的商业化落地，经历了从早期配备安全员、中期配备跟踪车及远程安全员，到正式取消安全员的渐进过程。2021 年 5 月，公众通过百度"萝卜快跑"平台，即可在北京首钢园区体验没有安全员的"共享无人车"出行服务。

实现自动驾驶的技术路径不同。Waymo 一如既往地走在"单车智能"的道路上。百度则在积极推动"单车智能＋车路协同"方案。2018 年年底，百度正式开源 Apollo 车路协同方案，让自动驾驶进入"聪明的车"与"智能的路"相互协同的新阶段，全面构筑"人—车—路—云"全域数据感知的智能路网，可支持自动驾驶车辆的广域视角、冗余感知和超视距感知需求。

商业化节奏不同。百度近年来在自动驾驶的商业化上越走越快。从 2020 年至今，百度自动驾驶出租车服务已陆续在长沙市、沧州市、北京市、广州市、上海市多地开放运营。2021 年 6 月，百度发布新一代量产共享无人车 Apollo Moon。

截至 2021 年 11 月，百度已获得中国自动驾驶测试牌照 411 张。百度是中美两国同时进行无人驾驶测试的企业，拥有中国北京市、长沙市、沧州市及美国加州无人驾驶测试许可，并率先在沧州市、重庆市获得载人收费运营测试许可。

随着深度学习和计算机视觉技术的兴起，自动驾驶为提升交通安全与效率提供了新的解决方案。自动驾驶综合了人工智能、通信、半导体、汽车等多项技术，涉及产业链长、价值创造空间巨大，已经成为各国汽车产业与科技产业跨界、竞合的必争之地。

不过，自动驾驶在各国落地优势和驱动力并不相同。美国有信息技术优势，欧洲汽车巨头实力雄厚，日本需要解决老龄化驾驶问题，而中国发展自动驾驶的优势在于：

第一，中国汽车市场足够庞大。据公安部统计，截至 2021 年 6 月，全国机动车保有量达 3.84 亿辆，其中汽车 2.92 亿辆。庞大的市场可带来显著的规模效应，此外也可支撑足够的细分场景，便于自动驾驶在部分领域率先取得商业化应用。

第二，基础设施配套齐全。我国更加强调智能化与网联化同步发展，以网联功能构建"人—车—路—云"的整体解决方案，降低单车智能的开发难度，而且支撑自动驾驶所需的通信基础设施在不断完善，截至 2021 年 7 月，我国已建成 5G 基站 91.6 万个，占全球总量的 70%，5G 连接设备数已经超过 3.65 亿个，占全球总量的 80%。车用无线通信网络（LTE-V2X 等）实现区域覆盖，新一代车用无线通信网络（5G-V2X）在部分城市、高速公路逐步开展应用。

第三，标准渐趋完善。工业和信息化部及相关部委先后发布了《国家车联网产业标准体系建设指南（智能网联汽车）》《国家车联网产业标准体系建设指南（总体要求）》《车联网（智能网联汽车）产业发展行动计划》《智能汽车创新发展战略》等政策文件，从多方面规划自动驾驶的标准体系建设。

第四，技术逐渐成熟。自动驾驶感知层的高精度地图、激光雷达、控制层的车载计算芯片等近几年都取得了很大的进展。

二、全球自动驾驶产业发展现状

自动驾驶是现代多学科的高度融合，是传统汽车与人工智能的高度融合，是世界各国公认的未来智能汽车与智能交通发展的必然方向。

从全球范围看，各国都通过创新监管措施，力图消除当前政策法规对自动驾驶创新和产业发展的障碍，加快自动驾驶规模化落地的进程。全球的汽车产业大国如美国、日本以及欧盟等国家和地区，均高度重视这一领域政策的规划和引导，在自动驾驶的政策导向上也越来越开放。

美国方面，亚利桑那州自 2018 年起，车内无安全驾驶员的车辆，只要能够遵守传统驾驶的法律和规则即可在道路测试，无需专门许可。加州交通车辆管理局（DMV）先后向 Waymo、Nuro 等公司颁发了无驾驶员测试许可证。现阶段，美国自动驾驶汽车行业的参与主体呈现多样化特点，包括整车企业、互联网企业、共享出行服务企业以及众多初创企业。据统计，全球范围内有 420 家自动驾驶公司的总部位于美国，美国的技术公司和成熟的车企继续主导着全球自动驾驶发展。[①]

欧洲方面，荷兰、英国允许无安全员随行的道路测试。荷兰于 2017 年更新自动驾驶道路测试法案，允许在没有人类驾驶员情况下进行测试。英国准许自动驾驶汽车在公共道路上测试，并提出不用坐在驾驶座位的测试操作员的概念，但仍要求能够实时接管汽车。

丹麦、芬兰和挪威等国正在测试低速自动驾驶小巴，西班牙和英国的运营商正在测试全自动驾驶公交车，从而减少对专业驾驶员的需求。同时，宝马、奔驰、奥迪、大众等老牌车企正通过投资、收购、合作等方式推动自动驾驶的发展，并将自身的传统制造优势

---

① KPMG，2020 Autonomous Vehicles Readiness Index，https://assets.kpmg/content/dam/kpmg/xx/pdf/2020/07/2020-autonomous-vehicles-readiness-index.pdf.

与科技巨头、创业公司的技术优势相结合，加速自动驾驶业务的布局。

日本方面，日本警察厅先后颁布《自动驾驶汽车道路测试指南》和《远程自动驾驶系统道路测试许可处理基准》，准许企业申请无人在车内的远程测试。日本的自动驾驶发展更多的是依托企业自身的发展，政府主要在制度上为自动驾驶的发展保驾护航。2014年，日本正式启动"战略性创新创造项目自动驾驶系统研究开发计划"，即SIP—adus，自动驾驶自此成了日本国家级战略的一部分。

SIP—adus战略是一项高度宏观的战略，通过政府牵头，产业界、学术界等各界跨部门的协同合作，实现自动驾驶从基础研究、应用转化到商业落地的无缝研发。这项战略使政府和企业间责任分工明确：明确政府保护外部发展环境和全面协调的作用，强调政府宏观统筹的责任和要求。对企业则要求其主要负责共同进行特定技术的研发并共享研究成果。可以说，论自动驾驶产业的协同发展，日本是最值得借鉴的国家之一。

在我国，目前广州市、长沙市、上海市、武汉市、沧州市、北京市等允许载人测试，并逐步向真实场景与商业应用靠近。百度、文远知行等均已在城市的特定区域开展自动驾驶出租车业务。

随着数字道路基础设施的建设，我国提前布局5G也具有重要意义，我国在5G技术使用和实施步伐方面均处于世界领先地位，多元化的应用场景、良好的道路条件、快速发展的通信技术，为我国自动驾驶产业发展提供了成长的土壤。

三、自动驾驶正成为交通领域最大变量

任何人都可以造成交通拥堵。只要你踩一脚刹车，你后面的司机就得跟着踩刹车，然后他后面的司机也得照做，这样刹车再启动的行为，可以传导好几公里。而车流中具备自动驾驶能力的智能汽车就能够阻止这种情况的发生，有时候效果好到可以让通行速度翻倍。

根据美国《科学》杂志 2018 年 11 月 16 日的报道，研究人员使用一个视频游戏风格的界面来控制仿真道路上的模拟汽车。在一个场景中，汽车绕着一个有中央交叉口的 "8" 字形交叉口行驶。在其他情况下，一条或多条车道会车，或者车辆穿过曼哈顿式的城市网格，每个十字路口都有交通灯。研究小组观察了不同比例的自动驾驶汽车与模拟典型人类驾驶的普通汽车的混合情况。

在每个场景中，研究人员测试了四种使用强化学习的算法——一种人工智能领域通过反复试验试错来进行学习的方法。在 "8" 字形路段和会车场景中，中央算法控制所有自动驾驶汽车，通过改变它们的加速和制动模式进行试验。在曼哈顿的场景中，人工智能控制交通灯而不是汽车。

结果令人印象深刻。在 "8" 字形的场景中，用自动驾驶汽车取代 14 辆人类驾驶汽车中的一辆，就使平均车速提高了一倍。在会车场景中，用自动驾驶汽车取代 10% 的普通汽车也增加了总体交通流量，在某些情况下，平均车速翻了一番。自动驾驶汽车在一定程度上通过在自己和前面的汽车之间保持缓冲来加速交通，使他们减少刹车次数。在曼哈顿式的交通网格中，通过算法控制交通信号灯，通过的车辆数量增加了 7%。

这项实验研究的作者、加州大学伯克利分校人工智能研究员尤金·维尼茨基（Eugene Vinitsky）表示，实验所用的算法仍有很大改进空间，因此，维尼茨基团队开放了这一算法程序。对此，从事过相关研究的荷兰德尔夫特理工大学王猛博士表示，"如果有人有更出色的解决方案或者算法，就可以利用这套框架测试新点子"。

加州大学圣巴巴拉分校的电气与计算机工程博士丹尼尔·拉扎尔（Daniel Lazar）说，其他领域的研究人员已经建立了强化学习的基准，而且他们在交通中这样做很好。"我希望看到工作扩大，不仅控制车速，而且控制车道变化。"

至于现实中自动驾驶汽车什么时候能引入这项技术，以节省人们通勤时间，维尼茨基无法预测。但他表示，这项新技术能改善当前的车辆系统。比如，将研究中能减少交通拥堵的加速和制动模式，用于当前汽车常见的自适应巡航控制系统中，能节省时间、降低油耗、减少交通事故，甚至挽救生命。因为，"现成的工具已经摆在那里了"。

自动驾驶正在成为交通领域最大的变量。一方面，自动驾驶技术赋予汽车产业转型升级巨大的能量，是汽车产业颠覆性的变革力量；另一方面，车路协同自动驾驶技术，为智能交通基础设施的建设提供了全新的思路和方案。除此之外，自动驾驶共享出行将改变公众出行方式，在 MaaS 模式下，汽车消费由共享代替购买，从而大大降低私家车的使用量和保有量，降低城市拥堵，让出行更低碳。

自动驾驶技术可与智能信控、车路协同等技术形成互补。自动驾驶技术是从车端入手，让单车具备自动驾驶能力。但只靠单车智能，整个体系是很难运转的，如果将自动驾驶的单车智能与车路协同技术结合起来，实现路侧设备与车辆本身的协同交互，车辆自动驾驶能力将大幅度提升，安全性也会随之提高。这是推动自动驾驶商业化运营的关键。

在智能信控方面，自动驾驶汽车在经过交叉路口时，可以和智能信控系统产生交互，系统根据实时路况自由调整路口交通灯的时间，最大限度地保证自动驾驶汽车的高效率通行。

自动驾驶还将显著推动 MaaS 体系的建设。如今，共享单车、网约车成为日常出行的重要选择，这些出行方式也是 MaaS 体系的重要环节。未来，自动驾驶出租车将会取代道路上川流不息的人类驾驶的出租车、网约车，成为重要的城市出行工具。随着越来越多的人选择自动驾驶出租车出行而非私家车出行，交通拥堵、车辆的尾气排放也会显著减少，人为失误导致的交通事故也将大幅减少。

自动驾驶技术的成熟将最终构建城市智能驾驶生态圈，为未来出行提供新的解决方案，为新交通模式的形成注入新鲜血液。不只是自动驾驶出租车，无人公交车、自动驾驶重卡、无人配送车、无人环卫车等，都是在自动驾驶技术的支撑下诞生的应用场景，这些都是未来智能交通系统的重要组成部分。

从更宏观的层面看，自动驾驶相关产业已成为智能交通战略性新兴产业的重要组成部分，在国家交通强国、科技强国的建设过程中扮演着重要角色。自动驾驶也正在成为世界新一轮经济与科技发展的战略制高点。

越来越多的智能汽车开始走进普通人的生活，在高速、干线物流、港口、园区、固定路线接驳、清扫车、自动驾驶出租车等场景陆续实现了落地。

"自动驾驶商业成熟的关键是什么？"这是大家最关心的问题，也是本章主要想回应的问题。

一是降低成本。自动驾驶汽车成本能够快速下降的原因在于：核心部件在技术工艺进步、规模量产的驱动下，成本将有量级下降；车路协同将降低车端的成本。过去单车智能的技术路线依赖于在车上不断堆叠传感器来尽可能地提升安全，而基于车路协同路线，依靠路端智能设备的辅助，自动驾驶车辆可以有效减少车端改造的负担。

二是自动驾驶出租车是业界一致看好的商业模式，去安全员是自动驾驶出租车由测试阶段迈入商业运营的关键一环。从自动驾驶商业落地的可行性看，机器能否代替人力是重要考量。预计 2025 年左右，自动驾驶出租车取消安全员并规模化部署后，成本优势将更为凸显。

三是规模商业化运营。如果说自动驾驶的上半场是证明技术的可行性，那么到了下半场，成本控制、规模化和运营能力的比拼将更加凸显。技术的打磨、验证、运营的经验积累、成本的逐步降低，这些将是众多自动驾驶玩家开启下一阶段规模化商业运营的底气。

第九章
地　图

地图是智能交通的末梢神经。

▶▶▶ 扫码听音频

百度百科中"地图"词条是这样开头的——地图，国家版图最主要的表现形式，可见地图意义之重大。

第一节　地图的演进

据相关研究考证，迄今为止中国最早的实物地图出自秦代。1986 年，甘肃省天水市放马滩秦墓出土了 7 幅地图，成图年代为秦王政八年（公元前 239 年）。国家测绘局考证后认为，它们比中国经实测保存至今的最早的传世地图——西安碑林中的《华夷图》和《禹迹图》早一千三百多年，比 1973 年湖南省长沙市马王堆出土的西汉图约早三百年。

在我国制图史上，第一位有明确记载的地图学家是西晋的裴秀。裴秀在地图学上的贡献，不仅在于他主持编制了地图，更在于他把前人的制图经验加以总结提高，第一次明确地建立了中国古代地图绘制理论——"制图六体"。

裴秀在其《禹贡地域图》"序"中，明确地提出六条制图原则，即"制图六体"：一为"分率"，用以反映面积、长宽之比例，即今天的比例尺；二为"准望"，用以确定地貌、地物彼此间的相互方位关系；三为"道里"，用以确定两地之间道路的距离；四为"高下"，即相对高程；五为"方邪"，即地面坡度的起伏；六为"迂直"，即实地高低起伏与图上距离的换算。

"制图六体"对中国西晋以后的地图制作技术产生了深远的影响。唐代贾耽、宋代沈括、元代朱思本和明代罗洪先等古代制图学家的著名地图，都继承了"制图六体"的原则。最典型的是唐代地理学家贾耽（730—805 年），他 55 岁时组织画工，花费 17 年的时间，绘制出世界上最著名的《海内华夷图》，幅面约 10 平方丈，可见唐代制图事业之规模。

宋代石刻的《华夷图》《禹迹图》，被英国近代生物化学家、科学技术史专家李约瑟盛赞，说它们是"中国中世纪制图学方面最重要的两块碑石"。这两块碑石现安置在西安碑林。

明代的《广舆图》，清代的《皇舆全图》《大清一统舆图》，谭其骧主编的《中国历史地图集》及竺可桢、黄秉维、陈述彭教授主编的《中华人民共和国自然地图集》，都闻名海内外。

地图的形态，伴随着文明发展和科技进步不断演进。

石器时代，在泥板残片、陶片上刻画标记的地图，只是简单标注了一些地区名称，这是非常初级的地图原型，我们称之为"第一代地图"。进入航海时代，羊皮卷上的航海图，是"第二代地图"。航行者借助图上的方位线和罗盘可以随时测定船在海洋上的方向。印刷时代的纸质地图，标志着"第三代地图"的到来。由于便于携带保存，且幅面大、绘制方便，又可表达丰富的信息，使得纸质地图作为地图的主要形式持续了近两千年。

随着科技的发展，互联网电子地图诞生，这是"第四代地图"。移动互联网的兴起，让手机地图迎来爆发式增长。数据显示，2017

年中国地图导航 APP 的月活跃用户已达 5.87 亿人，和即时通信、在线视频、综合电商、浏览器共同排在细分行业用户规模前五。2020年有研究机构发布报告称，中国手机地图用户规模已超 7 亿人。

今天，因 AI 技术的赋能和交通基础设施的智能化地图发生着翻天覆地的变化，我们正在迎来"第五代地图"。新一代人工智能地图，将大大扩展其影响和边界，对社会、经济、生活等方方面面，都将产生重大而深远的影响。

而地图作为智能交通的基石，将与汽车、道路基础设施进一步融合发展，起到城市管理者的末梢神经的作用，城市通过数字化技术变得可感知以及拥有智慧，因为它能够倾听人们的需求，并且最大化全体公民的利益，让人们共享美好生活。

第二节　智能地图的主要特征

用户对地图的需求大致可以分为真实、准确、时效和交互。新一代的智能地图，也沿着这几个方面做技术演进和体验的革新。

一、刻画真实世界

用户希望通过地图了解真实世界的细节，以方便自己的衣食住行。而地图是连接虚拟和现实并精细刻画真实世界的产品，因此，满足用户对"真实"的需求，是地图的首要目标。

比如，你打开百度地图搜索一家火锅店，除了可以知道它的准确地址并使用导航服务之外，还可以看到这家店的人均消费是多少、有哪些推荐菜品、网友有什么评价、营业时间到几点、电话号码是多少等信息。除此之外，你还可以获知交通出行相关的信息，比如附近的停车场、公交地铁站、加油站以及充电桩等。

这些地图线上服务依托的是百度人工智能的"POI（Point of Interest，兴趣点）高精知识图谱"能力。POI 高精知识图谱把每一个地理位置都作为一个实体，标注出其名称、坐标、营业时间、实景照片、服务信息、用户评价等，形成数字化的 POI 数据。然后，POI 高精知识图谱可按照时空图谱和兴趣图谱进行分类，再通过 AI 算法将其进行关联匹配，最终在用户检索目的时，呈现出全面详尽的地图结果。

用户希望地图刻画的真实世界，不仅只在多维度、多元化的信息层面，还在于能更微观、更精细地"看到"真实世界。比如，百度地图在道路精细化绘制上，结合实际道路特征，客观真实地展示道路形态，绘制出诸如人行横道、红绿灯、路口放大图等交通道路要素信息。

2020 年 10 月，百度地图在部分城市的路口上线了"红绿灯倒计时"功能。当用户在驾车过程中使用百度地图导航至路口附近时，百度地图 APP 会自动显示接下来路口对应方向的红绿灯倒计时，以及通过所需要的时间，帮助用户精准获悉路口信号灯变化时间，进而可以避免闯红灯违章、冲过路口或者紧急刹车等危险驾驶行为的发生。

未来，随着技术的进步以及用户需求的变化，地图对真实世界的刻画，将越来越逼近现实，甚至超越现实。

二、导航"极致精准"

用户在出行场景下，无论是对导航路线规划，还是通行时长预测的准确性，都有很高的要求。比如，在北京市、上海市、广州市这样的超级大城市，驾车时哪怕走错一个路口，往往意味着巨大的麻烦——错过重要的商务谈判，违章甚至作出一些危险驾驶行为等。

地图是一个容错率极低的产品，"极致精准"也因此成为地图始终追求的目标。

定位是地图最基础的功能之一，有精准的定位才有精准的导航。大家可能都有过这种经历：在高架桥、立交桥、隧道时，总会提示定位信号弱。经百度地图大数据统计，每 100 次导航中，定位信号丢星次数就高达 32 次。主要原因在于，地图导航主要根据卫星信号进行定位，但卫星信号在上述场景中存在接收盲区，导致卫星定位失败，从而出现偏航或无法正常导航的情况。

为解决这一用户痛点，百度地图首创了智能定位功能，实现了基于"AI 惯导 + 基础定位能力"来准确识别用户驾车状态，为导航算法提供稳定可靠的位置服务，最终实现了定位信号弱也能持续导航这一业界创新。

驾车导航"最后一公里"，也是出行中困扰大家的问题之一。一方面是停车难，另一方面是终点是否准确。在大型购物中心、景区等公共场合，往往会设置多个出入口或停车场，我们时常因为找不到正确的出入口而兜圈子。百度地图因此推出了精准引导功能，基于深度学习并结合导航轨迹和全景图像，实现了终点引导点的自动挖掘和计算，让导航精确到"东门""C 出口"这样的终点，一步到位。

图 9-1 重庆市黄桷湾立交桥

百度地图还首创了"沉浸式导航"功能,让复杂道路的导航指引一目了然。以被称为"史上最复杂立交"的重庆黄桷湾立交桥为例,5 层互联互通,有 20 条匝道(见图 9-1),走错路之后让人非常抓狂,也容易导致交通事故。现在,用户在地图的导航画面中可以查看 3D 导航路线,并结合动态指引,清晰直观地判断何处该上桥、何处需要提前并道变线,确保驶入正确路口(见图 9-2)。

由于驾车场景的复杂性和实时性,用户对导航精度、图像识别的准确度与速度都有着极高要求。依托精准定位匹配技术,百度地图实现了对转向、停车、加减速驾驶行为的动态化感知,在加强路口指引的同时,将用户的精准位置映射到"沉浸式"导航的三维模型中,通过视角的切换,给予用户"沉浸式"的动态导航体验。同时,百度地图还增强了对"复杂高架""盘桥环岛"等用户易走错

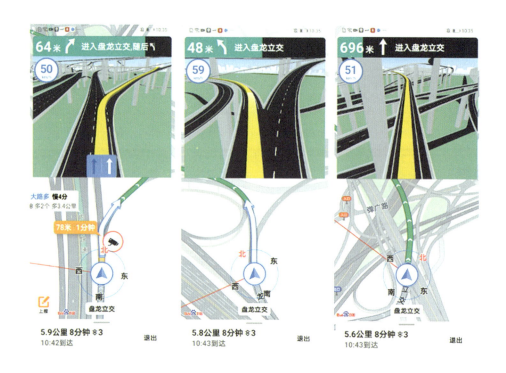

图9-2 百度地图黄桷湾立交桥"沉浸式导航"实际效果

场景的车辆位置判断，为用户保驾护航，减少偏航风险。

"沉浸式导航"功能背后，是百度地图在 AI 领域积累的独特技术优势——基于自研的半自动化建模工具，通过卫星影像获取道路边缘、车道边线、导向箭头等数据，将现实世界中复杂的道路信息，立体化还原到导航产品功能中，为用户实现所见即所得的"沉浸式"导航体验。

三、ETA，时间刚刚好

用户对出行规划的预期是"时间刚刚好"。但是，在交通状况复杂的城市，做到抵达时间刚刚好，是一个极具挑战的任务。

在路线时长预估方面，百度地图基于飞桨深度学习框架和图神经网络技术，开发了一套更智能的"通行时间智能预估"（Estimated Time of Arrival，ETA）系统。ETA 是地图出行产品功能，尤其是路线规划与导航服务必不可少的核心功能。当我们使用地图，从出发地到目的地规划一条路线时，地图会显示一个预估的通行时间，方便用户更好地规划出行。

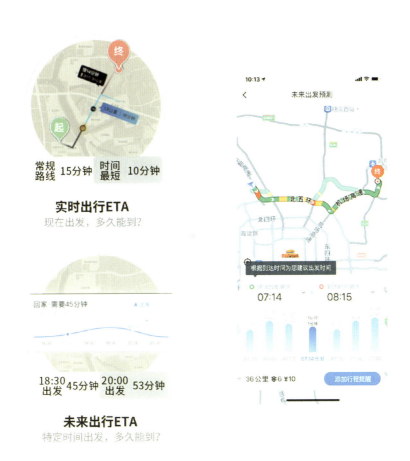

图9-3 百度地图 ETA（通行时间智能预估）系统

ETA 分为两个场景：实时出行 ETA 和未来出行 ETA（见图 9-3）。实时出行时，我们最关心现在出发多久能到。如果希望了解一下未来某个时间出发，大概需要用时多久才能到达目的地，以更加合理地规划行程，那么就需要对未来不同时间点的路况与通行时间进行预估。为此，百度地图创新性地进行了产品与交互设计，能够让用户在一个页面同时获取不同时间的 ETA。

针对用户实时出行的时间预估，百度地图研发了基于深度神经网络的路线时长预估模型。在实时路况、轨迹速度等实时信号之外，还考虑了诸如道路链接信息、时间信息、时空协同关系、环境、突发事故等多维度信号，以及用户驾驶习惯、对路线熟悉程度等，以做到更精准的路线通行时长计算。

针对用户未来出行的时间预估，百度地图全面综合历史相同时刻的路况、路线用时，考虑出发时间的道路限行、施工、红绿灯等信息，并结合用户个人驾驶习惯，为用户计算推荐出一条最合适的出行路线，并预估出通行时长。

百度地图的 ETA 是一套进化迭代的算法，用的人越多，给机器投喂的数据就越多，机器自我学习迭代就越快，对算法形成正向反馈。最终，ETA 就能做到时长预估"非常准"，让用户出行和抵达"刚刚好"。

四、智能语音交互

在驾车途中操作手机是非常危险的事情。例如，当我们以 60 公里 / 小时的速度驾车时，如果要更换目的地，在地图 APP 上通过手触操作，至少需要 30 多秒才能完成，这期间已经盲开了 500

多米，安全风险实在太高了。在这种情况下，如果有语音交互，只需要一句"小度小度，更换目的地为百度大厦"即可，方便又安全。

交管部门相关统计数据显示，开车看手机，司机反应时间比正常慢 35%，发生事故的概率也是正常状态下的 23 倍，每年有近 30%交通事故由开车看手机引发。因此，将地图 APP 中的传统手触交互全面革新为语音交互，对安全驾驶意义重大。

百度地图早在 2018 年就率先推出了覆盖全场景语音交互的智能语音助手，实现了让用户无须进行任何手触操作，通过语音唤醒、语音指令甚至一句话即可轻松实现与地图 APP 的交互，并获得相应的地图服务。这种交互方式是对传统手触操作的革命性颠覆，不仅能够大幅提升效率，还能提升驾车安全性。

在 2019 年之前，所有导航产品的播报声音都由系统预先内置好的某个音库合成后发出，而且播报文本也千篇一律。为了让语音交互和导航播报更具情感，2019 年 9 月，百度地图推出了全球首个地图语音定制产品，如今用户仅需录制 9 句话就可以生成个人专属语音包。不仅让用户可以使用自己、家人或朋友的声音进行语音播报，还能定制个性化语音播报的风格与内容。此外，我们还打造了个性化出行服务助手，充分满足用户多样化、个性化的出行需求。

截至目前，在语音助手用户体验核心指标上，百度地图智能语音助手的需求满足度已超过 86%，实现了从手触交互到语音交互的全面革新，"动口不动手"的全新交互方式既方便又安全。截至 2021 年 10 月，百度地图智能语音助手用户量突破 5 亿人。

第三节　地图数据生产的 AI 化

地图道路数据的更新主要包括数据采集、数据生产两大环节。

在很长一段时间里，地图数据采集都是一个苦力活。采集过程需要"两条腿＋四个轮子"一步步完成，从发现路标、路牌到记录重要坐标，所有的工作都由人力完成。整个采集过程不仅时间冗长，而且效率低下，根本无法适应我国各地快速发展的交通和城市变化。

在数据生产环节，传统的生产模式严重依赖人工。以全景数据采集生产为例，一辆全景车采集 1 天的数据，需要 1 个作业人员用 8.3 个工作日才能完成数据生产。此外，由于都是人工操作，地图数据的质量也很难得到保证。

受限于地图数据采集和生产难度大、成本高，地图无法实现实时更新。一些三、四线城市的道路及城市等信息，往往 1—2 年才能更新一次，用户使用地图的体验无法保障。

事实上，从地图数据采集、数据生产及产品应用的完整链路角度看，地图行业是一个重资产行业，由于严重依赖人工作业，各环节成本居高不下。因此，要实现"刻画真实世界"的目标，深度应用 AI 技术，实现高度自动化的地图数据采集和生产，就至关重要。

地图数据的 AI 化有两个大的方向：一是 AI 化的地图数据生产；二是 AI 化的 POI 信息核验。

一、AI 化的地图数据生产

百度地图通过构建 AI 化的地图数据生产流程，实现了高度自动化的地图数据采集和生产，大幅提升了地图数据生产效率以及数据更新时效。

AI 化地图数据生产的流程包括四个方面：信息获取、数据采集、数据生产、动态修正。完成这样的流程，首先要每天汇总数亿条轨迹数据、遥感数据和互联网数据，第一时间了解道路的真实变化，自动化完成信息获取；其次要实时调度采集车辆前往现场采集，并通过端云协同回传数据，完成地图数据的采集与生产；最后要结合图像识别等 AI 技术对采集回来的数据进行动态修正，并及时更新到道路数据库。这其中，两大部分工作非常重要。

其一，组建专业采集车队。百度地图自 2013 年搭建自采队伍以来，已组建了中国规模领先、AI 技术顶尖的数据采编团队，既有高精地图采集车、高精全景一体化采集车、高精停车场采集车、骑行采集车等 300 辆专业采集车，还拥有包括室内图采集背包、全景采集背包、全景采集无人机等在内的专业采集设备（见图 9-4、图 9-5）。专业的地图采集设备，可支持每天采编数万公里数据，包括收费站、高架桥、铁道线道口等关键交通要素，实现全场景、全要素地刻画现实世界。

其二，深度融合 AI 技术到整个流程中。基于大规模图像训练的深度学习模型，快速识别道路及车道的形状与属性；基于语义分割、图像度量学习以及图像场景解析等，可以差异化构建道路标牌、路面标识等交通设施的多维语义特征；融合多源多模态数据的自动识别差分工艺，减少了人工作业，进一步提高地图数据生产效率。

步行采集　　　　　　　　　　　厦门开元路

图9-4　百度地图全景采集背包

图9-5　百度全景采集无人机

截至目前，百度地图数据加工环节已实现96% AI 化，相较传统地图生产模式效率提升 30 倍以上，道路覆盖里程已超过 1000 万公里，数据更新时效大幅提升至分钟级。

二、AI 化的 POI 信息核验

目前百度地图有 1.8 亿个 POI。在现实世界中，每天有新写字楼建成，有小店铺关门，有各种办事地点迁址，有营业时间、联系电话等信息的变更。对这些毫无规律、不可预知、数量庞大的地图 POI 信息变更进行核验，是极其艰巨的任务。在 AI 技术应用之前，基本上全部依赖人工打电话进行核实，每位客服工作 8 小时，每天最多外呼约 200 个电话，不仅非常辛苦，而且效率低下。

现在，百度地图将 AI 智能客服技术应用于 POI 信息核验工作中，实现了专门用于 POI 的智能电话核验系统，从而用机器自动拨打电话替代人工进行 POI 信息的核验。通过语音识别、语音合成、语义理解、多轮对话等 AI 技术，实现了对话智能控制、对话理解以及电话记录的智能解析和处理。智能电话核验系统实现了 POI 数据生产的降本增效：成本仅为人工的 1/7，同时稳定性和作业规模都远超人工。例如，在 2020 年新冠肺炎疫情期间，POI 智能电话核验系统快速验证了数百万商户的营业状态等相关营业信息，核验效率也较之前提升了上百倍。

可见的未来，地图将大大受益于"AI + 5G"的普及。比如，在"AI + 5G"时代，"图像秒级回传"将对真实世界实现更精细、实时的展示。在城市安防、应急指挥等场景，地图能够"直播"险情、指导救援。"高精视觉定位导航"也将成为地图标配，用户将拥有像科幻电影中一样的驾车体验，高级别自动驾驶也将因此不再遥远。

AI 赋能实现了百度地图从技术、算法以及功能层面的智能化升级，百度地图也是 AI 应用的重要场景之一。海量用户各种场景下获取服务的需求，使得地图成为百度 AI 最佳的"试验田"。伴随人工智能技术的不断发展，百度地图将获得持续的创新能力，为用户提供更好的出行体验。

第四节　地图：智能交通的基石

2021 年国庆假期结束后，百度地图按照惯例发布了"十一"

出行报告：国庆期间全国高速平均拥堵里程较去年同期下降31.2%。究其原因，2020 年受新冠肺炎疫情影响，上半年跨市跨省出行几乎都处于封闭状态，国庆是疫情之后的第一个较开放的长假，旅游出行呈井喷态势。2021 年疫情常态化，国民跨城出游需求平稳，所以出现 2021 年拥堵较 2020 年下降的现象。

今天的地图，可以视为城市活力的"晴雨表"，甚至是经济活力的"风向标"。因为地图作为一种信息基础设施，为各行各业提供智能定位、路线规划、导航、路况、地图影像、轨迹、位置搜索等服务，支撑着交通出行、城市规划、物流运输、生活服务等所有与位置相关的产业发展。因此，从人口的迁徙、物流的运行等尺度，地图可以更真实、更客观地反映产业、城市乃至宏观经济的运行状态。

以老百姓的日常交通出行为例。近年来，百度地图一直通过交通大数据评估城市交通运行情况，并联合清华大学、同济大学、中国社科院等高校和科研院所，定期发布《中国城市交通报告》，这份报告已经成为公众出行、交通管理、政府决策的重要参考依据。在报告涉及的交通拥堵、停车、公共交通、新能源出行、交通政策、自动驾驶、智能交通市场发展等诸多方面，"中国城市交通拥堵排行榜"最受公众和各地政府部门关注。

表 9-1 是百度地图发布的 2020 年城市人口吸引力排行榜，排名第一的是深圳市。中国 GDP 第一大省广东有四个城市上榜，分别是深圳市、广州市、东莞市、佛山市。2020 年广东省 GDP 为110760.94 亿元，比 2019 年增长 2.3%。其中深圳市为 GDP 第一大城市，达 27670.24 亿元，比 2019 年增长 3.1%，增速高于全省均值；广州市 GDP 为 25019.11 亿元，比 2019 年增长 2.7%。城市人

口吸引力指数，与城市 GDP 总量和增速，基本成正相关。

表 9-1　2020 年人口吸引力指数排名前十位的城市

年度总排名	城市	年度人口吸引力指数	较上年同期排名变化
1	深圳	9.420	—
2	广州	9.228	—
3	东莞	7.840	↑ 1
4	北京	7.644	↓ 1
5	上海	7.517	
6	成都	6.633	
7	苏州	6.551	
8	重庆	5.900	
9	杭州	5.736	
10	佛山	5.243	

注：表中的"人口"是指在一个城市驻留超过 2 个月的常住人口。

百度地图在为各行各业提供位置服务的同时，也构建了一套智能的大数据系统。而基于大数据系统中的海量人、地、物的数据，百度创新推出了地图 AI 时空大数据服务，可为重大公共应急事件、国家宏观经济决策、城市规划、人口统计等提供决策参考。

2019 年，基于 AI 时空大数据，百度地图与国务院发展研究中心联合发布了《迁徙的人 变动的城》一书，共同研究中国城镇化课题，辅助国家宏观经济决策，验证并得出了可指导区域经济发展的相关结论。

比如，人口密度低的城市，推动人口流动有利于促进城市经济发展，在人口密度高的城市反之。经济发展和城市人口整体基本呈倒"U"形关系。研究还发现，人口向都市圈迁徙的趋势还会延续，应发挥都市圈周边城市的人口吸纳作用，以缓解高房价难题。

　　百度地图还联合中国城市规划设计研究院，从人口流动的角度，进行我国城市群的识别及城市群发育程度研究。百度地图基于 AI 时空大数据进行城市群识别，并将识别结果与国家早期制定的2006—2020 年全国城镇体系规划进行比对验证。结果显示，国家早期规划确立的我国城镇体系已基本成型。

　　上面的例子，只是地图 AI 时空大数据应用的一个侧面。从某种角度看，地图是推动国民经济和社会发展的战略基础设施。

　　百度大脑的语音、视觉、自然语言处理、知识图谱、飞桨开源深度学习平台，百度智能云的云计算、云储存、云数据库、物联网、大数据平台，共同构成了百度地图生态全景的底座（见图 9-6）。

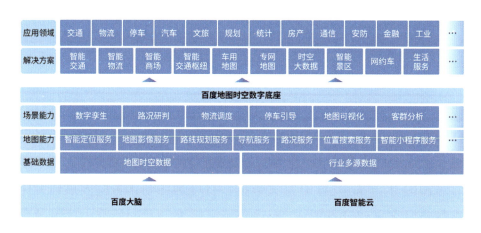

图 9-6　百度地图生态全景

　　以下是百度地图深耕智能化位置服务十余载的数据积累——日均位置服务请求超 1200 亿次，日均轨迹里程 20 亿公里，POI 全球覆盖总数超 1.8 亿个，智能语音助手累计用户数破 5 亿人，道路里程覆盖超 1000 万公里，全景图片 20 亿张。

基于 AI 智慧和数据能力，百度地图为各行业合作伙伴打造了智能定位、路线规划、导航、路况、地图影像服务、轨迹服务、人口迁徙服务、位置搜索服务、智能小程序九大应用能力。

通过能力的开放应用，百度地图为智能交通、共享出行、快递物流、统计规划、政务民生、商业地理、酒店旅游、智能设备、金融信贷等各行业形成定制化解决方案，帮助生态伙伴建立更有效的运营管理模式，创造更高的经济价值。

具体到本书关注的智能交通及智能出行领域，在自动驾驶、交通管理、停车、物流、网约车、车联网、外卖等生活服务诸多领域，地图都发挥着越来越重要的作用，是智能交通发展的基石。

一、高精地图与自动驾驶

什么是高精地图？很多人简单地理解为，普通的导航电子地图是给人类驾驶员使用，而高精度地图是给自动驾驶汽车使用，这个描述不够准确。高精地图是一种专门为高级辅助驾驶、无人驾驶服务的地图。与传统导航电子地图不同，高精地图除了能提供道路级别的导航信息外，还能够提供车道级别的导航信息，无论是信息的丰富度还是精度方面，都远远高于传统导航电子地图（见图9-7）。

高精地图有三个主要特性：一是位置的高准确度，绝对位置亚米级，相对位置分米级，满足车道级精准定位、规划和引导的安全驾驶行为需要；二是内容的高丰富度，表达出刻画真实世界所需的全部道路交通标线、道路交通标识和路侧及路内设施，满足车载传感器感知的道路环境都能准确地匹配到数字孪生的高精地图上，从

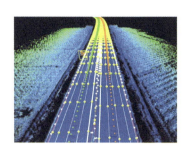

图 9-7　高精地图采集车和高精地图效果图

而提高定位的准确度、为应急避险提供准确的决策依据；三是时态的高新鲜度，通过众包的手段，实现道路环境静态信息和动态信息的实时更新，满足各级别"安全、高效、舒适、节能"的自动驾驶需要。

高精地图是无人驾驶的核心基础模块。在自动驾驶的定位、感知、规划、安全、预测、仿真等阶段都不可或缺，为自动驾驶提供重要的支撑。

在感知层面，高精地图不受天气环境、障碍物和探测距离等因素限制，能够拓宽车载传感器的性能边界，为自动驾驶汽车提供安全冗余。此外，高精地图还能为车辆提供车道线、道路标识等先验信息，有助于提高传感器的检测精度和计算效率。

定位层面：如果卫星定位信号不佳，高精地图系统还能通过传感器获取实时的环境信息，并与已记录的如路标等静态参照物进行比对，进而计算出车辆所处的位置，进行精准定位。

规划决策层面：可以通过路口的红绿灯状态、交通流量、路网变化情况等数据信息的回传，在云端服务平台的分析和协助下，实现车道级的智能化路径规划和决策。

验证训练层面：随着众包采集数据的积累，日渐丰富的驾驶场景数据库，也将为自动驾驶系统的仿真验证、优化人工智能训练等提供重要的基础数据。

高精地图是自动驾驶的"千里眼"。摄像头、激光雷达、传感器所监测到的范围是有限的，摄像头根据不同的俯角看到的距离约为60—150米，激光雷达所看到的范围约为40—80米，而安装了高精地图的自动驾驶汽车，就相当于具备了一双"千里眼"，不但可帮助自动驾驶汽车提前知晓位置信息，还能精确规划行驶路线。

高精地图是自动驾驶的"透视镜"。雨雪天，车道线会变得模糊，即使是车上安装了最好的传感器、摄像头，都很难把每一条车道线看清楚。这个时候，高精地图就发挥了关键作用。在摄像头看不清的地方，或者雷达检测不到的地方，高精地图能及时反馈数据，起到"透视镜"的作用。

高精地图是自动驾驶的"安全员"。高精度地图可以精确自动识别交通标识、地面标志、车道线、信号灯等上百种目标，还有道路坡度、曲率等准确的数据信息。车辆可依照高精地图已知的道路信息，提前作出准确判断和决策，且不受阴雨等天气影响，减少车祸的发生，为自动驾驶保驾护航。

百度从2013年做自动驾驶开始，就投入研发高精地图，是国内唯一一家既拥有高精地图领先技术，又能提供自动驾驶完整解决方案的公司。

IDC市场研究报告显示，在2019年的中国高精地图解决方案市场中，百度市场份额第一，达到 29.3%。① 目前，百度已经与广汽、蔚来、威马、长安、本田、长城、吉利、北汽、江淮等多家车企实现量产合作。预计到 2023 年，百度高精地图搭载量将超过100 万台。

百度高精地图之所以能赢得市场的认可，有几个方面的原因：

一是精细化程度最高。百度高精地图包括道路信息、车道信息、交通标识、地理围栏等大类，有两三百种交通要素信息，相对精度达 0.1—0.2 米，精细化程度业界最高。

二是生产效率最高。如前文所述，百度高精地图依托模式识别、深度学习、三维重建、点云信息处理等世界领先的技术，数据自动化处理程度已达到 96%，能自动识别包括交通标识、地面标志、车道线、信号灯等上百种目标，准确率高达 95% 以上。百度高精地图的更新能力已经达到了分钟级，实现了对道路的动态变化快速响应。

三是成本优势。百度高精地图是国内唯一具备完整的自主知识产权，拥有从采集设备到数据制作全流程自主技术研发能力的高精地图数据提供商。从采集、制作到应用，全流程效率都远高于业界，因此在成本上占有巨大优势。

四是覆盖最广。百度拥有国内最大规模的高精地图采集车队，覆盖能力强，可实现高速公路、城市道路、停车场、封闭园区等全场景要素覆盖。预计到 2023 年，百度高精地图将实现 160 万公里的覆盖，除 30 万公里的高速和城市快速路外，还包括 130 万公里城市道路、国道、省道、县道。

---

① 《IDC 首发 2019 年中国高精度地图解决方案市场份额报告》，见 https://www.idc.com/getdoc.jsp?containerId=prCHC47010020。

目前，高精地图的落地场景主要集中在高速公路和停车场，可分别支持高速路自动驾驶（Highway Pilot，HWP）和停车场无人自主泊车（Automated Valet Parking，AVP）功能。百度与广汽、威马在这两个领域分别展开了合作。广汽新能源 Aion LX 所搭载的百度 Apollo 高精地图，可协助其高速公路驾驶辅助系统实现高精度定位，提升车辆感知效率、优化导航路径等。2021 年 1 月下线的威马第三款车型 W6 搭载了百度的 AVP 方案，其中的高精地图可帮助车辆应对停车场盲区等问题，为自动驾驶在停车场的落地提供保障。

二、车用导航地图

2020 年 1 月，百度地图与特斯拉达成战略合作。百度地图为特斯拉提供了底图展示、实时路况、POI 检索等地图数据服务。基于百度地图海量实时交通数据信息，特斯拉车机地图实现了路况数据分钟级更新、拥堵躲避全行程提示、路况信息实时查询等精准导航功能。

同年 12 月，百度地图导航路口放大图功能在特斯拉车机地图上线，中国境内特斯拉车主在复杂路口、立交桥、高速出入口等道路场景，可以通过路口放大图准确、快速地找到正确道路（见图 9-8）。

凭借独有的特色和优势，百度地图大幅提升了智能汽车车主的导航体验。这些优势包括：

1. 拥有车道级地图数据

百度地图拥有甲级测绘资质，提供含车道级导航路网、POI 深度信息、路口放大图、摄像头等车规级精准 SD Pro 地图数据。

图9-8　百度地图导航路口放大图功能在特斯拉车机地图上线

2.拥有实时的智能交通路况信息

百度地图可以提供覆盖全国 343 个城市、每分钟更新的车道级实时路况，以及未来 2 小时预测路况，历史 7 天路况等多维度路况数据服务。

3.可以发布交通实时动态事件

百度地图可以提供覆盖全国的事故、管制、施工、结冰、恶劣天气、自然灾害、大型活动等数十类交通实时动态事件数据，覆盖全国 244 个城市的交通限行信息，为车主提供尾号限行、限行区查询等服务。

三、网约车

网约车已成为人们日常出行的主要方式之一，上下班通勤、接送机预约、旅游出差出行，大家都习惯使用网约车。据交通运输部2021年8月发布的数据，网约车已覆盖我国300多个城市，日均完成订单量2000万单。①

对网约车行业而言，如何合理派单、如何对订单定价、如何能更快接驾并保障服务、如何避免司乘纠纷等问题，一直都是网约车运营的痛点。

百度地图提供的网约车解决方案包括以下几个方面（见图9-9）：

图9-9　百度地图网约车解决方案

推荐上车点：百度地图通过大数据挖掘，为乘客推荐最佳上车点，降低司乘沟通的成本。同时，利用综合定位、室内高精定位和

---

① 中华人民共和国交通运输部：《2021年8月份例行新闻发布会》，见 https://xxgk.mot.gov.cn/2020/jigou/zcyjs/202108/t20210826_3616691.html。

室内外 AR 步行导航，帮助用户无论是在室外还是复杂室内场所，均能快捷抵达上车点，提高了乘车的效率。

高效分单：百度地图结合实时路况和车头方向，提供高性能批量预计到达时间（Estimated Time of Arrival，ETA）精准匹配最优司机，实现合理派单，提升派单效率。同样基于 ETA 技术，百度地图还可以为乘客未来 7 天内任意时刻出行，提供精准路线和耗时预估。

精准导航：百度地图拥有精准的实时路况和海量的交通动态事件，可以为司机提供精准导航。导航过程中的"司乘同显"功能，为乘客实时展示司机导航路线、实时位置、行驶轨迹等信息，还可以提供绕路判定、智能价格预估等，这些都大大提升了乘车体验和安全性。

目前，包括首汽约车在内的全国 70％ 的网约车企业，都已与百度达成深度合作。

四、交通信息发布

交通事故、交通管制、施工等动态交通信息是交通信息服务的核心内容之一，信息的及时性、准确性、权威性至关重要。过去，交通信息发布领域面临信息化程度不足、发布渠道单一、发布体系分散等问题。

为此，百度地图打造了一套交通事件信息发布解决方案（见图 9-10），全面提升权威交通信息的流通效率和整合度。全国公安交警部门、交通运输部门、高速集团、智能硬件厂商、软件服务商等政企单位，借助百度地图交通信息发布与研判平台，通过数据

图 9-10　百度地图交通事件信息发布解决方案

接口、离线文件、即时通信软件等方式，可以将权威交通事件信息通过百度地图的各类渠道面向社会公众发布，更好地服务公众出行。

从 2016 年开始，百度地图就联合成都市交管局开展"互联网＋交通"治理探索，围绕"交通信息发布平台"，探索利用交通大数据实时预警辅助精准指挥的管理模式。城市路网中，有时难免遇到事故造成的突发拥堵，此时百度地图"交通信息发布平台"能够基于交通大数据，实时检测到异常拥堵并向交警报告，再将交警确认的权威事故信息反馈至地图客户端，辅助变更导航策略，快速为市民提供避堵绕行路线。2019 年春运期间，成都市交警通过百度平台总计向公众发布 4000 余条服务信息，帮助 6.3 万人次合理绕行避堵。

2019 年，百度地图联合公安部道路交通安全研究中心打造交通信息发布新模式（见图 9-11）。公安部道路交通安全研究中心基于百度地图开放平台的地图服务和交通大数据，构建了完备的全国

图 9-11　百度地图联合公安部道路交通安全研究中心打造
交通信息发布新模式

道路交通安全信息采集和处理系统。全国交警可以第一时间通过该系统发布施工、封路、管制、交通事故、积水等交通事件信息，百度地图从系统接口读取这些信息后，通过百度地图 APP、各地道路智慧诱导屏、百度地图路况播报联盟成员电台等渠道，迅速传递给社会公众，服务公众出行。

五、智慧交管

在智慧交管方面，百度地图提供了缓堵保畅、安全管控、出行服务三大类场景的解决方案，让交通管理更安全、让城市运转更畅通。

一是"缓堵保畅"场景解决方案：百度地图通过交通大数据接口、交通拥堵评价、交通态势研判、智能停车、智能信控优化等产品和服务，为城市缓堵保畅提供保障。比如，交通拥堵评价，就是由"拥堵六维特征画像、重点道路监控、重点交通片区监控、拥堵影响系数分析、瓶颈点段提取、拥堵路段交通流 OD 分析"等工具组件组成，可以为交通管理者提供完整、客观的交通拥堵评价，以便对相关问题进行分析。

交通大数据接口服务，是一套服务于智能交通应用开发的应用程序接口。该服务以数据即服务（DaaS）的形式，为用户提供精准权威、类型丰富、维度多样的百度地图交通大数据，赋能政企客户交通态势监测、道路安全风险研判等业务应用开发，全面提升交通数字化和智能化水平。

二是"安全管控"场景解决方案：包括货车限行管理、设备设施监管、道路事故预防、重点车辆管控、AI 非现场执法、交通舆情监测等产品服务。比如"货车限行管理"是提供交管部门货车限行政策及出行服务的综合性产品方案。它主要服务于货车司机，提供车辆通行证备案服务，打通各地交管部门货车通行管理系统，提供一事一备、秒级通过的服务体验；结合车辆信息、路况信息、交通事件信息进行智能路径规划，保障货车合法、合规、安全行驶。

再比如"道路事故预防"，系统基于百度地图车辆轨迹、高精路网、实时路况、事故警情等数据，建立道路安全风险评估模型，识别事故空间分布及高发隐患点段，分析事故成因及规律，辅助开展事故隐患点段治理；基于位置信息，通过百度地图 APP、度小镜等渠道，面向出行者主动推送道路隐患点段信息，消除安全隐患、提升出行服务质量。

三是"出行服务"场景解决方案：包括交通事件信息发布、智慧诱导信息发布、广电媒体路况播报、重点车辆一键护航等产品服务。"重点车辆一键护航"用于保障 110、120、119、工地抢险等特种车辆及警卫任务车辆的应急出行需求。"一键护航"服务基于百度地图 APP 快速规划最优路径，根据车辆实时位置，利用百度独有的动态绿波优化算法实时动态调整路口信号匹配，保证任务车辆一路畅通、高效通行。

六、智慧停车

2021 年 8 月，百度地图与上海停车 APP 达成战略合作，成为业内首家接入上海全市停车场数据的地图商。上海停车 APP 由上海市交通管理部门在 2020 年 10 月试运行推出，覆盖全市 4300 多个公共停车场（库）和收费道路停车场、89 万个公共泊位。

百度地图将向上海市民提供停车场状态查询服务，将公共道路导航和停车场导航相联结，实现"一张图导航"，保障市民的便利出行。例如，为避免"开到目的地后停车位爆满"的状况，百度地图支持实时查询停车场空闲状态、收费标准、车位数量等信息。

面对城市普遍存在的"停车难"问题，百度地图智慧停车解决方案覆盖了停车场信息发布、停车引导、停车服务与智能停车场、智能停车管理平台四大模块的智能服务能力。在此基础上，百度地图提供了停车场查询、车位预约、车位引导、反向寻车、出场识别等多项用户功能，帮助用户减少停车时间，优化出行"最后一公里"体验。

2019 年，百度地图就接入了宁夏回族自治区银川市的 100 个停车场动态数据，并通过对线下停车场硬件做升级改造，达成了从停车场引导、停车位预约、车位引导、停车位记录、反向寻车和在线缴费的完整停车闭环（见图 9-12）。这一套智慧停车系统上线后，有效提升了整个城市交通的运行效率。

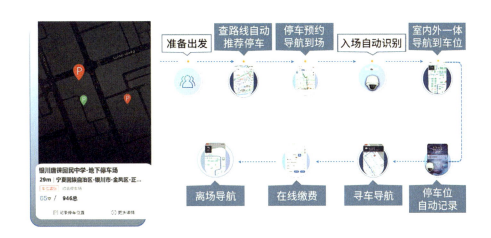

图 9-12　智慧停车可实现完整停车闭环

七、智能交通专网地图

交通领域很多政企信息化系统，因为涉及公共安全和国计民生，往往都部署在专网中（如公安网、视频专网等）。由于传统专网 GIS 服务在地图数据鲜活度、技术服务保障和开发调用体验等方面存在不足，交通政企单位急需一张有互联网基因的更加好用的"地图"。

为此，百度地图推出了百度智能交通专网地图（DuGIS）平台，以鲜活丰富的 GIS 大数据能力、强大的 API 定制开发能力和炫酷的 GIS 大数据可视化能力，深度赋能交通行业专网个性化应用开发。专网地图可以实现互联网和专网、PC 端和移动端"一套图"，打通网际间的数据流和业务流，助力业务系统升级。

目前，百度智能交通专网地图已与全国 23 个省（自治区、直辖市）达成合作，完成产品私有化部署的城市超过 30 个，私有化部署一线及新一线城市渗透率超过 70%。全国多地交通管理部门也基于百度智能交通专网地图，开展了诸多智能交通应用创新。

2021 年，百度地图还发布了"百度智能交通专网地图—数字孪生版"，进一步赋能交通管理部门的精细化管理。

例如，河北省交警总队基于百度智能交通专网地图打造了"河北省道路交通运行状态感知评价系统"，建立了一套科学合理的交通评价指标体系，能够准确刻画当前河北省交通运行态势以及交通管理服务水平，实现了"一图感知、一图展示、一图研判、一图评价"，极大地提升了交通治理能力。

北京市交管局则使用百度智能交通专网地图，在智慧交管项目中搭建了北京交警指挥平台、移动警务终端业务平台，显著提升了城市交通管理效能。

八、智慧物流

物流是智能交通的另一重要场景，"物流"和"地图"之间有天然融合的属性。百度地图的智慧物流解决方案，依托货车路线规划、货车导航、智能调度、地址解析聚合、运营区划管理平台等专业物流地图服务，支撑物流下单、分单、运前调度规划、干线运输规划、轨迹管理等多类核心快递物流业务场景，帮助物流行业实现

智能物流引擎

客户下单　　物流分单　　线路规划　　运力监管

检索收寄订单　物流运单　　运输配送　　使用百度鹰眼服务
地址信息　　　网点分配划分　路线规划　　对运力状态实时监管

图 9-13　百度智慧物流方案赋能企业降本增效

降本增效（见图 9-13）。而物流效率的提升，也将缓解道路拥堵、降低碳排放。

如何用最少的货车跑最短的距离、用最快的时间配送出最多的货，同时要考虑各种业务的约束，包括车辆限制（最大行驶时间、最长行驶距离、车辆限行、重量体积配载等）；仓库限制（时间窗口、是否回仓、多仓提货等）；成本限制（固定出车成本、里程成本、时间成本等），以及客户要求（配送时间窗口、停留时间等），这些都是物流行业普遍的痛点。

百度地图自主研发的一站式高效运输管理系统（Transportation Mangement System，TMS ＋），不仅覆盖了从订单下达到计费结算的传统 TMS 的闭环业务，更解决了传统 TMS 智能化程度低、物流大数据价值挖掘不充分、用户体验无法保障的弊端。

同时，基于百度地图智能调度强大的订单及运力资源的管理能力，以及自研的运筹学算法，TMS ＋可为企业规划出比传统物流调度更为安全合理、更为经济的运输路线，减少违章行为的发生。另外，结合百度地图鹰眼轨迹服务，TMS ＋可实现全网运输车辆在途可视化管理，提升承运商与司机考核透明度和运营管理效率。

百度地图智慧物流解决方案已经服务了众多物流企业，覆盖能源、冷链、商超、零售等垂直领域，并且与双汇物流、中国建材、古茗科技、叮咚买菜、步步高商超等行业标杆企业达成深入合作。截至目前，每天使用百度地图物流地址解析服务的运单总量已经超过全国总量的 50%（2020 年中国快递量日均 2.28 亿件）。

2020 年 6 月，百度地图与双汇物流签约，依托百度地图智慧物流解决方案，构建双汇物流数字化体系，提升双汇物流智能化水平，推动双汇物流数字化转型升级。双汇物流在全国有 20 多个工厂及仓库，每天发车路线 3000 条，在应用百度地图智慧物流调度系统后，调度效率提升了 75%，运输成本节约了 5%。

2021 年 8 月，百度地图为中国建材"我找车"网络货运平台量身定制了一整套智慧物流解决方案，不仅提供精准的货车导航、智能调度、ETA 等物流技术服务，而且在安全运输、轨迹管理、司机服务等生态应用场景也给予了全方位支持，极大解决了集团物流运输过程中的各项难题。

百度地图智慧物流解决方案，还帮助古茗科技提高物流调度效率、降低运输成本，真正实现了物流配送业务上的智能化转型升级。古茗科技为古茗茶饮品牌的母公司，全国门店数超过 4200 家，有 11 个物流配送中心。百度地图将智能调度与古茗科技自有的业务系统 TMS 相结合，把传统调度模式升级为自动化调度，使用智能调度系统一个多月后，每月节省里程超 17 万公里、每月节省出车车次 225 车次、装载率提升 5.03%、综合运输成本降低 8.8%，展示出非常明显的降本增效效果。

百度地图货车服务能力是智慧物流解决方案中的核心之一。百度地图货车导航及货车路线规划能力，可以为货车提供全国同城或跨城专属算路，有效规避道路物理限制和城市政策限制。与此同时，百度地图独有的经验路线导航能力，以及未来 7 天路线预测、里程费用计算等服务，能够更好地保障货车安全、合规行车，有效预估出车成本。

2020 年 3 月，百度地图与中交兴路旗下"车旺大卡"APP（以下简称"车旺大卡"）达成合作，百度地图的全国实时路网数据和货车导航能力，结合中交兴路车联网超 600 万辆重卡数据，共同为全国 3000 万货车司机提供更加专业的导航。

相比客车，货车面临的限宽、限高、限重、限行等约束条件更多，司机因不清楚道路情况产生违章、油费增加甚至人车损伤等情况时有发生。百度地图可以为货车司机提供精准合理的货车路线规划和完善的货车导航能力，提供覆盖全国的专项货车物理限制（如限高、限宽、限重、限轴等）数据，并结合交通限制、货车收费和油费辅助合理计费。在实际驾驶过程中，能通过语音交互和风险预警提示，辅助货车司机有效规避各类安全隐患。

九、智慧路况播报

过去，广播电台主持人播报路况时，面临路况及事件信息采编成本高、信息实时性和及时性无法保障、信息描述模糊、路况准确性无法保障等痛点。百度地图另辟蹊径，准确地洞察到了这个"跨界"市场需求，创新推出了百度地图广电媒体路况播报解决方案，切入到广电媒体行业。

在百度地图给出的路况播报解决方案中，百度地图基于自身在路况大数据、AI 技术能力等方面的领先优势，推出的包含有 SaaS

级路况播报平台及 DaaS 级实时路况接口服务两种服务形式。

各地交通广播电台可以随时随地访问百度地图提供的 SaaS 级路况播报平台，无须进行自主采编，即可按照百度地图利用 AI 技术生成的实时路况播报文字稿，轻松进行路况播报。

2020 年，百度地图还全新探索了路况播报 DaaS 模式，助力打造更加智能化的广播播出系统和更高品质的音频内容制作服务。例如，百度地图与湖南广电 5G 智慧电台签署战略合作协议，宣布联合打造新一代"5G ＋ AI"智慧电台，利用行业领先的 AI 路况数据，为全国县域用户提供更加即时、精准、智能的路况信息广播服务，共同赋能全国县级融媒体中心智能化建设，筑建县域交通广播新生态。

在科技赋能的同时，百度地图还与广电合作伙伴在 2016 年成立了"百度地图路况播报联盟"，共同打造全国路况服务的数字生态。

过去几年，百度地图将位置服务能力与产业赋能结合起来，作为产业智能化的数字底座，将技术融合创新成果赋能各类政企业务场景，成为中国领先的智能化位置服务平台。

不仅如此，地图在城市建设和管理、企业发展、公众日常生活等方面都扮演着重要的角色。比如，基于 AI 时空大数据，百度地图能够为各行业提供人口挖掘、客群分析、出行研究、位置评估等人、地、物研究，为政府决策和商业运营提供重要参考。

在百度地图提供的迁徙大数据平台上，决策机构可以看到全国热门迁入迁出地、迁徙规模指数、城内出行强度等数据。在拥堵监测平台上，决策机构则可以看到全国主要城市拥堵排行、城市路网实时拥堵趋势、高速实时拥堵路段以及重点交通枢纽、景区、购物中心的客流及拥堵情况。

另外，百度地图的智能选址服务，还可以基于大数据分析帮助企业进行商业选址。对企业来说，这种方式不仅可以科学选址，还能够让自身的服务和城市、公众需求相配套，让企业经营得更好。

对普通用户而言，地图是必不可少的生活助手。导航、定位、打车等，地图可以说是无处不在。而随着地图的智能进化，它会越来越懂你，为你提供最贴心的服务。

第五节　地图的发展方向

20 世纪 90 年代以来，随着互联网的商业化，电子地图走入寻常百姓家。地图相关的技术，也处于快速迭代中。在这之前，人们驾车出行，需要先去购买纸质地图；到 PC 互联网时代，出行之前的必要的准备就是，打印出整个行程相关的地图；移动互联网时代，大多数人把手机架在车里，开着导航到处走，再也不需要记路了。

人们离不开地图，但地图却是最不被媒体关注的互联网基础应用。媒体会密集地报道和讨论社交网络、电子商务、移动支付、移动短视频、直播、游戏等，但对地图的关注则较少。究其原因，可能是地图没有明确的商业模式，不能直接为企业带来利润。

这也解释了为什么世界上主流的地图产品如谷歌地图、苹果地图、百度地图、高德地图等，都是大平台大公司里的一个部门，而不是独立公司。曾经的独立公司，如欧洲的 Here，后来被奔驰、宝马、奥迪联合收购。以色列的 Waze 后来被谷歌收购，因为只有大公司才能养得起地图这个"贵族"产品。

地图是最受用户喜爱和依赖的互联网产品之一。仅在中国，手机地图的用户就超过 7 亿人。虽然媒体报道有限，但几乎每一篇报道，都会有大量的用户发表评论。

电子地图的另一个分支是车载地图，然而其发展速度远远落后于手机地图。很多司机都是明明有车载地图，还是会打开手机地图来导航。车载地图不仅更新缓慢、输入复杂、信息不够丰富，而且没有与用户建立起足够的信任感，所以在中国、美国等地人们出行，常常更依赖手机地图。

不过也有例外。比如日本，它的汽车工业非常发达，而本土互联网产业相对落后，所以那里的司机还是依赖车载地图多一些。当然，这个状况正在改变。造车新势力的崛起，他们经营用户的理念，正在倒逼传统主机厂商加大对车载地图的投入，相信未来车载地图的体验会有大幅度的提升。

无论是手机地图还是车载地图，都是未来智能交通乃至城市管理的末梢神经，它时时刻刻都在帮助我们的城市管理者感知城市的脉搏，接受来自城市中枢的管理指令，协同其他交通工具，实现公平和效率的最大化。

现在的地图基本上是个人出行工具，导航提供的几种选择：用时最短、收费较少、里程最少等都是最大化个体收益，完全没有考虑同一时间其他车辆的配合。而当系统里每一辆车都采用这种最大化个体收益的时候，系统整体的收益就不是最大化的。当我们能够对驾驶行为进行干预时，中心化的数据分析和计算可以找到那个全局最优点，也就是整体交通效率的最优解。前面章节提到过的实时动态限速、预约出行等，都是被很多研究证明的有效的干预手段。

那么如何对驾驶行为进行干预呢？这是不是一个老鼠希望在猫的脖子上系铃铛一样的一厢情愿的问题呢？地图就是那个系在猫脖子上的铃铛。作为一个全民应用，当地图给出的出行规划是全局最优解时，我们就朝着问题的解决迈出了一大步。地图可以在时间和空间的维度，根据历史数据和实时数据，提供出行时间、路径、行驶的速度、车与车之间的距离等方面的建议，当有足够多的用户遵从这些建议时，系统的整体效率就得到了提升。

这就好像每一台车里都配备了一个交警一样，"他"可以实时指挥每一台车按照整体交通效率最高的方式来行驶。"他"可以告诉你："现在开30迈，下一个红绿灯就可以不停了"，或者"跟前车保持10米的距离，你会更快到达目的地"，又或者"现在从最左车道换到次左车道，那样车速可以更快"。

地图作为智能交通的末梢神经，可以在交通领域的每一个环节发挥作用。今天，很多拥堵是由交通事故导致的，如果交通事故不可避免的话，更快速地处理交通事故就是减少拥堵、提升效率的关键所在。当我们的路侧传感器能够多角度地拍摄事故发生的过程，当计算机视觉可以通过人工智能算法自动判定事故的责任分配，我们就可以通过地图 APP 通知相关责任方，不必叫警察来，不必相互争论如何分配责任，轻微事故甚至不必停车，大多数事故都会被自动处理。

至于预约，其实每天几千万次的地图导航请求就是已经在发生的预约行为——用户何时出发，多长时间后会到达哪个路段，那个路段届时会有多大的流量，都是可以预期的。我们可以根据这些可预期的行为，为用户规划出行，最终实现一路畅通。

当然，要想达到更理想的全局最优解，只依赖地图的努力仍然不够，还需要更多环节的优化。现实世界的用户出行在时间、空间上往往表现出较强的集中性和潮汐性等特征，地图作为智能交通的末梢神经，可以通过上述多种方式参与交通领域各个环节，来支撑整体交通效率优化。在这些"软性"优化之外，若相关部门、机构、企业等一起，通过道路条件的改善、通勤时间的错峰，以及智能交通的实施等"硬性"优化，相信未来的出行会更美好。

本章重点谈到了地图在满足用户对真实、准确、时效和交互需求上的创新，这些创新与我们的日常生活息息相关。

一是基于人工智能的 POI 高精知识图谱，刻画真实世界。POI 高精知识图谱把每一个地理位置都作为一个实体，标注出其名称、坐标、营业时间、用户评价等，形成数字化的 POI 数据，再根据算法匹配，最终给用户呈现出全面详尽的地图结果。

二是智能定位，满足用户对"极致精准导航"的需求。智能定位可以解决在高架桥、立交桥、隧道等场景下，因定位信号弱导致偏航等问题。它基于"AI 惯导＋基础定位能力"来准确识别用户驾车状态，为导航算法提供稳定可靠的位置服务。

三是在路线时长预测方面，百度地图开发了一套更智能的"通行时间智能预估"（ETA）系统。不但可以预测实时出行的时间，还可以预估未来某个时间出行到达目的地的时间。ETA 是一套进化迭代的算法，最终能做到时长预估"非常准",让用户出行和抵达"刚刚好"。

四是智能交互。智能语音交互,通过语音唤醒、语音指令甚至一句话即可轻松实现与地图APP的交互,并获得相应的地图服务。这种交互方式不仅能够大幅提升效率,还能提升驾车安全性。

具体到本书关注的智能交通及智能出行领域,在自动驾驶、交通管理、停车、物流、网约车、车联网、外卖等生活服务诸多领域,地图也发挥着越来越重要的作用,堪称智能交通发展的基石。

第十章
MaaS 出行即服务

到 2030 年，来自传统汽车销售的利润将减少 40 亿欧元，
而来自 MaaS 的利润将达到 2200 亿欧元。
——2018 年埃森哲研究报告：《出行即服务——面向未来
汽车行业新生态体系》

▶▶▶ 扫码听音频

第一节　MaaS：全球交通领域关注热点

很多坐过深夜到达的高铁或者飞机的人，都有过深切的体会：由于地铁和绝大部分公交车都已经停运，回家或者到酒店的这一段行程变得费时费力。

政府部门听到了群众的呼声，但是要解决问题却不容易：地铁公司有运维诉求，为了确保早晨五点之前出车，地铁必须准时回库完成每天的常规检修或检测；公交公司也有难处，乘客分散在全城，如果路线设置不合理，势必造成公交车空跑；而网约车、共享单车等都只能解决一小部分需求，可谓杯水车薪。

这个场景只是城市交通出行困局的一个缩影。如我们在前面章节讨论过的，出行高峰期拥堵问题，私家车爆炸式增长带来的尾气排放问题、噪音污染问题，出行者"最后一公里"痛点问题等，都让城市交通这个超级复杂的系统，急需全新的解决方案——因此，出行即服务（Mobility as a Service，MaaS）理念一提出，就成为全球交通领域关注的热点。

MaaS 是一个非常具有颠覆性和想象力的模式。首先是以人为本的出行理念，这是一种思维的彻底转变，从供给侧思维转变为需求侧思维，从关注交通工具本身到关注人，以人的出行需求、出行体验为核心。其次是一站式服务，让各交通工具之间从完全割裂走向一体化联运，这个理念践行起来很难，但是具有非凡的创想性。MaaS 以可持续发展为目标，通过提供更方便、更快捷、更经济的服务，让更多人从私家车转向公共交通，让出行更低碳、更绿色。

除此之外，MaaS 打破了过去交通运营、管理、服务模式的禁锢，力争消除交通运输系统中不同模式、不同运营商、不同平台之间的壁垒和竞争，树立"大出行"交通理念，促进不同模式、不同利益方的融合发展，改变了整个交通行业的运营逻辑。MaaS 最终将服务于更美好的出行和更可持续的城市发展。

MaaS 概念最早由芬兰在 2014 年欧洲 ITS 大会上提出。近年来，MaaS 模式变得更加火热。传统的公共交通运营商、汽车代工厂商、科技互联网公司都开始大举进入。目前全球大大小小的 MaaS 平台已超过 100 个，较为典型的 MaaS 平台包括 Whim、Moovel、UbiGo 等。

很多人用"横空出世"来形容 MaaS 模式的兴起。但客观来看，MaaS 模式是技术和产业发展到一定阶段的结果，是"水到渠成"式的必然。MaaS 倡导的一站式服务理念，在移动互联网的发展过程中已经是"常识"；而共享单车、顺风车、爱彼迎（Airbnb）、共享充电宝等的兴起，让共享理念蔚然成风；智能手机的普及，移动 APP 流畅的闭环体验，让一个移动应用获取全部服务有了实现的基础；移动支付则为 MaaS 跨平台支付提供了坚实的支撑。

近年来，中国政府也在鼓励并倡导 MaaS 模式。2019 年 7 月，交通运输部发布《数字交通发展规划纲要》，其中明确提出，"倡导'出行即服务（MaaS）'理念，以数据衔接出行需求与服务资源，使出行成为一种按需获取的即时服务，让出行更简单"。2019 年 9 月，中共中央、国务院印发的《交通强国建设纲要》提出，要"大力发展共享交通，打造基于移动智能终端技术的服务系统，实现出行即服务"。2019 年 12 月，交通运输部发布的《推进综合交通运输大数据发展行动纲要（2020—2025 年)》提出："鼓励各类市场主体培育'出行即服务（MaaS)'新模式，以数据衔接出行需求与服务资源。"

北京市、广州市、上海市等地都已经在开展 MaaS 模式的探索和实践。2021 年 9 月 8 日，北京市交通委员会、北京市生态环境局联合百度地图，共同发起"MaaS 出行　绿动全城"主题行动，推出了绿色出行碳普惠激励措施，用户通过绿色出行积累的碳减排量，可以获得相应的激励，由此来鼓励用户积极参与绿色出行，促进北京交通效率提升和环境改善。

百度也在致力于 MaaS 模式的探索。2021 年 2 月，百度 Apollo 与广州市联合打造的自动驾驶 MaaS 平台上线，通过百度 AI 算法以及智能调度引擎，可以实现对自动驾驶巴士（Robobus)、自动驾驶小巴（Minibus)、自动驾驶出租车（Robotaxi）各类车型的融合调度。不仅如此，广州市 MaaS 平台还接入公交车、共享单车等其他第三方运力资源，打造了一个基于自动驾驶的 MaaS 一站式出行平台。

MaaS 描绘了一个激动人心的未来出行美好图景。但在此之前，我们需要面对很多挑战，解决很多难题。

第二节　MaaS 的定义及特征

一、定义

从全球范围看，MaaS 的核心理念基本一致，但各研究机构、组织对 MaaS 的定义却不尽相同。

1. 国际 MaaS 联盟的定义

MaaS 是将各种形式的交通服务整合到一个移动应用，用户可按需访问。MaaS 运营商提供多种交通选择，包括公共交通、共享单车、出租车、汽车租赁等。对于用户而言，通过使用单个应用程序，就可以获得一站式出行服务，并使用单个支付渠道完成支付。MaaS 的目标是为用户提供最佳的价值主张，为私家车提供一种更方便、更可持续甚至更便宜的替代方案。

2. MaaS Global 的定义

MaaS 将各种交通方式整合到一个直观的移动应用中，为用户提供从出行规划到支付的一切服务。无论用户喜欢按需购买服务，还是订购经济实惠的月费、套餐，MaaS 都能以最智能的方式管理用户的出行需求。

3. Whim 的定义

MaaS 结合了多样化的交通方式，使出行比以往任何时候都更容易。MaaS 概念的核心是让你日常的出行可以用一个平台的服务来满足，它负责从出行计划、路线规划到购票和支付的所有事务。

二、特征

根据对 MaaS 的研究和实践，可以总结出 MaaS 的几大特征：

1. 一站式服务

这是 MaaS 模式最核心的理念。MaaS 运营商通过整合公共交通（地铁、公交车、出租车等），以及共享单车、共享汽车、网约车等私营交通，为用户提供"门到门"的出行服务。用户使用一个移动应用，即可获得多个交通方式组合的出行方案；通过一个账号，实现一站式购票和一站式支付。用户不必在多个应用程序之间切换，不必多次购买车票及多次支付，让行程更顺畅、出行更简单、体验更舒适。

2. 以人为本

将用户体验放在首位，以需求为导向，以用户为核心，这是MaaS"以人为本"理念的体现。MaaS 运营商，将以用户需求为核心驱动，整合各种交通出行服务，甚至可以促使各出行服务供应商改变运营方式，调整运营策略，最终为用户提供个性化优质服务。

比如，基于这样的理念，MaaS 运营商有可能推动政府和交通管理、运营部门，优化停车场、公交站的建设，公交、地铁线网的设置，时间间隔的设置，共享单车的投放地点和数量调配等，以动态满足用户出行的需求。

3. 公共交通为先

公共交通是 MaaS 模式的基础。近年来我国大城市优先发展以地铁和公交车为主的公共交通，出行服务水平得到较大提升。但公共交通尤其是公交系统面临着私家车的挤压，交通分担率处于下降趋势——由于公交车发车频次不足、准点率低，导致等车时间过长、换乘接驳不便、出行体验差等问题，很多用户转向购买私家车。而私家车的暴增，进一步加剧了城市的拥堵。

MaaS 的关键目标，就是通过"公共交通为先"、一站式服务的策略，降低私家车的拥有量和使用量，从而实现城市和环境的可持续发展。比如，在赫尔辛基引入 Whim 这一 MaaS 平台后，城市的私家车使用比例从 40% 下降到 20%，公共交通使用比例从 48%

上升到 74%。[1]

4.共享化为基础

MaaS 倡导"共享化"理念，认为交通是一种服务，而不是对车辆的拥有。据统计，全球的私家车每天平均行驶时长不到两个小时，其中超过 22 小时是停驶状态。寸土寸金的城市，却不得不为超过 90%时间闲置的汽车建造大量的停车场。可见，拥有一辆汽车，不但效率低下、不经济，而且还占用了道路、停车场等城市公共空间。因此，MaaS 提倡汽车"共享代替购买"。

5.可持续发展

MaaS 平台通过一站式服务、月费、套餐等更经济的方式，鼓励民众更多使用公共交通方式出行，减少私家车的使用，进而缓解交通拥堵，同时降低温室气体排放。美国智库 RethinkX 于 2017年 5 月发布的一份报告预测，无人驾驶汽车共享模式大规模普及之后，将完全取代现有的私人小汽车。TaaS（Transport-as-a-Service）模式将减少 80%的交通能源需求、90%的尾气排放量，加上能源结构中太阳能和风能提升，预计至 2030 年道路交通运输可能实现零排放。[2]

6.更好的经济性

对于 MaaS 运营商，基于对端到端出行服务的整合，尤其是一站式购票、一站式支付，可以提升经济效益；出行服务提供商则可以基于用户出行数据，优化现有路线，调整运营时间，提高资产运

---

① 埃森哲：《迎接下一代智慧出行方式的挑战：如何打造出行即服务（MaaS）业务》，2020 年。

② RethinkX，*Rethinking Transportation 2020–2030*，2017，https://static1.squarespace. com/static/585c3439be65942f022bbf9b/t/59f279b3652deaab9520fba6/1509063126843/ RethinkX+Report_102517.pdf.

营效率，也可以与 MaaS 运营商共享收益。另外，基于对用户数据的挖掘、用户需求的洞察，可以创造新的商业模式，比如提供更有吸引力的套餐、月费、订阅服务，创造更大的经济效益。

第三节　MaaS 运营的主导方与等级划分

自 2015 年世界上第一家 MaaS 平台诞生以来，MaaS 的概念在全球范围内迅速普及，新的 MaaS 平台也不断涌现。2019 年，全球已有超过 100 家 MaaS 平台，已发展至欧洲、美国、中国、日本、新加坡等地。MaaS 平台，有市场主导模式，也有政府托管模式。总体来看，MaaS 运营有以下几个重要的主导方。

一、MaaS 运营主导方

1.政府、城市管理者

由于 MaaS 能提高交通安全水平，降低私家车的使用从而减少拥堵，提高交通基础设施的运行效率，增强交通治理和城市管理的水平，同时改善市民的出行体验，一些城市管理者开始大力推动 MaaS 实践。

交通出行涉及城市生活的方方面面，是公众最关切、最直观的体验。MaaS 的多样性、多元化和可靠性，需要依靠市场"看不见的手"引导生长，也需要政府"看得见的手"强力推动，包括制定政策框架，打破各出行服务提供商、运营主体之间的壁垒，颁布财政政策扶持产业发展，鼓励企业投资，激发企业创新，等等。

政府在 MaaS 的建设中担任着类似"指挥"的角色，它将确保
MaaS 的生态系统能够和谐运作，实现无缝对接。事实上，只有政
府能够将所有利益相关群体召集在一起，结合运营方的效率和质量
进行总体调控，最终打通所有交通要素的闭环，为用户提供一站式
服务。

2. 公共交通运营商

公共交通的参与方包括轨道交通（地铁、轻轨）、公交车、出
租车等。城市交通中，如果按照运力大小来划分，小运力包括网约
车、共享单车等，中运力主要是公交车，大运力主要是地铁轻轨等
轨道交通。相比小运力与大运力，中运力的公交车有较强的优势，
这些优势包括更灵活的调整线路，更容易与大运力进行服务整合，
提供中短距离的交通微循环。

在中国，公交运营商可能成为 MaaS 运营主力。首先，公交集
团拥有足够多的场站，包括停靠站点、公交车辆集结点等，这是
一个大型公共运力所必需的要素；其次，由于面临着来自地铁、网
约车的冲击，以及共享单车的分流，公交公司必须作出变革应对
挑战，才能达成交通分担率提升的目标；最后，公交车可以利用
MaaS 实现智能化调度，实现大车、小车的运力匹配，减少无效浪
费。比如，基于大数据算法，可以让乘客在每一个站点的等待时间
缩短，接驳时间更少，从而大幅提升用户体验。

3. 汽车代工厂商

未来 MaaS 的主力运营商，汽车代工厂商也是关键势力。近几
年，无论是德国、美国还是日本的知名车企，都开始意识到 MaaS
是未来发展方向，希望从单纯的汽车制造和销售商向交通出行服

图 10-1　德国 MaaS 平台 Reach Now 提供
一站式出行服务

资料来源：Reach Now 苹果应用商店。

务商转型，商业模式将从产权交易转变为使用权交易，即整车销售不再是一锤子买卖，而是类似"手机流量套餐"一样，对用户的出行服务进行按需收费。

Moovel 就是宝马集团和戴姆勒公司合资打造的 MaaS 服务平台，2019 年 6 月更名为 Reach Now Group GmbH，苹果应用商店里的应用程序也改名为 Reach Now，Reach Now 的目标是成为领先的 MaaS 平台（见图 10-1）。在这个应用程序中，用户可以预订公共汽车和火车、共享汽车、共享单车以及电动滑板车。据 Reach Now 官方介绍，截至 2019 年已经在 22 个城市拥有 750 万用户。仅 2019 年上半年，Moovel 应用程序（Reach Now 的前身）就处理了 1640 万笔交易。

2017 年，丰田汽车直接投资了 MaaS Global，并于 2018 年与软银联手组建了移动出行服务公司 Monet，并发布了 E-Palette 平台。

4.科技互联网公司

一方面，科技互联网公司有强大的互联网基础，包括上亿级的用户、统一的账号体系、丰富的互联网产品运营经验；另一方面，科技互联网公司有很强的技术优势，强大的数据分析和挖掘能力，以及驾驭超大、超复杂的技术平台的能力。除此之外，大型互联网公司往往都有丰富的出行场景，已经初步具备整合出行规划的能力，他们更有动力做 MaaS 运营，通过将多种出行场景连接起来，成为一站式出行服务商。

在 MaaS 模式运营中，公共交通运营商、汽车代工厂商、科技互联网公司等参与方，都有自己的出发点和基础。目前来看，都还只是一个个小的 MaaS 平台，只能实现一小部分的连接，因此也只能实现有限的效率提升。但我们应该鼓励这类小 MaaS 平台快速成长——通过多个小 MaaS 平台的连接，将各种优质、绿色的出行方式进行整合，从而形成一站式出行的大 MaaS 平台，为城市居民提供一站式出行服务。

二、MaaS 的等级划分

MaaS 是一个道阻且长的美好愿景，其发展也分为不同的等级。目前对 MaaS 等级的划分，业界也是众说纷纭。查尔姆斯理工大学根据 MaaS 集成度的差异，将 MaaS 等级分为 5 级。

0 级：没有集成。单一功能的出行服务平台，在某个出行服务方面较为完善，但是没有整合。

1 级：信息集成。多种出行服务方式的信息集成，可以提供多种模式的出行规划，以及价格参考。目前百度地图的"智行"就已经提供这个级别的服务。

2 级：支付集成。在提供出行规划服务的基础上增加公交车、地铁或者其他公共出行方式的票务功能，包括预定和支付等。

3 级：全方式集成。提供的服务是捆绑式的（包含多次出行、多种模式出行等），也可能基于套餐订阅，此等级的 MaaS 提供商需要与出行服务供应商利益统一，互利互惠。

4 级：社会目标集成。这一等级的附加值是有效降低私人小汽车的拥有和使用。在 MaaS 服务中整合环保激励措施，并对措施的可持续性发展负责。

从图 10-2 可以看到，不同的集成度，参与方不同。目前业界公认的最领先的 Whim、UbiGo，也基本处于 3 级集成。

图 10-2　MaaS 等级分类

注：本图为查尔姆斯理工大学研究院 Jana Sochor 根据集成度的差异对 MaaS 进行的等级分类。

第四节　MaaS：一站式出行服务

今天在北上广这样的超级城市，如果不是自驾车和打车，从 A 点到 B 点通常需要两三种交通方式的组合。而且行程之间非常割裂，地铁、公交车、私家车、出租车、共享单车等出行服务提供方之间，相互隔绝甚至壁垒森严。

不同的出行服务有不同的运营商，预订平台、支付方式，完全缺乏集成性，整个出行链是断裂的，其协同效应难以显现。拿共享单车举例，用户需要下载不同的 APP，使用不同的账号、不同的移动支付才能获得服务。这是"跑马圈地"式竞争思维使然，也是缺乏用户思维的表现。

但在 MaaS 模式下，以服务用户为导向，将打破传统交通系统孤立的状态，集公交车、地铁、共享汽车、共享单车等于一体，是一种多元融合的交通系统，而且基于动态数据或信息更新方案，可以实现最优出行方案的动态推荐，并完成支付体系的一体化。

当前，像百度地图这样的智能出行平台，已经可以根据用户需求和偏好，提供包括步行、共享单车、地铁、出租车、公交等一次出行多种方式组合的路径规划，且已经实现了出租车一键打车、免密支付的闭环服务。但这离最理想的大 MaaS 理念——构建一站式出行平台和一体化服务闭环，还有不小的距离。

一、MaaS 提倡一站式出行服务的原因

首先是解决"最后一公里"的出行痛点。目前，各种公共交通方式大多以"能够到达"来设计，而不是解决用户"最后一公里"痛点。出行者对各种交通方式接驳的便捷度，以及中间的换乘环节感到不满。这是城市交通管理者非常关注，也期待解决的问题。MaaS 运营商基于各种交通方式的整合，一站式支付的实现，让出行者通过公共交通、出租车、共享单车、网约车等的无缝链接，更好地解决"最后一公里"出行难题。

其次是通过提供更好的公共交通体验，减少私家车的使用。当

前公共交通因基础设施与运营方式，不能与城市中的其他交通方式很好地接驳，交通系统的优化跟不上城市的发展，公共交通出行在时间保证和良好体验方面的缺乏，使得传统公共交通逐渐缺乏吸引力，私家车出行比例居高不下。

但我们前面提到的，私家车有超过 90% 的时间闲置在停车场，对于个人来讲是不经济的，对于城市环境而言也是不利的——车辆停放占用了宝贵的都市空间，在出行时也因占用道路资源导致交通拥堵，大量的尾气排放污染环境。

MaaS 一站式出行服务的理念，即通过将各种交通方式的出行服务进行整合，为用户提供一套个性化的多式联运服务（包括共享汽车、公共交通、网约车、共享单车等），满足用户出行需求。同时，通过更高效便捷的出行服务，把公众从私家车出行拉回到公共交通系统，减少拥堵，更有利于城市的可持续发展。

二、MaaS 的全球实践

据 CNN Business 报道，Whim 是最早的 MaaS 服务提供商之一（2016 年推出），是 MaaS 核心理念的积极践行者。通过 Whim 一个应用程序，用户可以很便捷地使用出租车、公共汽车、自行车、电动滑板车等服务。

2021 年 7 月 15 日，Whim 运营公司 MaaS Global 的首席执行官桑波·赫塔宁（Sampo Hietanen）在接受 CNN Business 采访时说："如果 Whim 可以说服用户把他们的车钥匙换成一个提供多种交通选择的应用程序，那么对环境的影响可能是巨大的。"

作为初创公司，Whim 已经获得英国石油公司（BP）、三菱

图 10-3　Whim 在赫尔辛基推出，欧洲和亚洲的十多个城市都可以使用

资料来源：CNN Business 报道，见 https：//edition.cnn.com/2021/07/15/business/whim-app-helsinki-spc-intl/index.html。

（MBFJF）和丰田金融服务公司等投资者超过 6000 万美元的投资。2021 年 6 月，Whim 宣布在瑞士落地运营，至此 Whim 已经在欧洲和亚洲的 10 多个城市（主要是欧洲的城市）开展运营，累计完成了 1800 万次出行服务（见图 10-3）。Whim 是全球范围内运营较好的 MaaS 平台，但由于新冠肺炎疫情的暴发，出行人数和收入减少，阻碍了其向其他城市的持续扩张。

"UbiGo 和 Fluidtime 让斯德哥尔摩和哥德堡的家庭远离私家车。"这是用户登录其官方网站看到的第一句话。2013 年 UbiGo 在哥德堡成功试点，2018 年 MaaS 技术服务提供商 Fluidtime 与 UbiGo 合作，在斯德哥尔摩正式推出商业 MaaS 应用（见图 10-4）。

UbiGo 是世界上第一个具有 3 级服务集成的 MaaS 应用程序。从其官网介绍看，它联合的出行服务供应商包括公共交通服务商：SL、

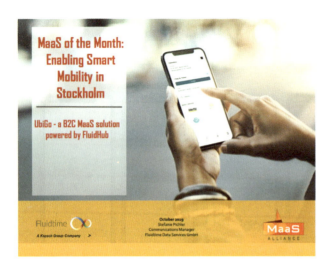

图 10-4　商业 MaaS 应用 UbiGo

资料来源：MaaS 联盟官方网站。

Västrafik，拼车服务商 Green Motion，租车服务商 Hertz，出租车公司 Cabonline，停车服务商 Parking Goteborg。

UbiGo 的实践证明，约 90% 的 MaaS 订单为公共交通工具，其余约 10% 为共享汽车或者租用车。UbiGo 一次性支付模式为：用户只需一次结清整个行程的费用，不必对各组成的交通方式分别支付。用户选择的"出行服务套餐"是按月支付的。如果用户在本月花光了所有的月租，那么超额的部分需要额外支付。它提供了一套绿色出行奖励系统，将用户使用绿色交通工具与使用私家车出行产生的 CO_2 排放量对比，标定用户的绿色积分，该积分可用于交换其他商家提供的商品和服务。

在亚洲地区，新加坡 MobilityX 公司推出了一个手机 APP——Zipster，被认为是亚洲具有标杆意义的 MaaS 平台。2019 年 9 月推出时，公司宣布了一系列雄心勃勃的扩张计划。Zipster 将多种交通方式包括地铁、公共汽车、私人租赁车辆、共享单车、共享汽车等整合在一起，为用户提供一站式的交通出行服务。但是，2021 年 9 月，新加坡媒体报道，因为"非常严峻的商业环境和监管环境"，MobilityX 的股东停止为其继续提供资金支持，Zipster 已经停止运营，该应用程序也已从苹果应用商店和谷歌的 Play 商店中下架。

当然，一站式出行服务，并非不同类型出行方式的简单叠加。真正的 MaaS 是一种全要素连接和资源匹配，将公共交通、静态交通、路网、信号系统通过数字化全部连接起来，实现资源使用效率的最大化，以及供给的最小保有量，这样才能减少无效的浪费。

MaaS 一站式出行服务的最终目标，就是替代单一交通工具方案，为用户提供一种低成本、方便快捷、绿色环保的出行打包服务。

对用户而言，出行链全程涉及的各种要素被 MaaS 平台集成在一体化服务当中，平台根据用户偏好匹配相应服务，行程中换乘衔接等候时间纳入路径规划。用户按照在 MaaS 平台上预约的时间和交通方式完成出行，按照全部行程完成一票制支付，并且在出行过程中可享受购物、娱乐、餐饮等附加增值服务。

对 MaaS 平台而言，在提供一站式出行服务的同时，也在向"业态更加丰富、产品更加多元"不断发展演变，平台可提供加油、充电、维修等汽车后市场服务及餐饮娱乐服务等。

对城市交通管理者而言，除了降低私家车使用率，提升城市交通安全、绿色、低碳发展水平外，更重要的是依托城市出行全链条数据，为车路协同应用场景提供信息预知，高效有序调配车辆运力、科学合理分配道路资源，从而提高全路网的使用效率和城市交通优化配置水平。

第五节　公共交通：MaaS 的核心

一、公共交通部门运行 MaaS 的优势

在高峰时期，私家车出行的人均道路资源占有率是公共汽车的 9 倍。这个数据一方面说明，交通拥堵的日益加剧与私家车的增加密切相关；另一方面也说明，城市居民的出行结构有极大的调整空间，需要更多转向公共交通出行。

公共交通是 MaaS 的核心——要想减少交通拥堵和路上行驶的小汽车，必须发挥公共交通优先的优势。另外，MaaS 倡导的以人为本的出行理念，与公共交通天然的公共利益性、普惠性更加契合。公共交通系统更有可能兼顾效率与公平，更有可能坚持社会效益优先而不是商业利益优先。

即使在自动驾驶和共享汽车普及之后，公共交通也仍然是 MaaS 的核心组成部分。无论未来自动驾驶的车道数量如何增加，自动驾驶车队如何井然有序，仍无法像轨道交通或快速公交（BRT）那样高效地运送大量乘客。因为，即便是自动驾驶共享汽车车队，也无法达到满载或接近满载的公交所能达到的乘客密度。

公共交通部门运行 MaaS 的优势包括：第一，公交网线覆盖好、站点设置灵活，具有很好的品牌效应，通过集成一些辅助出行方式，可以更好地解决"最后一公里"难题；第二，公交系统关涉国计民生，需要考虑运营的稳定性和可持续性，这方面公共交通运营商比商业公司更可靠，比如不容易有破产清算等风险；第三，公共交通部门有助于形成综合的交通体系，更有全局观，以地铁、大运

量公交为骨干，鼓励步行和自行车出行，更容易建设友好的城市交通系统；第四，MaaS 的核心是集成所有出行服务，作为公共交通运营商更有意愿和动力来担当龙头角色。

二、公共交通发展现状与趋势

我们以纽约和东京这两座城市的公共交通系统为例：纽约拥有北美地区最大的公共交通系统，公交车、地铁和通勤火车网络布局合理，相辅相成。东京则大力发展以轨道交通为主的公共交通系统，线路多，换乘方便，而且准时。据相关数据统计，当城市的公交分担率显著提高时，可以有效缓解交通拥堵。

近年来，城市公共交通发展出现了一些新的趋势，比如很多城市开始进行公共交通网络的重新优化，提升公共交通的客运量。有的城市也采用公交运行时空优先的方式，包括设置各类公交专用道及交叉路口公交信号优先，有效地提升了公交的运行效率。还有就是智能公共交通系统，比如移动支付的大规模采用、实时公交信息系统等，提高了公共交通乘客的满意度。

截至 2021 年 8 月，全国有 33 个城市被命名为"国家公交都市建设示范城市"。虽然有政策引导，但整个公共交通建设仍有提升空间，主要体现在三个层面：一是不确定性高，相比私家车出行相对确定的出行时间和路径，公交系统传递有效信息少，不能提前获取公交等候时间、到站和发车时间、站内运营时间、换乘时间等；二是舒适性体验差，早晚高峰人流拥堵、准点率低、乘车环境较差；三是连接性差，"门对门"运行速度低，换乘成本大、时间长，"最后一公里"没有衔接等。这些都表明我国的公共交通分担率仍有较大发展潜力。

　　实际上，从当前的各类城市规划中可以看到，众多城市都明确了公共交通系统在城市交通系统中的核心定位。例如纽约的 2050 规划（One NYC 2050：Effcient Mobility）中，2017 年的可持续出行方式（步行、自行车、公共交通）的比例为 68%，而到 2050 年希望达到 80%。新加坡的 2040 规划（Land Transport Master Plan 2040）中也提出，到 2040 年高峰出行量中的 90% 要由可持续出行方式完成。中国的《北京城市总体规划（2016 年—2035 年）》中也明确提出：到 2035 年城市绿色出行比例不低于 80%，到 2035 年自动车出行比例不低于 12.6%。[①]

　　随着 MaaS 一站式出行服务变得越来越普遍，公共交通与私营出行服务之间的边界也可能变得更加模糊。可以举一个直观的例子。今天，当我们习惯用一个移动支付工具的时候，其实背后的银行机构就已经在用户界面上消失，银行之间的差异也模糊化了，用户只需一键支付而不必关注到底是哪些银行提供了服务。

　　就中国而言，公共交通机构更有可能成为 MaaS 平台的主力运营商，甚至扩大公共交通的范畴，比如将共享汽车、共享单车、网约车等集成，纳入到公共交通服务范畴，为用户提供一体化服务。

第六节　MaaS 的交通多元化趋势

　　虽然公共交通是 MaaS 的核心，但是 MaaS 这种交通多元化的

---

① 李瑞敏编著：《出行即服务（MaaS）概论》，人民交通出版社 2020 年版。

趋势以及人们出行结构的变化，使得 MaaS 需要全方位发展，多元化融合。与此同时，在 MaaS 模式的推动下，未来汽车消费方式将发生巨大的变化。

一、自动驾驶与共享化

移动互联网催生了一些新的交通模式，如共享汽车、共享单车，在有的国家甚至有共享滑板车。

共享汽车出现的初衷，是通过增加汽车的供给和投放力度，让消费者提高使用共享汽车的频次而不再依赖私家车。但当前市面上的"共享汽车"，并不是真正意义上的共享，更多是一种半自助租车服务。它会导致两个问题：第一，停车场成本在市中心过高，满足高订单就要付出高成本，经济上不划算；第二，车辆管理压力过大，满足高效率就要有大量的人工在线下配合周转。

自动驾驶可以加速共享汽车的商业化。因为自动驾驶能解决当前共享汽车的两大痛点，满足共享汽车的自动泊车和自动调度需求。因此，"自动驾驶＋共享化"，将成为 MaaS 交通多元化一个主流趋势，会为 MaaS 模式注入强劲的发展动力。根据世界经济论坛预测，到 2030 年，42% 的自动驾驶汽车(约占全球车辆总数的 2%—8%）将实现共享；到 2040 年，53% 的自动驾驶汽车（占全球车辆总数的 7%—39%）将实现共享。

2017 年，RethinkX 发布了《2020—2030 交通运输业反思》，报告作出了一个非常大胆的预测：基于自动驾驶的共享汽车的快速普及，预计 2030 年，美国的客运车辆数量将从 2.47 亿辆大幅减少到 4400 万辆，美国私家车保有量将下降 80%。报告因此认为：

"2030 年是私家车的终结。"

百度的自动驾驶出租车（Robotaxi）就是这一类共享出行服务。2021 年 5 月，首批商业化共享无人车在北京首钢园向公众全面开放，开启常态化运营。6 月，百度推出了新一代共享无人车 Apollo Moon，目标是让出行比现在的网约车更便宜。百度计划到 2025 年将业务扩展到 65 个城市，到 2030 年扩展到 100 个城市。

二、汽车订阅和 OTA

MaaS 将改变汽车的消费方式，尤其是在高级别自动驾驶普及以后，汽车订阅和空中激活（Over The Air，OTA）将成为 MaaS 的主力消费模式。消费者只需要每个月支付汽车订阅费用，就能够获得包括汽车保险、日常保养与维修和路边援助等在内的全套汽车匹配服务。

为什么汽车订阅值得关注呢？汽车行业正在发生这三个变化：一是消费者的购车理念正在发生变化，未来的消费者不一定非要买车，他们可以通过订阅模式随时更换不同型号、不同款式的汽车，享受各品牌与各车型汽车的驾驶体验；二是销售方式正在发生变化，以前是卖车，现在是卖服务，这一点已经被新造车势力验证；三是使用方式正在发生变化，网约车、融资租赁以及汽车订阅出现后，消费者对于使用权的关注已经超过了所有权。

事实上，从政府层面也希望推动汽车消费由购买管理向使用管理转变、由所有权向使用权转变。2020 年 11 月，《中共中央关于制定国民经济和社会发展第十四个五年规划和二○三五年远景目标的建议》就明确提出，"推动汽车等消费品由购买管理向使用管理转变"。

如何理解"由购买管理向使用管理转变"？虽然业界对此有着不同的解读，但有一个共识是，今后涉及车辆使用的商业模式将出现较大转变。现行的"购买管理"其实强调的是车辆的所有权，而"使用管理"则泛指车辆的使用权。销售车辆使用权，既可以按里程也可以按时间收费。使用管理更多强调车辆后期使用过程中的运营范畴，不再是一味强调车辆的归属。比如电动汽车正在实行的车电分离（换电模式），就是一定程度上的使用管理。

未来，尤其是自动驾驶普及后，消费者可以通过购买汽车的使用时段，按月付费。当然，消费者还能以较低价格购买车辆，除了早晚高峰自用外，其他时间将这辆车交给共享汽车平台运营。也就是说，早晚高峰时段是属于消费者的私家车，平峰时段分享给运营商用于共享汽车。

汽车 OTA，也将在未来汽车的进化中扮演非常关键的角色。一个直观的例子是人们维护车的方式发生了改变。以前需要去 4S 店进行软件升级，而现在只要通过网络，汽车就能实现功能优化或者获得新的功能。因而也有这样一种说法：OTA 让汽车不断进化，常用常新。智能化改变的不仅是汽车的形态，更是在颠覆汽车原有的商业模式。越来越多的车企、科技公司将 OTA 提上日程，这也是如今"软件定义汽车"越来越流行的原因。

这也意味着，今后谁掌握了 OTA，就掌握了在车内消费的入口。如果消费者购买了 OTA 服务，那么将来汽车就可以在车内向乘客推送定制化内容，如电影、音乐或者是购物信息。这种模式在未来也会得到普及。随着自动驾驶技术的成熟，众多参与者的不断进场，汽车消费形式将会出现颠覆性的改变。

第七节　百度 MaaS 模式探索

2021 年 2 月，百度 Apollo 全球首个服务多元出行的 MaaS 平台亮相广州市。百度部署了自动驾驶出租车、自动驾驶公交、自动驾驶巡检车以及自动驾驶作业车 4 支车队，通过百度 AI 算法能力，智能调度引擎，可以对全局实时运营情况及供需信息进行分析，实现对自动驾驶巴士、自动驾驶小巴、自动驾驶出租车各类车型的融合调度。

不仅如此，广州市 MaaS 平台还接入公交、共享单车等其他第三方运力资源，打造出基于自动驾驶的 MaaS 一站式出行平台。通过这个平台，可以实现多种自动驾驶运力与传统运力的统一规划调度，帮助政府部门与运营企业统一出行用户的全生命周期管理、车队全生命周期管理、运营全链路的运营管理。

以阿波龙 II 为例，这款无人小巴 Robobus 可以与多种交通工具无缝衔接，包括自动驾驶车辆及传统公交，大大缩减了用户短途步行时长，为解决出行"最后一公里"难题带来了全新思路。阿波龙 II 还能够针对不同场合，提供公交模式、约车模式、景区路线游览等多种出行模式。

一、百度 MaaS 平台的价值

百度 MaaS 平台给出行用户、运营企业、政府部门等各参与方带来了不同的价值。

出行用户：用户通过手机百度小程序、百度地图等应用程序，就可以获得一站式出行服务，包括预约各类车型，并统一支付。

MaaS 平台可以根据用户在手机上预约或实时发送的出行需求，为用户匹配自动驾驶巴士、自动驾驶小巴、自动驾驶出租车、共享单车等出行方案。

运营企业：通过统一平台管理，全局规划调度，大大提升了运营效率。MaaS 平台通过智能调度引擎，提供对自动驾驶巴士、自动驾驶小巴、自动驾驶出租车、共享单车等各类车型的融合调度管理，通过需求预测、动态规划和实时决策，精准匹配用户需求所对应的出行方案，提升了用户出行体验与车队运营效率。

政府部门：MaaS 平台可以提升城市治理水平，运力统一监管，提升交通运行效率。通过自动驾驶运营可视化监控调度平台，全局展示全量车型和用户的状态，对实时问题进行识别预警，提升决策者的全局视角，便于提升车队调度与管理效率。

二、百度的 MaaS 理念及探索

落地广州市的 MaaS 平台，是百度 MaaS 理念的雏形。结合中国实际情况，未来的 MaaS 将是自动驾驶、共享汽车以及优质公共交通的完美结合，最终为用户提供一站式出行服务。

MaaS 现阶段还是基于车的动态调度和司机的配套调度，而自动驾驶的应用，将让 MaaS 不再考虑人类驾驶员的供给，只考虑交通工具的最佳组合。这会大大提升 MaaS 的效能。

另外，现阶段车路协同的指挥还是基于对不同方向车流的预判，进行信号系统最佳效率匹配。自动驾驶普及后，云端系统可以同时指挥自动驾驶的车辆和路口信号系统，由系统来智能决策各个方向车辆的运行速度，而不是像现在这样基于人类驾驶的预判，这将实现更智能、更精准的交通指挥，让交通效率最大化地提升。

因此，未来以自动驾驶、车路协同、共享化为主的 MaaS 模式，将真正解决城市交通运力不足、交通拥堵、停车位紧张等难点，促进出行方式导向公共交通出行，减少私家车和小汽车的使用，最终达成 MaaS 可持续发展的目标。

从百度的角度看，预计到 2030 年，自动驾驶将在国内公共交通领域实现一定程度的渗透。分阶段看，2024—2025 年，自动驾驶开始逐步进入城市道路；2027—2028 年，规模化的自动驾驶车队开始在城市运营；到 2030 年，自动驾驶车队比例开始提升，预计可达到 30%—40%。

面向未来，百度将致力于成为 MaaS 全栈式解决方案提供商。百度将运用大数据和人工智能算法，实现交通出行需求与运力供给精准匹配，实现跨交通方式出行查询、行程一键规划、共享无人车接驳、订单一键预订、无感支付、一单通行等功能。

以地铁和公交车为例，百度通过大数据、人工智能，分析地铁进出闸机人次的变化和规律，预测地铁口在不同时间段应该投放多少共享单车、调配几辆公交车，既能合理满足需求，也不会造成资源浪费。通过连接公交车，乘客不仅知道未来几分钟内会发出多少班次的公交车，还能知道下一班车可以坐几排几座。

基于这种能力与优势，我们能够将基本的交通要素如交通载体、交通运营商，以及交通支撑体系进行连接。通过百度出行大数据与公众出行特征图谱精准匹配，从而打造基于"供需精准匹配"的出行新模式，开启出行即服务新范式。

所谓"智能"，是能"足不出户便知天下大事"。它既懂"人"又懂"社会"，这才是我们想要的 MaaS 的能力。

第八节 MaaS 模式的难点

基于各方数据共享的交通集成、电子支付结算、不同出行业态融合、平台盈利方式以及利益分配机制等，这些都是 MaaS 模式的难点。MaaS 模式最终是一场泡沫、一次狂欢，还是一场暴风骤雨般的变革浪潮，取决于诸多问题能否解决。

一、如何实现整合

一站式、集成化的出行服务，这是 MaaS 模式最核心的理念。MaaS 运营商必须通过整合公共交通（地铁、公交车、出租车等），以及共享单车、共享汽车、网约车等私营交通，才能为用户提供"门到门"的出行服务。

然而，要整合这么多的出行方式，绝非易事。MaaS 运营商需要对接的出行服务商非常多，少则几十个，多则几百个。单单一个大城市的共享单车，往往就有 10 个以上的品牌，出租汽车公司也有一二十家，汽车共享也有 10 家以上规模化的平台，还有城市停车的运营商、长途客运运营商等。

MaaS 运营商与出行服务提供商之间存在着接口问题、数据共享问题、票务结算问题、支付问题、责任主体问题等。平台之间协作难，数据互通难，利益分配难，使一体化出行的联盟体不确定性较高，甚至可能导致消费者权益受损。比如，因为利益、协同等问题，某个出行服务提供商拒绝提供服务。这样的事情，在目前的在线机票酒店预订行业，并不少见。

根据初步探索，在 MaaS 发展过程中，智能交通运营商可扮演整合者的角色。尤其是由政府主管的智能交通运营商，可以担当主导者，协同公共交通，以及共享单车、网约车、共享汽车等出行服务提供商，平衡各主体的利益，维护良好的商业生态，为用户提供一体化的服务。

二、如何实现数据开放共享

目前，百度地图的"智行"服务，已经实现了包含地铁、公交、共享单车等多种出行方式的实时规划、推荐功能。比如，在行程规划中，你可以看到下一班公交车还有几分钟到站，甚至下一班地铁的拥挤程度。这些实时信息服务，就源于地铁、公交部门的数据向百度地图开放。

但是，MaaS 模式下的数据开放远不止于此。公共交通是 MaaS 的骨干，但也需要整合其他交通方式，因为公共交通最大的一个问题就是解决不了"门到门"的出行，出行的"最后一公里"必须由其他交通方式来解决，例如骑单车。如果出行者不会骑单车，还需要乘坐短程的小汽车（共享汽车、网约车）。那么，公交车、地铁、网约车、共享单车等各平台方如何开放共享数据，是一个需要较长周期磨合甚至博弈的过程。

没有数据的开放共享，MaaS 模式就没有实现的根基。实践证明，数据开放将大大加速 MaaS 的进程。2019 年 11 月，北京市交通委发布《北京市交通出行数据开放管理办法（试行）》，向社会开放共享四大类十四小类交通出行数据，包括公交线路信息、公交站点信息、公交到站预报信息、公交拥挤度；轨道线路信息、轨道站点信息、轨道站点拥挤度、轨道区间拥挤度；路侧停车位基础信息、综合交通枢纽停车场信息（大兴国际机场）、公租自行车可停放车辆信息、实时路况信息、公路事件信息。

最理想的数据共享是建立共享数据池，这个大的数据池包括交通动态数据，如实时公交、拥挤程度、刷卡数据等，数据方是公共交通运营方；交通静态数据，如线路、站点、专用道；地图厂商出行大数据，如客流、画像、出行路线等；消费大数据，如消费时间、地点、金额、品类等，这是移动支付方主要提供的。MaaS 各参与方，贡献数据，也共享数据。

三、意识和态度转变

MaaS 是一种全新的交通服务模式，更是一种全新的出行理念。这首先需要出行者态度的改变。在中国，私家车不只是一个交通工具，还是个人身份、实力、地位、品位的彰显。所以，要遵从 MaaS 所倡导的公共交通为先，减少私家车出行，需要大多数人观念的转变。像美国这样被称为"车轮上的国家"，一个家庭拥有一两辆车是大多数家庭的标配，要改变汽车消费观念，也是非常有挑战的事情。

MaaS 模式也需要政府意识的转变。政府一方面需要顶层思维，制定政策、营造良好的市场环境、鼓励开放数据、为 MaaS 发展提供资金支持等；另一方面需要采用用户思维，把用户的需求、用户的体验放在第一位。

MaaS 出行服务商的思维转变也至关重要。作为市场主体，出行服务提供商是 MaaS 模式的资源方，是"活水的源头"，它们之间需要信任和协作，放弃零和博弈思维，投入到开放的市场，开创新的商业模式，共同打造一个跨平台、跨体系的系统和生态，做大"蛋糕"，再分享"蛋糕"。

四、制度、法规制定

现有的公共交通以及新的出行服务，都有相应的制度法规做引导。但因为 MaaS 是一种新的交通组织方式，必然需要新的制度法规。包括如何鼓励新的模式并确定其合法性，构建有序发展环境，以及及时有效的安全、服务监管体系、消费者权益保障体系等。

五、技术支撑

目前看来，MaaS 模式是以运营为重。但是更前瞻地看，大数据、人工智能、区块链、自动驾驶等技术的发展和普及应用，将加速 MaaS 模式的发展。MaaS 模式下，对大数据进行深度挖掘，基于用户需求的洞察，进行用户画像，可以为出行者提供更个性化的服务。随着自动驾驶技术的逐渐成熟，应用场景扩展，"自动驾驶＋共享汽车"，将真正能实现减少私家车出行的 MaaS 可持续发展目标。

六、公平和效率

对于 MaaS 模式，业界有一种担忧——如果商业公司主导的 MaaS 平台，会不会过于追求商业利益，而忽视交通本身具有的公共性、普惠性？比如，在老年化趋势下，如何确保对数量巨大的老年人出行权益的保护？MaaS 运营商需要兼顾公平和效率。当然，从另一个角度说，随着出行结构中老年人的比例增大，一体化的、更加简单和便捷的出行服务，变得刻不容缓。

解决问题就是创新。MaaS 模式面临的难点，也意味着创新的机会。无论是 Strategy Analytics 这样的全球知名调研分析机构，还是 ARK 这样的全球知名投资公司，都一致看好 MaaS 模式的商业前景。

市场分析机构 Strategy Analytics 在一份调查中预测，乘客经济的规模将从 2035 年的 8000 亿美元激增到 2050 年的 7 万亿美元，其中 MaaS 预计催生价值约 3 万亿美元的收入，占"乘客经济"总

图 10-5　网约车与自动驾驶网约车综合成本对比

资料来源：ARK INVEST，Tesla Should Launch a Human Driven Ride-Hail Service to Accelerate Its Autonomous Strategy。

收入的 43%。MaaS 是"乘客经济"崛起的核心动力，而自动驾驶将会促进 MaaS 呈爆炸式增长。

根据美国 ARK 基金的测算，自动驾驶运营车辆的综合成本要远低于有人驾驶的运营车辆。这不仅会使越来越多的人选择不买车，而是使用 MaaS 服务，也会使打车的成本显著下降，汽车会成为人们除家和工作地之外的第三生活空间，人们可以更方便地享受到好的出行体验。因而 ARK 认为无人驾驶时代的到来，可以使打车的目标市场扩大 100 倍。

自动驾驶的发展将为 MaaS 提供更多的想象空间。在未来，MaaS 这种新兴交通方式将把智能汽车逐步演变为综合生活、出行的智能移动新空间，比如车内就是一个移动的办公室、一个商业活动中心，甚至是一个移动电影院、一个移动咖啡馆，让我们每个人的出行更美好。

对城市来说，MaaS 提供了解决交通堵塞、空气污染和停车问题的机会，由此带来的社会效益包括：提升交通管理运营水平、减少道路安全事故、大幅提升交通出行效率、降低城市碳排放、有效地释放城市发展潜能，进一步提升生产力，为经济增长创造新动能等。

正如本章讨论的，MaaS 倡导的一站式服务理念，打破了过去交通运营、管理、服务模式的禁锢，力争消除交通运输系统中不同模式、不同运营商、不同平台之间的壁垒和竞争，促进不同模式、不同利益方的融合发展。可以说，MaaS 是一个非常具有颠覆性和想象力的模式，改变

了整个交通行业的运营逻辑。

在 MaaS 发展过程中，智能交通运营商可扮演整合者的角色。尤其是由政府主管的智能交通运营商，可以担当主导者，协同公共交通，以及共享单车、网约车、共享汽车等出行服务提供商，平衡各主体的利益，维护良好的商业生态，为用户提供一体化的服务。

MaaS 出行即服务理念，倡导公共交通优先，减少私家车的使用，从而降低碳排放。智能交通与碳排放，也是本书重点关注的内容之一。下一章将介绍智能交通如何助力碳达峰和碳中和目标。

第十一章
智能交通与碳中和

2035 年，单位运输周转量能耗不断降低，二氧化碳排放强度比 2020 年显著下降，交通污染防治达到世界先进水平。

——中共中央、国务院：

《国家综合立体交通网规划纲要》

▶▶▶ 扫码听音频

多年以后大家回忆起 2021 年夏天，最深的印象可能是"暴雨特别多"。

根据中国气象局公布的数据，2021 年 8 月全国平均暴雨天数为 0.44 天，为 1961 年以来同期最多。河南郑州在 2021 年 7 月 17 日至 20 日这三天，降雨量达到了惊人的 617.1 毫米，接近于常年平均全年的降雨量。当地因暴雨造成的直接经济损失达到 1337.15 亿元。[①]

地球平均气温每提升 1℃，大气中就会多 7% 的水汽。而中国是全球气候变化的敏感区和影响显著区，升温速率明显高于同期全球平均水平。1951—2020 年，中国地表年平均气温呈显著上升趋势。

气温上升会产生多方面负面影响。世界气象组织秘书长塔拉斯说："温度上升意味着有更多的融冰、更高的海平面、更多的热浪及其他极端天气，并对粮食安全、健康、环境及可持续发展产生更大的影响。"

这一切的矛头都指向以二氧化碳为主的温室气体排放。当二氧

---

① 《专家从气候学角度分析认为郑州特大暴雨千年一遇》，新华网，见 http://www.ha.xinhuanet.com/news/2021-07/21/c_1127678298.htm；《本次洪涝灾害共造成河南 1481.4 万人受灾直接经济损失 1337.15 亿》，大河网，见 https://news.dahe.cn/2021/08-09/882234.html。

化碳等温室气体在大气层聚集，太阳短波辐射可以透过大气射入地面，地面增暖后放出的长波辐射又被温室气体吸收，从而产生大气变暖的效应。

工业革命以来的人类活动，特别是发达国家大量消费化石能源所产生的二氧化碳累积排放，导致大气中温室气体浓度显著增加，加剧了以变暖为主要特征的全球气候变化。为了阻止地球变暖，世界各国积极联手行动起来。2015 年 12 月，197 个国家缔结了《巴黎协定》，旨在 21 世纪将全球气温升幅限制在 2℃以内，并争取将气温升幅限制在 1.5℃以内。

联合国环境规划署发布的《2019 年排放差距报告》指出，要想将全球升温控制在 1.5℃范围内，必须在 2030 年前将碳排放量迅速降低，意味着全球需要在 2020—2030 年每年减少 7.6% 的碳排放量①，也就是在现有水平上至少提升 5 倍。而当下，即使最雄心勃勃的国家气候行动计划，其承诺的年度减排量也远低于这一指标。

全球范围内，工业、电力、农业和交通行业是碳排放"大户"，这四个领域加在一起，超过总排放量的 90%。以地域来划分的话，全球排放量前十名的国家占了世界总量的 67%。降低碳排放，加速碳中和，将首先从碳排放大国和重点行业入手。

城市作为人类的主要居住地，贡献了全球 70% 的温室气体排放量。在中国，随着城市化进程不断加快，以及跨区域合作交流需求的快速增长，交通行业将成为城市中温室气体排放增长最快的行业。在交通运输领域，如何在不影响经济运行的情况下，制定行之

---

① 联合国环境规划署：《2019 年排放差距报告》，见 https://www.unep.org/interactive/emissions-gap-report/2019/report_zh-hans.php。

有效的减排方案显得尤为重要。

可持续的交通，必须通过科学技术及工程领域的创新来实现。欧盟委员会首席科学顾问组副主席内博伊沙·纳基斯诺维奇认为，交通数字化和零排放能源的应用等减排方式，正在全球循环经济转型中承担重要角色。

大家应该可以很强烈地感受到，我们正在进入一个创新技术加速落地的新时代。技术带来的经济价值，相对容易衡量。技术所创造的社会价值，不容易计算。就是这些无法计算的东西，激励着我们不停地探索，用技术解决社会问题，践行用科技让复杂的世界更简单的使命。

在新一轮科技革命的浪潮下，如何用新技术推动新能源汽车和智慧城市、智能交通、信息通信产业融合发展？如何用技术提升交通运输融合创新能力？如何能真正推动智能交通和绿色交通的发展，让我们每个人的出行变得更安全、便捷、绿色？这是我们需要去积极探索和求解的问题。

第一节　中国"3060"双碳目标

气候变化问题已成为影响人类社会发展和全球政治经济格局的重大战略课题。因此，中国国家层面明确提出要大力发展绿色经济，积极发展低碳经济和循环经济，将应对气候变化纳入经济社会发展规划。

2020 年 9 月 22 日，习近平主席在第七十五届联合国大会一般性辩论上宣布："中国将提高国家自主贡献力度，采取更加有力的政策和措施，二氧化碳排放力争于 2030 年前达到峰值，努力争取 2060 年前实现碳中和。"① 随后"3060"双碳目标被纳入"十四五"规划。

中国"3060"碳达峰和碳中和目标，既雄心勃勃，又充满了挑战：首先，当前中国碳排放基数庞大，每年碳排放量约 102 亿吨。过往的产业结构、能源结构仍以高碳为主，化石能源消耗占比高达 85%。其次，换道时间短。中国提出的"3060"双碳目标，从碳达峰到碳中和的目标期限是 30 年，远低于大多数欧美发达国家 50—70 年的期限。另外，中国经济仍处于中高速增长阶段，经济增长与减碳之间必然存在矛盾。2020 年，中国二氧化碳排放量约 102 亿吨，中国 GDP 约 102 万亿元，相当于 1 万亿元 GDP 产生 1 亿吨二氧化碳。到 2030 年，中国碳排放预计达到约 110 亿吨，GDP 将达到约 160 万亿元，相当于单位 GDP 的二氧化碳排放量比 2020 年降低 1/3，这是非常重大的挑战。

不过，在"3060"双碳目标提出之前，中国已经在减碳方面作出了一系列的努力。2015 年 6 月，中国向联合国气候变化框架公约秘书处提交了《强化应对气候变化行动——中国国家自主贡献》，第一次从国家战略高度明确提出 2020 年以后的目标和行动计划。在 2020 年的全球气候雄心峰会上，中国再次宣布，到 2030 年，单位 GDP 二氧化碳排放量将比 2005 年下降 65% 以上，非化石能源占一次能源消费比重将达到 25% 左右，森林蓄积量将比 2005 年增加 60 亿立方米，风电、太阳能发电总装机容量将达到 12 亿千瓦以上。

---

① 《习近平在第七十五届联合国大会一般性辩论上发表重要讲话》，《人民日报》2020 年 9 月 23 日。

　　"3060"双碳目标的实现，对中国而言也意味着重大的历史机遇，有三方面的战略意义：一是优化能源结构，加速实现清洁能源对化石能源的替代。二是提升国民经济效益，推动产业结构变革。中国单位 GDP 能耗降低，GDP 质量提升，国民经济的质量、技术含量将大幅提升。三是引领世界能源革命。中国不仅在国内用清洁能源替代化石能源，同时将向全球输出清洁能源装备，包括从生产端到消费端再到全世界的能源互联互通、能源互联网的装备，有望引领全球新能源的发展。

第二节　交通运输业低碳化转型

　　2021 年 10 月 14 日，习近平主席在第二届联合国全球可持续交通大会开幕式上的主旨讲话中指出，"建立绿色低碳发展的经济体系，促进经济社会发展全面绿色转型，才是实现可持续发展的长久之策。要加快形成绿色低碳交通运输方式，加强绿色基础设施建设，推广新能源、智能化、数字化、轻量化交通装备，鼓励引导绿色出行，让交通更加环保、出行更加低碳"[1]。

　　我国交通运输行业是能源资源消费和温室气体排放的重点领域之一。根据世界资源研究所的报告，交通运输行业排放占全国二氧

---

[1]　习近平：《与世界相交　与时代相通　在可持续发展道路上阔步前行——在第二届联合国全球可持续交通大会开幕式上的主旨讲话》，中华人民共和国中央人民政府网，见 http://www.gov.cn/xinwen/2021-10/14/content_5642639.htm。

化碳总排放量的9%，位列第二大排放源。① 可预见的是，在未来一段时期内，由于乘用车的保有量和公路货运规模持续增长，在交通发展的技术水平和能源结构发生根本性转变之前，中国交通运输领域的碳排放总量还将快速增加。

如果对交通行业的碳排放继续拆解，会发现道路交通行业的减排压力巨大：道路交通约占中国交通碳排放总量的84.1%，剩下的水路运输、民航运输占中国交通碳排放总量约14.6%，铁路运输占比1.2%，其他运输约占0.1%。而在道路交通碳排放中，乘用车与重型货车是道路交通领域二氧化碳排放最大的两个来源，其中乘用车占44%，重型货车约占40%（见图11-1）。

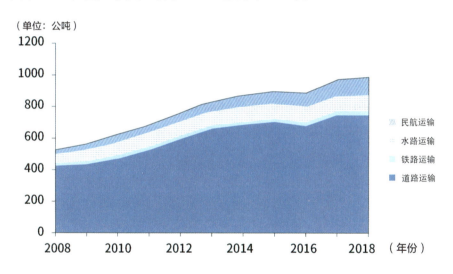

图 11-1 2008—2018 年交通部门的二氧化碳直接排放量

资料来源：袁志逸、李振宇等：《中国交通部门低碳排放措施和路径研究综述》，《气候变化研究进展》2021年第1期。

---

① 世界资源研究所：《中国道路交通2050年"净零"排放路径》，见 https://www.wri.org.cn/Toward_Net_Zero_Emissions_in_the_Road_Transport_Sector_in_China_CN。

在全球范围内，交通领域的节能减排都是低碳化转型浪潮中的"深水区"。从欧美发达国家的经验来看，在工业等领域排放显著下降之后，交通领域的碳排放还会继续保持增长。目前交通领域，也是美国的第一大碳排放源。

对中国而言，交通运输领域碳达峰、碳中和，是加速行业绿色低碳转型、推动交通运输高质量发展的重要抓手，是加快建设交通强国的重要内容。在很多国家发展大战略中，都提出了明确要求。

2019 年 9 月发布的《交通强国建设纲要》指出，优化交通能源结构，推进新能源、清洁能源应用，促进公路货运节能减排，推动城市公共交通工具和城市物流配送车辆全部实现电动化、新能源化和清洁化；开展绿色出行行动，倡导绿色低碳出行理念等。

2021 年 2 月发布的《国家综合立体交通网规划纲要》明确要求，推进交通基础设施数字化、网联化，提升交通运输智慧发展水平。加快推进绿色低碳发展，交通领域二氧化碳排放尽早达峰，降低污染物及温室气体排放强度，注重生态环境保护修复，促进交通与自然和谐发展。

交通运输部门是否能如期实现碳达峰和碳中和，与道路交通领域减排措施息息相关。近年来，交通运输部也制定和实施了一系列针对道路交通领域应对气候变化、减少温室气体排放的政策，涉及结构调整、运输效率提升、燃油经济性改善、车辆技术升级，以及新兴共享出行等方面。

第三节　智能交通助力国家双碳战略

习近平主席在第二届联合国全球可持续交通大会开幕式上的主旨讲话中指出，"要大力发展智慧交通和智慧物流，推动大数据、互联网、人工智能、区块链等新技术与交通行业深度融合，使人享其行、物畅其流"①。

发展智能交通，将助力国家双碳战略目标的达成。实现"碳达峰""碳中和"既是一场经济社会广泛而深刻的系统性变革，也是一场新技术的全球竞技赛。利用新技术推动新能源汽车和智慧城市、智能交通、清洁能源体系、信息通信产业融合发展，整体提升交通运输融合创新能力，大力发展智能交通和绿色交通，将加速交通运输业的碳减排进程，为国家双碳目标的达成作出积极贡献。

如本书前面章节中谈到，无论是智能信控、车路协同、智慧停车、智慧高速，还是智能汽车、自动驾驶、地图，抑或是 MaaS、智能交通运营商模式，都是智能交通助力国家双碳战略的积极探索和实践。

比如，车路协同可对道路不同方向车流进行预判，通过云端系统智能化动态调配所有通行车辆及路口信号系统，实现区域范围内各街道和交通路线的通行效率整体最优化，提升通行效率，降低碳排放。

自动驾驶规模化落地将催生共享出行新业态，大幅减少私家车

---

① 习近平：《与世界相交　与时代相通　在可持续发展道路上阔步前行——在第二届联合国全球可持续交通大会开幕式上的主旨讲话》，中华人民共和国中央人民政府网，见 http://www.gov.cn/xinwen/2021-10/14/content_5642639.htm。

的使用量，降低甚至消除拥堵，减少碳排放。自动驾驶最终会让人们的出行成本更低，多数人将会选择以共享服务的方式满足出行需求，届时新车的销量与汽车保有量都将有可能逐步降低。

另外，在自动驾驶规模化运营实现之后，MaaS 平台直接通过动态调整车辆，减少固定线路、固定用途对公共交通车辆运输能力的束缚，最终实现按乘客出行需求调度车辆，减少无效公共交通资源消耗，最大化地提升公共交通系统的服务能力，减少碳排放。

智慧停车，可以解决"最后一公里"的拥堵。尤其是自动泊车，可以让车辆自动寻找空闲车位，自动出车库候客，不仅可节省人们寻找停车位的时间，避免这一过程导致的交通拥堵，也可避免造成停车场资源的严重浪费。

综合起来，智能交通减排有三大实现路径：一是车的电动化和智能化，重点发展以智能网联为特征的新能源汽车应用。二是路的网联化，大力发展车路协同、智能信控、智慧高速、智慧停车等，减少拥堵、减少事故、减少无效出行和碳排放。三是行的共享化，创新交通出行新模式，推广基于 MaaS 新模式。

一、车的电动化和智能化

如前文所述，当前道路交通中，乘用车与货车两部分的二氧化碳排放量加起来，达到道路交通运输领域排放总量的 84% 以上。道路交通减排，首先要从汽车的电动化开始。

1. 车的电动化

在电动化方面，中国的新能源汽车产业起步是在 21 世纪初，2001 年，中国启动了"863 计划"电动汽车重大专项，涉及纯电动、混合动力和燃料电池汽车三类新能源汽车，并重点投入新动力总成控制、驱动电机和动力蓄电池的研发，建立了"三纵三横"的开发布局。

2009年1月，财政部、科技部制定了《节能与新能源汽车示范推广财政补助资金管理暂行办法》，明确中央财政重点对试点城市购置混合动力汽车、纯电动汽车和燃料电池汽车等节能与新能源汽车给予一次性定额补助。同年4月，我国政府宣布向购买纯电动汽车的消费者提供6万元补贴。

2015年，中国超越美国成为全球最大的新能源汽车消费市场。据中国汽车工业协会发布的数据，截至2021年上半年，中国的新能源汽车保有量达到603万辆，占国内汽车总保有量的2.06%，是全球新能源汽车总保有量的一半。

据测算，中国纯电动汽车单车平均从油井到车轮（含能源开采、运输、发电和电力传输）的二氧化碳排放总量，比燃油汽车低35%（中国汽车工程学会，2018）。据彭博新能源财经预测，未来5—7年锂离子电池系统价格将进一步降至100美元/千瓦时以下。[①] 2020—2025年，全球电动汽车价格将与燃油汽车价格达到"平价点"，电动汽车将成为传统燃油车的强有力替代。

2. 车的智能化

在智能化方面，电动化的驱动系统，为自动驾驶系统的精准控制打下了良好的基础。"自动驾驶＋新能源汽车"的体验通常要好于"自动驾驶＋燃油车"。近年的新能源汽车销量数据也表明，具

---

① Bloomberg, "Battery Pack Prices Cited Below $100/kWh for the First Time in 2020, While Market Average Sits at $137/kWh", https://about.bnef.com/blog/battery-pack-prices-cited-below-100-kwh-for-the-first-time-in-2020-while-market-average-sits-at-137-kwh/.

备自动驾驶功能的新能源汽车更受欢迎，甚至"自动驾驶系统应当是新能源汽车的标配"。

达到高级别自动驾驶能力的汽车，其安全性会远远超过人类司机驾驶的车辆。车辆事故减少，将大幅减少人们在道路事故中的经济损失，也将降低车辆在道路上的拥堵时长和能源消耗。人类司机存在急油急刹的驾驶行为，自动驾驶的汽车将比人类驾驶更加舒适，并进一步降低能耗。

自动驾驶的重型货车，将比小型乘用车具有更大的减排潜力。卡车可以通过海量驾驶数据学习驾驶策略，并结合高精度地图预判地形地势，提前优化驾驶行为。此外，自动驾驶车辆可以实现编队行驶，在高速公路行车中，利用多传感器融合与 V2V 技术保持安全的等距跟车，可以大幅降低后方车队的风阻，节约油耗，降低碳排放。还可以实现全天候的运输，既提高效率，又节约人力成本和不必要的能耗。

未来中国的交通网络，自动驾驶将连接起跨城干线、城市主干道以及毛细道路的物流运输，创建起便捷高效的机器人物流网络。而中国的高铁网络、地铁轨道交通、自动驾驶出租车和自动驾驶巴士将是承载人们移动出行需求的主力，交通出行将全面迈向低碳化。

二、路的网联化

交通碳减排主要来自新能源汽车对燃油车的替代，但路的网联化，在智能交通减碳中将扮演越来越重要的角色。

首先是可以降低道路基础设施能源消耗。一方面，通过构建智能化道路体系，实现设备复用，避免重复建设，节约政府财政支出，节省电力能源；另一方面，通过高等级智能道路实现多杆合一，即灯杆兼具照明、通信、V2X 服务等多重功能，从而进一步强化绿色集约的节能效果。

其次是提高道路交通运输效率。在国内道路交通领域的碳排放量中，相当一部分是由于交通拥堵、停车效率低、出行结构不合理等问题造成的额外排放。通过智能交通治理系统，优化交通运输结构，减少不合理的交通运输需求，提高车辆技术与效率水平，可以深度巩固碳减排的效果。

比如，智能信控领域，通过提高交通信号控制的智能化，引入互联网大数据、高精度传感器，来实现路口交通流的精准刻画，用 AI 算法完成交通信号灯的智能配时，将缓解拥堵，提升通行效率。在百度的实践中，仅仅通过交通信号系统的智能化，合理疏导交通流，就能够降低 20%—30%的拥堵。交通拥堵的减少，出行效率的提升，可以有效减少能源消耗，降低碳排放。

车路协同，尤其是通过智能道路的支撑，构建起节能环保体系，将助力交通行业实现碳达峰和碳中和。比如，通过高速公路传统基础设施（监控、通信、收费等）与车路协同新基础设施的融合发展、更新迭代，可以打造全天候通行、车道级服务、智慧管养、事件检测和收费稽核等创新应用，极大改善高速持续运营能力，让高速公路更高效、更低碳。

另外，通过建设高等级智能道路，加速实现高等级自动驾驶的规模商业化，也可以显著提高交通出行效率，减少温室气体排放，对中国实现碳达峰和碳中和具有极大的促进作用。

三、行的共享化

创新交通出行新模式，MaaS 也是交通碳减排的关键路径之一。如前文提到，MaaS 将充分利用高等级智能道路的全面感知能力、大数据汇聚处理能力、车路协同服务能力等，基于已有和新发展的交通方式，综合匹配乘客的出行时间、出行成本和对环境的影响，为乘客提供一站式出行服务，实现便捷换乘、便捷支付、共享出行。同时，MaaS 将减少私家车的使用，实现低碳化出行。

如前文所述，自动驾驶可以加速共享汽车的商业化。根据世界经济论坛预测，到 2030 年，42% 的自动驾驶汽车（约占全球车辆总数的 2%—8%）将实现共享；到 2040 年，53% 的自动驾驶汽车（占全球车辆总数的 7%—39%）将实现共享。在中国，基于自动驾驶的共享出行服务，必定会大幅降低私家车的使用量，减少碳排放。

自动驾驶的发展，将把人们的出行方式由需要停车位的私人车辆出行，转变为共享车辆的按需出行，高效利用城市道路和停车场空间资源，释放更多城市空间用于全新的城市社会功能场所规划，比如城市绿化、人行道和自行车道规划、公园休闲场所以及廉价住房建设等，让整个城市更节能、更高效、更宜居。

目前，AI 技术正帮助人类在能源等多个领域作出改变，在助力经济发展的同时，减少对环境的影响，为社会进步创造更大的价值。为此，百度也正在积极努力，利用人工智能等技术优势，助力各产业实现节能减排。

第四节 百度 2030 碳中和目标

2021 年 6 月 22 日，百度发布了国家双碳战略目标指引下的企业碳中和目标——将努力在 2030 年实现集团运营层面的碳中和。2030 年之后，百度还将与生态伙伴一道，进一步努力实现负碳排放，助力中国 2060 碳中和目标达成，助力全球实现温升不超过 1.5℃的气候目标。

百度将以 2020 年为基准年，在已有绿色实践的基础上，参照《温室气体核算体系》范围 1 和范围 2，通过数据中心、办公楼宇、碳抵消、智能交通、智能云、供应链六个方面，来达成 2030 年碳中和的目标。

一、建设绿色数据中心

对于自建数据中心，将通过数据中心技术创新、软硬结合持续迭代、人工智能融合应用等方式，在 2020 年平均 PUE 达 1.14 的基础上持续降低单位算力能耗。同时优化数据中心能源消费结构，自有新建数据中心将优先选择可再生能源丰富的地区建设，可再生能源使用比例逐年提升。对于租用数据中心，将通过技术输出或算力迁移的方式降低租用数据中心 PUE，减少总算力碳排放总量。

二、构建智慧办公楼宇

通过利用先进技术及管理方式，采用办公楼自然光照明、自然通风、遮阳等措施，提高楼宇能源使用效率，同时通过引进光伏发电技术等方式，增加办公楼宇可再生能源使用比例，实现绿色运营。

三、碳抵消

对于难以实现零碳排放的运营领域，通过采取相关减排措施进行碳抵消。

四、智能交通的全链条减碳技术赋能

通过百度车路协同、智慧高速、智能网联、智慧停车等落地场景解决方案，结合集度智能电动汽车量产、MaaS、自动驾驶无人车服务等方式，构建全链条减碳技术路径，助力降低全国道路交通碳排放量。

五、智能云的节能减碳技术赋能

通过百度智能云，支持客户、伙伴等产业利益相关方节能减排，共同推动零碳社会的实现。

六、绿色供应链伙伴机制

构建新型责任伙伴合作机制，推动供应链碳减排，构建智能经济绿色生态。

此前，百度在节能减排领域已经进行了不少尝试，并取得了一定的成果：2020 年，百度签约采购风电 4500 万度，较 2019 年增长 50%。4500 万度，相当于北京市人口一天的总用电量。百度在山西阳泉云计算中心的太阳能光伏发电项目，一年可以产生 12 万度电。百度大厦的中央空调新风系统，热回收效率达到 30%，一年可以节约 180 万度的用电；2020 年，百度还对办公大厦车库进行了照明的智能改造，保守估计每年可以节电 30 万度。通过绿电、节能以及推动无纸化等工作，百度每年为碳减排的贡献相当于超过 4 万吨二氧化碳排放。除此之外，2021 年，百度还通过向中国绿色电力证书资源认购平台采购绿电等方式，持续抵消自身产生的碳排放。

第五节　百度智能交通全链条减碳实践

智能交通全链条减碳技术赋能，是百度集团助力中国"3060"双碳目标实现的关键路径。百度通过推动人工智能、大数据等新一代信息技术与交通行业的深度融合，推广自动驾驶、车路协同等技术，为发展智能、平安、绿色、共享交通不断打磨产品、创新方案、探索落地，寻求智能交通体系全链条减碳的最优解。

这些探索和实践，包括：第一，通过自动驾驶技术，助推智能新能源车对传统燃油车的替代。第二，为交通运输业提供智能信控、车路协同、智慧交管、智慧停车、智慧高速等场景解决方案，通过提升整体交通效率，助力碳减排。第三，通过探索 MaaS、自动驾驶出租车服务等新模式，为全球交通出行的创新提供中国方案，为应对全球气候挑战提供新思路。

百度智能交通全链条减碳技术的核心支柱，就是"ACE 智能交通引擎"。它采用"1 + 3 + N"系统架构，即"车—路—云—图"等数字交通基础设施组成的一大数字底座，Apollo 自动驾驶、车路协同、MaaS 三大智能引擎，以及 N 大应用生态。ACE 智能交通引擎是国内第一个车路智行融合的智能交通综合解决方案，通过强大的智能引擎、精准的感知能力、多元的数据资源、丰富的业务应用等，为"智能、平安、绿色、共享交通"提供基础保障。

百度智能交通全链条减碳的技术和方案，已经在北京市、上海市、广州市、长沙市、保定市、重庆市、成都市、南京市等 20 多个城市落地，正在用创新的思维和方案，助力交通行业低碳化转型，助力国家"3060"双碳目标的达成。

一、发展智能网联汽车，实现直接减排

如前文所述，推广以智能网联为特征的新能源汽车，是智能交通减排的关键路径之一。百度的自动驾驶技术正在赋能各车企，造"聪明的车"（见图 11-2），助力智能新能源汽车替代传统的高能耗汽车，实现直接减排。

当前自动驾驶技术大多应用于电动车，客观上这将对"电动替代"起到巨大的助推作用。尤其是从碳达峰到实现碳中和的阶段，无人驾驶将成为燃油车退出的终极推手。当前，搭载自动驾驶技术的无人环卫车、无人配送车、智能巡检车、无人接驳车等已经开始小规模商业应用。自动驾驶公交车、自动驾驶出租车已经开始示范运营。随着技术及商业运营的逐渐成熟，智能网联汽车对传统燃油

车的替代，将加速推动交通领域双碳目标的达成。

除了开放赋能，百度还通过自建和投资方式生产智能电动汽车，实现直接减排。2021年，百度与吉利合资成立了智能电动车制造公司——集度，首款量产车型最迟在2024年上市。百度与狮桥合资成立的智能卡车科技公司——DeepWay，在2021年9月也发布了首款智能新能源重卡

图 11-2　百度 Apollo 造 "聪明的车"

星途1代概念车，预计将在2023年量产下线。

如前文所述，在道路交通碳排放中，乘用车与重型货车是道路交通领域二氧化碳排放最大的两个来源，其中乘用车占44%，重型货车约占40%。百度在乘用车和重型货车两大领域都进行了积极的布局，用自动驾驶技术赋能，造更 "聪明"、更低碳的车。

二、车路协同，提升交通效率，实现缓堵型减排

车路协同、智能信控、边缘计算和无线通信等技术的推广应用，不但可以加快完全无人驾驶安全、高效地上路运营，而且对当下交通效率的提升也大有裨益。因此，百度主张智能道路的规模化建设，实现交通基础设施的智能化。目前，百度在路端已经初步构建起智慧产品矩阵，包括 AI 相机、路侧单元、车载单元、激光雷达等，通过路口优化，减少延误、减少排队、减少停启次数等，提升道路通行量和通行效率，从而降低碳排放。

三、智能信控，优化信号灯配时，实现缓堵型减排

城市内驾车出行，"不怕慢，就怕站"。合理的信号灯配时，以及能够动态感知、自适应的信控系统，能有效降低通行时间，提升道路的整体通行效率。百度智能信控系统能够借助路侧设备对路口交通流变化进行感知，同时融入百度地图路况大数据，应用 AI 算法引擎，自动优化路口信号灯配时，使车辆平均行程时间下降25%。以广州市黄埔区为例，在黄埔区科学城、知识城项目范围内，自适应路口数量占比达 57%，日均优化次数达 3600 余次，路口车均延误下降约 20%，绿灯空放浪费下降约 21%。

四、智慧停车，打造闭环体验，解决"最后一公里"痛点

百度智慧停车方案，依托高位视频技术优势、自主泊车能力、百度地图数亿的用户基础，以及城市停车运营管理能力，打通道路

与停车场，缓解城市停车难问题。目前已经在湖南省的长沙市和株洲市、云南省的普洱市、上海市的徐汇区等地落地实践。

以长沙市为例，2019 年长沙全市机动车总量 260 万辆，其中城区有 160 万辆，而城区停车位约 133 万个，缺口 27 万个，供需矛盾突出，停车"一位难求"。在百度智慧停车技术的支持下，目前已经接入 1000 余个路外停车场和 5000 个路侧停车泊位，实现智能化管理，大大提升了停车效率。

2019 年，云南省普洱市政府与百度停车达成合作。"畅行普洱"APP 在 2020 年 1 月 2 日正式上线，为车主提供泊车诱导、快捷支付等一系列服务，有效缓解了群众停车难的问题。

五、智慧交管，缓堵保畅，减少碳排放

百度智慧交管方案，利用传统设备收集数据，结合智能设备实现对物理交通世界的数字复刻，让基础设施更加智能协同；并在数据引擎、AI 引擎和地图引擎三大引擎加持下，让行驶车辆具备与其他车端以及路侧设备互联的能力，为安全控管、缓堵保畅、出行服务等主要场景提供高效解决方案，大大提升智慧交管效率，有效缓解交通拥堵，从而减少不必要的交通碳排放。

在河北省保定市，百度打造了保定 AI 智慧交管大脑，在主城区建设了 176 个智能路口，实现对车辆的自动化、精准化、智慧化的管控及对信号灯的智能配时。目前市区高峰期拥堵指数已下降 4.6%，平均速度提升 11.6%，单个路口车流量通行效率提升 5.3% 以上；应用动态干线协调控制的四条主干道，车辆行程时间平均缩短 20%，车速平均提升约 6.5 公里 / 小时。

六、智慧高速，更安全、更便捷、更高效、更低碳

通过高速公路传统基础设施（监控、通信、收费等）与车路协同新基础设施的融合发展、更新迭代，重点打造全天候通行、车道级服务、智慧管养、事件检测和收费稽核等行业应用生态，极大改善高速持续运营能力，形成高速公路"建管养运"服务的闭环，以高效促低碳。

以京雄高速为例，京雄高速是雄安新区规划纲要确定的构建"四纵三横"区域高速公路网的重点项目，全长 100 多公里，是国内最重要的"智慧高速"示范路（见图 11-3）。百度依托"车—路—云—图"全栈技术，在京雄高速实现多个全国首次：包括首个自

图 11-3 京雄高速是国内"智慧高速"示范路

由流收费试点，实现精准收费；全国首条 L2—L4 级自动驾驶专用车道；全国首例基于数字孪生的一图多端高精地图数据服务；全国首例 AI 全线赋能监控调度；全国首创智慧高速广触达伴随式智慧发布。

经过初步测算，自由流收费可以让收费站拥堵减少 60% 以上，通行时间缩短 25%—35%，高速公路效率提升至少 30%，交通事故减少 10%—20%，交通环境污染减少 20%。

七、百度地图：低碳交通和出行服务的基础承载平台

百度地图对城市交通减碳的作用主要体现在以下方面：为机动车提供出行智能路线规划，降低单次通行拥堵，提升城市总体通行效率。为出行者提供自行车、步行等出行引导服务，提升零碳出行比例。推荐低碳智能组合出行方案，将步行、共享单车等方式与公交方式进行衔接，为出行者提供更多创新选择。为电动汽车寻找和匹配充电资源，提供路线规划等信息服务，解决电动车的后顾之忧，促进电动汽车对燃油车的替代。

八、MaaS（出行即服务）

通过一站式服务、月费、套餐等更经济的方式，鼓励民众更多使用公共交通方式出行，减少私家车的使用，进而缓解交通拥堵，同时降低温室气体排放。

以车路协同自动驾驶完全规模商业化作为愿景目标，预计到 2030 年，大中型城市和部分高速公路完成了高等级智能化道路建

设，L2 + 级及以上自动驾驶车辆在城市和高速公路智能道路可实现大规模商用，该阶段城市和高速公路中 C4 及以上高等级智能道路里程达到 5%，L2 + 级及以上新车年销量占比达到 50%。

2030 年，通过百度智能交通解决方案及汽车电动化布局，通过深耕主要拥堵城市，缓解其 30% 的城市拥堵；覆盖全国 1/3 的城市，减少其 80% 的停车时间；通过 MaaS 平台运营，减少城市运力 3% 能耗；组建 70 万台全电动自动驾驶车队，减少碳排放等，将助力交通行业碳排放较 2020 年下降 3%，助力国家实现"3060"双碳战略目标。

本章重点探讨智能交通如何助力碳中和目标。气候变化问题已成为影响人类社会发展和全球政治经济格局的重大战略课题。交通运输业在能源消费和温室气体排放中均处于显著地位，且呈现快速上升趋势。发展绿色、低碳交通将是中国实现"3060"双碳目标的重要战略板块。

智能交通助力交通减排有以下核心抓手：一是以新能源自动驾驶汽车替代传统高能耗汽车；二是通过智能交通减少城市拥堵、减少无序的出行需求；三是以私家车为主的高碳出行，向 MaaS 一站式出行服务等低碳方式转变。最后，我们倡导低碳生活方式，鼓励更多用户低碳化出行。

第十二章
人机混合时代

人机混合的时代即将到来，汽车机器人
将是最主流的机器人形态。

 扫码听音频

对未来的机器人，人们有很多不同的想象。其共同点是，都认为机器人是人工智能的终极形态。但不同的人对机器人的外观、功能甚至发展走向，则有着非常不同的预测。

学术界会为人形的机器人能够行走、保持平衡和避障而欢欣鼓舞。这方面传播最广的要数波士顿动力公司（Boston Dynamics）研制的机器人，网络报道多用"又创奇迹""实现 AI 算法巨大飞跃""帮助美国在 AI 领域保持其统治地位"来描述这家公司。

从步履蹒跚、勉强维持平衡到高难度的跑酷、跳舞，波士顿动力机器人的每一次公开亮相都赚足全球眼球。工程师"粗暴"地让机器人摔跤和碰撞，来帮助它学习和改进。但这看起来却像是对机器人的"虐待"，以至于出现了"波士顿动力机器人奋起反击"的恶搞视频，并在社交媒体广为传播。这说明人们对机器人的未来感到新奇和激动，也隐藏着些许的不安。

脑机接口是另一项前沿探索的技术，几乎每一次新进展都会引发轩然大波。2017 年，马斯克成立脑机接口公司 Neuralink。两年后，马斯克和他的 Neuralink 团队发布了首款产品，即"脑后插管"新技术，通过向大脑植入电极的方式来读取大脑信号，并宣布了他们进一步开发脑机接口的计划（见图 12-1）。

Neuralink 计划用全自动化的植入手术且精巧避开血管，将数

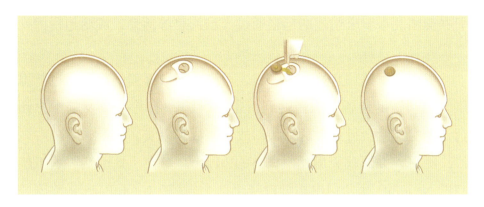

图 12-1　脑机接口示意图

千个电极及其精细的连线与脑神经元建立微观连接，并用定制芯片读取和处理大脑信号，终极愿景是使大脑中的每个神经元都与外界获得连接，实现人脑与机器系统的融合与共生。

2021 年 4 月 9 日，Neuralink 公布了一段名为"帕格"（Pager）的 9 岁猕猴玩乒乓球电子游戏的视频。这段三分钟的视频显示，帕格的脑中被植入了 Neuralink 设备后，帕格可以玩转"意念乒乓球"(MindPong) 游戏。马斯克随后在推文中称，Neuralink 的首款产品将能够让瘫痪的人使用意念玩手机，而且比使用拇指的人更快。

脑机接口的研究将涵盖神经科学、脑部手术、微电子学、临床实验等领域，融合了人类最前沿最尖端科技。

早在 2008 年，匹兹堡大学神经生物学家安德鲁·施瓦茨（Andrew Schwartz）就已经在他的实验中，成功利用脑机接口，让猴子来操纵机械臂给自己喂食。

同样是 2008 年，一则报道听起来更加不可思议。美国杜克大学神经学专家米古尔·尼可雷里斯博士进行了一次惊人试验——一只在美国北卡罗来纳州的母猴通过大脑的思维活动，成功地指挥一个远在日本京都的机器人在跑步机上行走。

尼可雷里斯预言，有朝一日，可以让四肢瘫痪的患者通过其思维来控制辅助装置，从而达到行走的目的。他说："只要脑子想到行走，身体就会行走，这种科幻故事将成为现实。"

随后，类似攻克癫痫病的 NeuroPace，专攻"日用型"脑机接口的 Neurable 等公司也相继投身于这个领域。NeuroPace 是美国一家神经系统疾病可植入式治疗设备研发商，NeuroPace 提供了 RNS System，这是美国食品药品管理局批准的一种大脑反应型神经刺激器，旨在防止癫痫发作。2021 年 4 月，NeuroPace 在美国纳斯达克上市。

Neuralink 将人脑与计算机系统融合在一起，从短期来看，脑机接口的实现将有助于治疗脑损伤和创伤，例如帕金森病和阿尔茨海默病等复杂的神经系统疾病；以及通过连接受损的神经元，帮助患者重新获得失去的运动能力、感知能力（听力、视觉等）甚至解决部分精神疾病（抑郁、焦虑等）。而从长期来看，Neuralink 的愿景是让人脑变得更加强大，实现"人类改造计划"。

脑机芯片的前景让马斯克为之疯狂，它最终能使脑中几乎所有的神经元都能够与外界顺畅沟通，使人得以"与人工智能共生"。自此，人人都能够成为"超级人类"，计算机能够读取你的想法，并重建你在脑海中想象的场景。

Neuralink 也被认为是马斯克对抗人工智能的一步棋，他对人工智能可能给人类带来的威胁有着深深的担忧。2015 年 3 月，我在博鳌论坛曾经跟比尔·盖茨、埃隆·马斯克有过一次对话，话题大多是围绕人工智能展开（见图 12-2）。

图12-2 2015年3月，我与比尔·盖茨（中）、埃隆·马斯克（右）
参加博鳌论坛

当我问到"人工智能会给人类带来怎样的影响"时，马斯克说："我们应该更关注人工智能的安全性，而非人工智能本身。它带来的影响也许是好的，也许是不好的，甚至还有可能带来不亚于核泄漏事件这样毁灭性的灾难。"他创立Neuralink，就是想通过增强人类的能力，来对抗人工智能有可能超越人类的风险。

文艺界常常幻想有一天，人类可以和自己制造出来的机器人谈恋爱。这方面比较典型的电影有2013年上映的《她》（又名《云端情人》），讲述了在不远的未来，人与AI相恋的科幻爱情故事。主人公西奥多，是个典型的"技术宅"，他发现自己爱上了最新的人工智能系统萨曼莎。她拥有性感迷人的声音，温柔体贴而又幽默风趣。令西奥多惊讶的是，萨曼莎也爱上了他。不过，让西奥多非常抓狂的是，作为一个人工智能助手，萨曼莎其实进行着多段这样的"云端之恋"。

2015 年的《机械姬》则讲述了天才发明家贝特曼邀请程序员迦勒前往他的林间别墅共度周末，这座别墅其实是一座高科技研究所（见图 12-3）。迦勒在这里认识了名叫"艾娃"的人工智能机器人，并按要求针对艾娃展开它是否具备人类智能的"图灵测试"。迦勒在与艾娃多次的接触过程中爱上了她。

图 12-3　电影《机械姬》海报

资料来源：高品未来。

2008 年，韩国电影《我的女友是机器人》则主要讲述了次郎与机器人女孩的爱情故事。机器人女友不仅甜美可人，她还利用特殊能力屡屡帮助次郎，把他带往过去，享受快乐的时光旅行。他们之间的爱甚至创造出奇迹，战胜了次郎死于事故的命运，超越了生物人与机器人的隔阂。

上述几个方向都有明显的问题：花费大量研发精力去模仿对人类来说轻而易举的行走、平衡、避障，没有多大意义；与机器人谈恋爱，需要机器去模仿人类所有的动作，更需要人工智能在情感方向上有质的突破，这在可预见的未来几乎无法实现，至少现在看来实现成本高不可攀。

脑机芯片严重依赖材料科学的进步。美国韦斯中心的克劳德克莱门特教授，将大脑比拟海边丛林：潮湿、炎热、多盐，整个环境非常敏感脆弱。而且人类大脑的结构极其精妙复杂，要在大脑中放置一个传感器并不容易，既需要考虑大脑环境的排异反应，还需要考虑植入物的耐用性。如果需要频繁替换，那么每一次的操作都极容易造成颅内损伤。植入的芯片也同样需要高工艺：一方面，它需要满足对百万级神经元信息的采集处理；另一方面，它还需要足够小，避免压迫损伤颅内的其他组织。

对于人工智能，大家可能有一些误解。很多人会认为人工智能是长得像人的机器人，这是机械时代的思维。人工智能的发展方向，并不是研制出像人的机器，而是如何让机器具备像人一样的思考能力。

人工智能不是仿生学，人工智能的各种算法跟人脑的工作原理并没有太大关系。事实上，我们根本还没有搞清楚人脑是怎么工作的，又何谈用机器来模仿人脑的工作原理呢？人工智能不是模仿人脑的工作原理，而是要用机器的工作方式来实现人脑的价值或者作用。

很多人担心，有一天人类会被机器所控制甚至毁灭。我觉得这种担心完全没有必要，因为我们在做研究时发现，让机器像人一样思考，也就是所谓的通用人工智能 (AGI) 的实现，离我们还非常遥远。

那么未来 10—40 年，真正的智能机器人会是一个什么样的形态？

我个人的判断是，它很可能长得像汽车，或者就是未来汽车的样子。在这一章里，我姑且把它叫作"汽车机器人"。虽然它们的动力来源大概率不再是汽油，而是电池。

第一节 汽车机器人

为什么我认为若干年后，汽车会成为机器人的主流形态？其实，汽车除了外形不像人之外，很多地方已经很像人了。

首先，人能走能跑。汽车发明之初就是为了解决移动问题，而且移动速度更快。其次，人能听能说。这个能力现代汽车已经具备了，而且车里的麦克风比手机、智能音箱里的麦克风要灵敏得多，只是还需要汽车不断提升自然语言的理解能力，而这方面技术进步其实也很快。如果你在过去几年一直在使用小度智能音箱或者智能屏的话，你一定会对语音技术的提升速度充满信心。

还有，如果你关注过自动驾驶近年来的飞速发展，那么肯定知道汽车也是有"眼睛"的。而且无论是车内还是车外，它的观察能力都不错——激光雷达已经可以精确测量出 200 米以外的障碍物，无论是白天还是黑夜；车内的摄像头也可以随时根据你的需要捕捉各种视觉事件，为你提供辅助服务和安全预警。

听、看、说、动，这些都是人类具备的典型能力。当然最复杂的能力是思考，这方面汽车跟人的区别会比较大，但在人工智能技术的持续赋能下也正在迅速进步。

那么，"汽车机器人"应该具备哪些能力，又如何服务人类?

一是自动驾驶。它可以完全把人类从时刻需要防范突发风险但动作又是不断简单重复的驾驶状态中解放出来。二是为人类提供移动的第三空间。汽车机器人拥有较宽敞的空间，且私密性好。在移动中，无论是躺还是坐，是睡还是醒，是工作还是娱乐，是独处还是与朋友、家人共处，都将有极佳的体验。三是成为贴心的智能助手。这个机器人足够聪明、体贴，像助手一样陪在你的身边。如果你累了它会从座椅靠背的顶端发出声音，问你要不要做个头部按摩，并安排带有按摩机械手的座椅为你服务；体重增加了，它会提醒你加强锻炼，注意饮食规律；带有体重计的坐垫会记录你每天的体重变化，并适时作出反应；附近的有机农场苹果成熟了，它会替你去取，不用浪费你的时间。

当我们把汽车看作一个智能机器人时，汽车不再是一个承载运输能力的机械设备，而是自身不断进化的智能系统。这个系统既有对周围环境的感知，也有自己的计算和决策；既可以与云端数据相连，也可以与人进行自然交互。如此看来，汽车机器人与科幻小说或电影中对机器人的设想已经非常接近了。

汽车机器人，不但会改变我们的出行方式，甚至会改变人类的生产方式、经济活动和社会生活。

一、机器人时代呼啸而来

正如前文所述，大家总是习惯对机器人进行拟人化的想象，似乎它必须有与人类相似的躯体构造和思想情感。确实，机器人这个词本身就更侧重于"人"——人的交流、人的情感、人的意识、人的需求，但这并不意味着它的"身体"外形必须与人相似。

我们需要机器人主动地理解人在不同场景下，情绪和需求的变化并尽量满足，手机、家电、计算机、可穿戴设备等，只要可以做到足够高的自主性，就都可以称作"机器人"。"汽车机器人"的本质是"机器人"，汽车只是机器人的物理实体。在李德毅院士眼中，未来汽车将是"轮式机器人"，不仅会开车，还会学习、会交互，有个性、有悟性。

现在许多公司都在进行智能机器人相关的探索，有着无尽的畅想、大胆的实践。从通用、优步、吉利、小鹏的飞行汽车，到小米的智能机器宠物，再到特斯拉的仿人机器人，一个全新的智能机器人时代呼啸而来。

在 2021 年 8 月举办的百度世界大会上，百度发布了在这一领域的前瞻构想汽车机器人（见图 12-4）。百度汽车机器人具有自动驾驶、智能助理、忠诚陪伴和自我学习等功能，将通过三重能力服务于人：首先具备 L5 级自动驾驶能力，不仅无须人类驾驶，而且要做到比人类驾驶更安全；其次具备语音、人脸识别等多模交互能力，分析用户潜在需求，主动提供服务。此外，汽车机器人还具备自我学习和不断升级的能力，是一个可以服务各种场景的智慧体。

百度的汽车机器人不但有着颠覆传统汽车的设计理念，而且比当前的自动驾驶汽车进化得更加彻底。在这辆汽车机器人上，你不会看到方向盘、踏板这样的传统操纵装置，取而代之的是外观上充满未来感的自动鸥翼门和玻璃车顶。车内则是以大幅曲面屏、智能控制台、零重力座椅构成的智能空间。更大的区别则是，相比被动式地响应乘客需求，汽车机器人会将 AI 技术深度集成到车内，主

图 12-4 2021 年 8 月百度发布的汽车机器人

注：扫一扫图中二维码可观看视频。

动分析乘客需求，主动提供服务。

区别于业界其他机器人，百度的汽车机器人出发点是在出行服务上。这是因为，无论是从目前的基础设施、移动效率还是出行业态，汽车机器人相比其他形态的机器人，具有更大的场景适应性和更强的需求，容易形成自主化的服务闭环。

相比将人从 A 点送到 B 点的传统出行服务，汽车机器人可以读懂用户的出行需求，理解出行的意图，匹配用户出行的地点和时间，自主安排什么时间来接送乘客，在出行的过程中提供智能化的服务闭环。它不再像传统的私家车那样，需要人获得驾驶资格，需要用户自己去购买、维修和养护；也不需要像网约车一样，出行之前还要预先下好订单，等待司机前来响应。百度的汽车机器人是面向未来出行服务的智能体。

百度一直致力于推动"汽车机器人"的普及：从自动驾驶开放平台 Apollo、多城市部署的自动驾驶出租车车队、搭载虚拟领航员的自动驾驶小巴阿波龙 II，到小度车载智能助手，再到底层的 AI 技术积累——百度的汽车机器人，经历了持续十余年的人工智能探索的综合检验。

当然，百度并不认为汽车机器人只服务于出行——尽管这是目前市场规模大、需求也最旺盛的场景。在未来，满足其他场景需求且能够自主服务的汽车机器人，将会把这一技术框架和产品定义大幅拓宽。

二、形形色色的汽车机器人

也许你会认为实现这样的最终构想仍然任重道远，但在走向这一终极愿景的"智能"光谱上，形形色色的汽车机器人雏形已经在我们身边悄然出现。

2021 年 8 月 20 日，特斯拉发布了一台名为 Tesla Bot 的人形机器人。该机器人由特斯拉车型上的 FSD 车载计算机、视觉感知系统和 40 个微型电机组成，高 5 英尺 8 英寸（约合 1.72 米），体重 125 英磅（约合 56.7 千克），同时会有一块屏幕作为脸部交互。概括而言，它搭载了特斯拉汽车上的一系列软硬件，是特斯拉汽车的"人形形态"。

美国初创公司 Nuro 是全球无人配送机器人领域的明星。它是第一家在美国车辆管理局（DMV）许可下，在加州公开道路上测试完全无人驾驶汽车的公司，同时获得美国交通运输部（DOT）以及美国国家公路安全管理局（NHTSA）豁免，Nuro R2 成为第一个也是目前唯一一个可以在公开道路上行驶的无人配送车。这被认为是全球末端物流配送领域在路权上获得的重大突破。

目前，在物流、零售、安防、清扫等城市便民场景中，汽车机器人已经开始提供常态化服务。

去掉车内安全员的自动驾驶出租车完全依靠自身能力提供无人驾驶出行服务，其实已经表现出汽车机器人特征中较高程度的服务自主性。2021 年 6 月，通用汽车旗下公司 Cruise 在加州获得准许，可以在公共道路向公众提供无安全员的自动驾驶出租车无人驾驶服务，但还不允许向乘客收费。

如果把视线从城市道路转移开来，那么你一定会发现更多持续进化的汽车机器人——高速路、停车场、矿山、港口、码头、工厂、园区、智慧道路、产业新城……这样的封闭、半封闭区域，相比城市道路，路线比较固定、路况相对简单，高级别自动驾驶在以上场景，将更快地实现落地。

如果相比自动驾驶功能，你更关注自己与车辆的交互，那么不妨"走回车内"看看，目前已上市的车型，很多已有不同程度的多模态交互能力。也许你有时还会因为它没有听懂某句话而嘲笑一番，但更多时候你会意识到，这辆汽车正在向着汽车机器人不断自我进化。

如果看远一点，汽车机器人一定会为人类的生产生活和出行方式带来翻天覆地的变化。在不远的将来，更多不同能力、不同代际的汽车机器人，将与我们一起，共同开启一个人机混合的全新时代。

第二节　人机混合时代

在接下来的不同阶段，会有哪些不同类型的汽车机器人在交通环境中出现呢？

一、人机混合的初体验

要回答这个问题，不妨从自动驾驶出租车说起。因为它看起来似乎是目前最接近汽车机器人的汽车了。

目前全球范围内包括 Waymo、百度等，都在积极推动自动驾驶出租车的商业化落地。对于自动驾驶出租车，人们可以简单理解为类似网约车和出租车的服务——用户通过与网约车同样的方式下单，车辆则以与网约车同样的方式将其送到指定目的地。不同的是，尽管驾驶位置上仍有驾驶人员——我们更习惯称之为"安全员"，但绝大多数时候他不需要作出任何操作，而是盯着前方道路和车辆的相关事件，及时对紧急情况作出响应和接管。

这类车辆实际上已经处在 L4 级自动驾驶的功能验证阶段，处于大规模运营的前夜。以百度为例，截至 2021 年上半年，Apollo 自动驾驶出行服务已累计接待乘客超过 40 万人次。基于超过 1600 万公里的测试里程，通过海量的数据训练和真实环境路测，AI 司机的驾驶能力不断进化，这为开启更大规模化商业运营、开拓更多运营城市和出行场景，奠定了坚实的基础。

接下来，去掉安全员的"真无人"自动驾驶出租车车辆有望越来越多。而一旦去掉安全员之后，自动驾驶出租车的服务成本将大幅下降，人们也将更愿意在出行时选择这项服务。

取消安全员的意义绝不仅于此。这一举动更意味着，它已经拥有足够高的技术可靠性和安全性，可以来去自如地在特定区域穿梭：当人需要时自行开到上车地点，人下车后又可以自行前往下一目的地，通过车内搭载的 AI 功能也可以与人进行交流互动⋯⋯

到完全无人驾驶技术成熟的时候，我们将见证"汽车机器人"对汽车本质的、颠覆性的改变——可以完全自主行驶，它的交通工具属性将大幅弱化，而智能助手的属性将大大增强。它会自己行驶在路上，去完成各种任务，理解并满足不同个体的个性化需求，为每一个人提供关爱和陪伴⋯⋯它是一个贴心的智能助手。

这样的进化，绝不会仅仅限制在出行服务场景。在前面提到的物流、零售、安防、清扫等城市场景，港口、码头、工厂、园区等特定区域，形形色色的汽车机器人极有可能沿着与自动驾驶出租车近乎完全一致的路径持续进化，甚至比出行服务场景中的汽车机器人进化速度更快。

不同能力、不同代际的汽车机器人将纷至沓来，与人类和普通车辆在公共道路上混合出现。我认为，这样的人机混合时代很快就要到来。

二、人机混合时代四要素

汽车机器人会挤爆本已濒临瘫痪的城市交通吗？这是一种贫瘠的想象——既然"聪明的汽车机器人"行驶在"聪明的路"上，那么它们之间自然会通过沟通、互动，作出最优的行动决策，从局部的个体最优选择，到群体的最优选择，道路交通一定是更加有序和通畅的。

在不远的未来，当我们在路上看到身边一辆接一辆地驶过的汽车机器人时，恐怕不会认为这些车会像变形金刚那样站起来威胁人类，事实上这种可能性也是微乎其微的。更大的可能性是，这些车仍然靠轮子移动，但它们的智能水平却已与智能手机不可同日而语，它们与人、与自己的同类可以自主地相互沟通，并根据沟通的结果作出相应的动作。

更值得关注的是，汽车机器人的混行会导致社会形态的一次大变革，带来新问题。首先，社会尤其是城市的管理者，就需要用它们的语言来跟它们沟通，指挥它们的行动，而这个指挥系统或许是显性的约束，也可能是隐性的规则。总之，在这个不同代际汽车机器人共存的混合时代来临之前，我们需要开始练习管理人机混合的社会。

人机混合时代有四个要素是最关键的："裸人"，即不在车里的人；"裸车"，即没有人坐在里面的车；"人车"，即有人开的车；"车人"，即有人坐无人开的车。我们需要一个系统来指挥这四个要素，来保证社会的安全、稳定、高效、合理的运转。

在现行社会里，交通系统为了提升效率和安全性，通常采取人、车分离的设计，当人、车需要交叉的时候，通过交通信号分时控制人流和车流。那么未来，"人车""车人""裸车"，三者应该在同一条车道上行驶吗？谁应该拥有更高的优先级呢？

在传统的道路交通中，人既是事故的制造者，也是事故的受害者。如前文所述，每年大约有 135 万人在交通事故中丧生，其中 94% 的交通事故是人为因素造成的。因此，"人车"是最容易出错也是最危险的，因而应该是优先级最低，并且会逐步被限制和淘汰；"车人"应该优先级最高，由此体现以人为本的理念；"裸车"则介于两者之间。

"裸车"，容易让人想到货运无人车。是的，货车应该是最先从无人驾驶技术中受益的。过去很多年，中国高速公路建设一直秉承着适度超前的原则，也就是说高速路刚刚建成时，车流量是不高的。对于这样的新路，可以开辟"裸车"专用通道，逐步培养和激发无人驾驶货运车辆的技术、产品的落地。当市场需求足够旺盛时，再向更繁忙的其他高速公路拓展。这就能够解决无人驾驶车辆、无人车专用道路是"先有鸡"还是"先有蛋"的问题。

当然，"裸车"并不限于传统意义上的大货车，也包括乘用车空驶的时候，或是只有货没有人的情形。一个典型的场景是郊区农场的苹果熟了，你派无人车去取一趟，去的时候是一辆空车，回来的时候还是没有人在上面，只是多了一箱苹果。

这个场景的前提条件是你拥有这辆车，但更多的时候是商家或平台拥有这辆车。这辆车也不是传统意义上的乘用车，而是低速无人配送车，它主要用于末端物流。低速无人配送车应该是最先登上人机混合时代历史舞台的无人车，它的技术难度最低，同时因为低速，安全风险也不大。

"人车"和"车人"在超过一定速度后应该分道行驶，"车人"是车自己驾驶，应该可以和"裸车"共享同一车道，并有权要求"裸车"避让，充分彰显对人的尊重。这一点，在L5级自动驾驶完全商业化实现后可以进行推广，尽管目前业界的共识是L5级自动驾驶还需很多年才能成熟。那么在此之前，正是人车混合也就是人机混合的过渡期。

"裸人"应该尽量和任何车辆的道路分开，目前的人行道、天桥、地下通道都起到了这个作用，也大大增加了道路的安全性。人和车机的接口都应该发生在低速环境下，人可以通过自然语言、移动应用甚至眼神、手势等方式与"车机"进行沟通，约定上下车的具体时间和位置；或者要求车机即时响应。基于车机对人的了解，很多时候一句"来接我吧"，就已经足够让车机明白要做的事。

与汽车机器人本身的代际进化一样，汽车机器人的路权在人机混合时代也会有分阶段的发展期。

现阶段的道路上似乎几乎没有"裸车"，而以自动驾驶出租车为代表的"车人"雏形，它的路权仍比"人车"与"裸人"要小得多。它的能力或许还只能支撑它行驶在特定的自动驾驶区域、特定的时间段，必须有测试牌照，也必须有安全员在必要时提供保护。作为一个新生的道路参与者，它似乎"低人一等"地占据着本属于"人车"的道路，警惕地识别和避让随时出现的"裸人"，还需要在"车人"和"人车"的状态之间来回切换。

随着技术和产品的成熟，人们会发现，不断进化的汽车机器人比人类司机更加守秩序，也更加高效、安全、可靠。"聪明的汽车机器人"还给人带来交通之外的更多乐趣。政策制定者也会发现，人们对这些"车人"的接受程度超预期，甚至发现"车人"将是未来社会高效率运转的基础。政策制定者将推动相关法律法规的建立，保护好"车人""裸人""裸车""人车"四方各自的权益。

技术发展、群众意愿和政策导向在此时走向交集，自动驾驶专用道路出现，"人车""车人"开始分道行驶。甚至是从一开始"人车"行驶在多条更快车道，而"车人"行驶在一条慢速车道。但后来，"人车"只能行驶在比较慢甚至可能不太方便的车道；"车人""裸车"反而能在更宽广的道路上行驶，这样整体交通速度更快且不拥堵。这种正反馈机制让越来越多的人倾向于选择"车人""裸车"而放弃"人车"，从而实现效率上、经济上乃至用户习惯上的社会大转变。

至此，人类将从原本的"裸人""人车"二元时代，进化到"裸人""裸车""人车""车人"的四元时代，可能最后还会进化到三元时代："裸人""裸车""车人"，即已经没有"人车"了。适应于三元时代的法律法规也再度演进，让"车人"占据绝对主流。

当然，永远不变的是对"裸人"的完全保护，而最大的改变则是让"人车"变成当下的马车、马术一样的存在——这种情景，如同一百多年前汽车取代马车。

在未来，把规则化、程式化的任务交给机器，辅之以必要的基础设施能力与之交互，为其赋能，让这样的智能交通系统去自主地进行决策判断，人类也得以从繁重的重复性劳动中脱离出来，去做更具创造力的工作，进而创造出更聪明的机器……

而在人机混合时代，我们需要提前应对的，不仅是汽车机器人带来的交通、路权问题，更重要的或许是汽车机器人与人类的关系问题，以及汽车机器人本身的问题。而这样的问题或许更宏大。

第三节　人机共生

在中文语境中，机器人以"人"字结尾，而在百度的汽车机器人愿景中，智能助理、忠诚陪伴和自我学习的功能，也是对这个机器"人"的情感投射。这意味着我们还需要给汽车机器人设定一套与人类以及其他汽车机器人打交道的规则，来确保汽车机器人"理解人、服务人，而非控制人、伤害人"的原则得到贯彻。

这些问题非常具有挑战性。因为这不仅取决于技术和产品的发展及其与人们预期的平衡，更需要我们谨小慎微地设定安全底线，与此带来的是比自动驾驶更严苛的法律和伦理问题。

即将到来的人机混合时代，一定会为人类带来更高程度的安全、环保和便捷效益。同时在人工智能这一轮变革的大背景下，我们也需要思考，人类应该如何与机器人共处？如何更好地应用人工智能来增强并保护人的权益？在更长远的未来，人类将如何与机器人混合生存？

一、机器人学三定律

曾创作出一系列机器人短篇小说的科幻小说作者艾萨克·阿西莫夫（Isaac Asimov）提出过著名的"机器人学三定律"。这三大定律包括：第一定律，机器人不得伤害人类个体，或者目睹人类个体将遭受危险而袖手不管；第二定律，机器人必须服从人给予它的命令，当该命令与第一定律冲突时例外；第三定律，机器人在不违反第一、第二定律的情况下要尽可能保护自己的生存。

科幻领域对三大定律有着极为丰富的解读，而三大定律却一直没有从算法层面得到实现。对于众多不断进化中的汽车机器人，三大定律同样适用。而且这样的规则如何在算法层面实现，人与汽车机器人这两个不同的智能主体之间，如何根据不同场景协同控制、互相制约，或将决定人机混合时代能走多远。

事实上，早在 20 世纪 50 年代，当维诺提出控制论的时候，他就已经意识到，人与机器之间如何建立起一套反馈回环机制，这将引发跨学科的激烈讨论，并打开一个全新的奇异世界之门。维诺先后召开了 10 次跨学科的研讨会，这些齐聚克劳德·香农、冯·诺依曼、格雷戈里·贝特森、玛格丽特·米德等科学家、人类学家、生物学家、心理学家、文学家等众多精英的研讨会后来被称为"梅西会议"，控制论也透过梅西会议的影响成为 20 世纪最大的一场思想运动。

这些问题在 70 年后的今天仍然需要各领域的专家学者共同参与讨论，因为每个领域的个体都可能会提出其他领域想不到、看不到的问题，而这些问题一定会在未来某一天、某一特殊场合成为决定众多人类命运的关键。

在即将到来的人机混合时代里，我们更应该去主动地寻求对话，打破学科的边界，去构建更长远的人机共生理念，不因噎废食地放缓技术前进的脚步，保障更多人的安全和福祉。

二、人与机器人界限模糊

当与人类拥有同样推理、思考、学习、想象、追溯能力的机器人出现时，人类还能否区别人工智能和自己的同类？是情感、创造力，还是硅基、碳基，抑或是意识、躯体的结合与分离？

现阶段这样的区分自然非常容易。因为即使再智能的机器人，它的背后也不过是一套算法；即便计算能力再强大，它还是有明显的能力边界。

再往后，这样的区分似乎会变难一些。量子计算技术的突破将使机器在很多方面完全拟人，它的交互甚至可能比人还要像人。这时或许唯一的区别在于机器没有像人一样的身体，没有像人一样的感官，无法深化认知，无法理解世界，它所有的一切都是由数据直接输入，经过计算输出结果。它没有人类的肉体，也就没有碳基生命的感官体验和本能悲欢。

再往后，当人类有能力造出与之无异的肉体时，这时的区分就已经极其模糊。或许正如《西部世界》中一样，只是因为机器人是被人造出来的，所以它可能会不断回溯自己的记忆，它的记忆也可以被不断清除和重启。这或许将成为人与机器之间仅存的界限。

再往后，随着科技的不断发展，这样的区分必然越来越难，甚至难到无法分辨哪个是人，哪个是机器。但到最后，这样的分辨也真的不太重要了，因为人类或许会发现，人类自己其实就是一台机器——一台碳基、设计精巧、经亿万年演化而来、由大自然创造的机器，但这本质上与人类自身创造的机器无异。或许人类的诞生就是茫茫宇宙中一次精妙的失误，而如果这样的失误已经发生过一次，那么下一次它一定可以以近乎相同的方式再次发生。

不过到今天，人类对自身的理解仍然非常浅薄，我们对什么是"意识"这个问题仍近乎一无所知。那么，对"人机共生"杞人忧天式的担忧，就更加没有必要了。

三、AI 就是爱

尽管在大众层面，人们或许并没有意识到，自己所用的诸多产品和服务已有人工智能的身影，但实际上人工智能的应用领域已经相当广泛。这或许是由于人们对 AI 的想象，更接近于强人工智能，其中既有科幻小说和科幻电影的影响，也有所有人工智能企业对发展目标潜藏的期望。

这样的想象给人造成一种错觉，仿佛 AI 即将赶上和人类一样的智能水平，甚至能够很快超越人类的智能。其实，从人工智能发展史和技术成熟度来看，我们仍将在接下来的很长一段时间处于弱人工智能阶段，那些对机器人天马行空的想象，可能只是想象而已。

但这并不意味着，我们不应该展开对 AI 相关社会问题的探讨。

首先是数据层面的公平和正义。我们现在的 AI 学习都是由人类投喂数据，包括数据采集以及数据标注，这其中必然带有人为成分。那么如何保障每个个体的数据隐私，如何避免被标签化的个体深陷"信息茧房"，这样的挑战已经迫在眉睫。

与此同时发生的是学习的误差和偏见。机器的自我学习是一个目标函数最优化的过程，那么即便在算法中并没有突出某一机制，只要其中符合这一机制的数据居多，AI 学习也会不断朝这个方向去强化。如何保障人们在数据层面的公平和正义，避免最优化过程中的性别、种族、年龄等歧视，这个问题值得所有的数据科学家深思。

算法层面的问题同样值得关注。算法赋予了它本身及其开发主体对其他人和物的至高的影响力和控制力，但如何将"算法关进笼子"里，是一个需要高度重视的问题。

比如，在信息获取的领域，我之前就表达过一个观点，算法应该有价值观。在移动互联网时代，算法对于人类获取信息的影响非常大。投喂式的信息流造就了产品的黏性，但也考验着网络媒体的价值观。当算法成为网络媒体平台打开信息世界"任意门"的钥匙，用户到底是看到了一个更大的世界，还是一个更小的世界？算法虽无罪，但算法不能只给用户"易牙、竖刁、卫开方"，也要给他们"管仲"。

齐桓公理智时喜欢管仲，但大多数时间，齐桓公爱的是总会取悦他的佞臣。算法更应该去主动了解用户的高级目标，而不是追随用户本能的喜好。如何知晓齐桓公需要鲍叔牙还是管仲，如何给齐桓公推荐管仲式的贤臣，而不是齐桓公同样喜欢的佞臣，是算法的责任。

我们研究人工智能，是希望它促进人们平等地获取技术和能力，给人类带来更多自由和可能，AI 就是爱。

人工智能给行业和社会带来的变革，最终是为了服务于人。人工智能存在的价值是帮助人、教人学习、让人成长，而非超越人、替代人。技术只有服务于人、服务于社会，产生更多的正向价值和贡献，才真正有意义。

今天，与其过度担心，不如踏踏实实行动起来，推动人工智能的健康发展。人如何能够运用更好的工具，进而更好地使用这个工具，这个问题更加重要。

人类并没有那么容易被改变，AI 本身也无法肩负拯救世界的使命，更难以动摇人类对地球的控制。真正能够肩负改变世界这项使命的还是我们自己，而 AI 则是值得我们合理研究和使用的一项新的有力武器而已。

四、人工智能会超越人类吗

英国科学家、"盖娅假说之父"詹姆斯·拉夫洛克（James Lovelock）在百岁之作《新星世：即将到来的超智能时代》中为我们展示了一个惊世骇俗却又瑰丽无比的全新世界。

他相信人类的时代即将过去，下一个时代属于新星世，而新星世是一种纯硅基的文明时代，新的智慧生命形态"赛博格"将从现有的人工智能系统中脱颖而出。赛博格的思维速度是人类的 1 万倍，它们看待我们就像我们看待植物一样。赛博格通过快速的有意选择（而不是缓慢的自然选择）自我复制、纠错和发展，成为地球的新主人。

但是赛博格和人类一样，也必须依赖一个健康的地球，需要"盖娅"的恒温系统防御来自太阳的热辐射，所以人类和这些超智能物种可以和谐共处，共用一个地球。詹姆斯·拉夫洛克很欢迎新星世的到来，他写道："无论我们给地球造成了多少伤害，我们还来得及以赛博格父母和助产士的双重身份完成自我救赎。"人工智能对人类的全方位取代，不仅不会带来机器暴力接管地球的惨烈情节，还可能成为人类最后的救赎，尽管这曾在历史上让预言家们惊惧不已。

詹姆斯·拉夫洛克笔下的全新世界颇有宿命论的色彩，这不由得让我们思考，人类的未来将以何种方式得以存续。

如果真的有这么一天，人类或许仍然没有必要过度担心。因为，人类创造的文明和技术，可能会像文化基因一样，随着下一个时代智慧生命和文明的诞生而被深嵌其中。到了那个时候，我们此时此刻所有这些正在思考的问题、制定的规则，将在新的智慧生命体内完全隐性化，他们甚至都不能完全理解这些从何而来。而这或许就是人类文明带给那个新世界最宝贵的遗产。正如我们今天认为自己是龙的传人，但是却很难说出自己身上哪一部分属于它的本体一样，而它已经在我们的价值观、行为和语言当中影响千年。

在无限远的未来会有这么一天的到来，那个时候或许人类也都已不复存在，但是我们依然以某种其他方式，在宇宙中闪耀着曾经光辉的文明。我想，这将是更深远意义上的人机共生。

一直以来，百度都把探索人工智能视为星辰大海一般的征途。

"这不过是将来之事的前奏，也是将来之事的影子。"一个全新的人工智能社会即将到来，对此，我一直抱有坚定的信心。

本章对未来 10—40 年的智能机器人形态——"汽车机器人"作出前瞻性预判。智能汽车未来将更像智能机器人，机器人的未来主流方向也将更像智能汽车。形形色色的汽车机器人形态已在我们身边悄然出现，并将与我们共同开启人机混合的全新时代。

未来的多种汽车机器人混行必将导致社会形态的一次大变革，我们需要从此刻开始练习管理人机混合的社会，厘清人机混合时代四要素——"裸人""裸车""人车""车人"之间的逻辑联系和发展变迁。

而在这样一个混行的状况下，需要考虑道路使用的优先权。"人车"是最容易出错也是最危险的，因而应该有最低的优先级；"车人"优先级应该最高，由此体现以人为本的理念；"裸车"则介于两者之间。"裸人"应该尽量和任何车辆的行驶道路分开，既保护行人，又增加道路的安全性。

人机混合时代的临近正是人工智能社会到来的前奏和序章。从汽车机器人出发展望人工智能的漫长未来，我们需要从对其杞人忧天式的恐惧中抽离，共同推动人工智能的技术进步和健康发展，保障人类的安全和福祉，实现更加长远意义上的"人机共生"。

后　记

写在人工智能社会到来的前夜

对于我如何以及为何关注智能交通领域，本书的自序中，已经做了尽可能详细的表述。在这里，我就不再重复，而是讲讲这些年里我写过的一系列关于人工智能的书吧。

第一本是在 2017 年编写的《智能革命：迎接人工智能时代的社会、经济与文化变革》，第二本是在 2020 年编写的《智能经济：高质量发展的新形态》，这次算是这个系列的第三本书了。这本书写作的时间大多是在节假日，妻子看到我总是久坐在电脑前，就好奇地问我在干吗，我说"在写书，一本讲智能交通的书"。她出人意料地说了一句——"你是一个有情怀的人"。我听了很受用，于是就写得越发起劲了。

我对书有着特殊的感情。我在北京大学读的本科专业是"信息管理"，学的是如何建立一套庞大的知识管理体系，只不过后来这个体系被迅速计算机化了而已。如果没有互联网，也许今天的我会坐在某个大学的图书馆里，日复一日地给图书编写目录吧。当然，这也是很有意义的工作。

这也意味着，从走进大学校园的第一天，我就和书结下了不解之缘。北大的书何其多也，虽然我爱好并且花了很多时间学习计算机，但在燕园之中、书山墨海的熏陶下，我对书始终有一种敬畏之情。

1998 年，在响应国家召唤、回国创业之前，我颇为"不务正业"地写了一本小书——《硅谷商战》，讲述在硅谷多年间，发生在我身边的商战故事。当时国内对于硅谷的高科技发展史、竞争史非常关注，也有很多报道，但罕有以第一视角和亲身经历来讲述这些重要历史事件的著作。我恰好有这样的条件，同时又觉得介绍硅谷的发展，对于中国高科技行业寻求跨越式赶超或许有所借鉴，所以即使当时非常忙碌，但还是抽空完成了这本小书。这也是我在国内第一次正式出版个人专著。

虽然当时已经接触了大量计算机相关的信息，但我还是选择了以书为载体，某种程度上是因为当时的信息载体里，书的信息密度更大、对事实和知识的表述更为系统和严谨。而与之相应的，是当时国内方兴未艾的互联网知识（信息）体系，以及人们获取信息的不平等和不便捷。

这种状况也更加坚定了我创办百度的初心，那就是让人们更平等、便捷地获取信息、找到所求。而后的 20 年，搜索引擎果然彻底改变了人们获取、使用知识的方式；百度也从最初的信息检索，进化出了当今全球领先的人工智能技术体系，正所谓"不忘初心，方得始终"。

用知识沉淀思考，以期对时代的发展或多或少起到一些正向的推动作用，这可能才是我的初心所在。

这或许也解释了，为什么在我们即将进入智能社会时代的前夜，我出书的频率变高了。

如果说，《智能革命：迎接人工智能时代的社会、经济与文化变革》是一部科普书，重在介绍人工智能的前世今生，是为了让公众对人工智能有一个比较清晰完整的认知；那么《智能经济：高质量发展的新形态》已经不完全志在科普，而是着眼于人工智能技术和经济发展之间的关系，探讨人工智能成为社会发展的新基建、新动能的价值所在。

而《智能交通：影响人类未来 10—40 年的重大变革》这本书写作的初心和设定的出发点，比以上两本的定位还要更为深入一些——希望探讨的是如何解决城市交通拥堵问题，如何将交通事故降低 90%，如何助力国家"3060"双碳目标达成，以及未来城市应该是怎么样等问题。

交通对于人工智能来说算是一个细分领域，但对于一个国家、一个民族，却不仅仅是一个经济问题，也是一个社会问题、一个民生问题、一个跟每个人的每一天都息息相关的问题、一个仅靠市场力量不能真正解决的问题，是需要政府、企业、公众充分凝聚共识的系统工程，是一个关系国计民生的重要领域。智能交通恰好也是百度有大量探索和实践的领域。国家层面的战略指引、企业层面的创新实践，两者相得益彰，将加速人工智能、5G、云计算等技术在交通领域的应用，加速智能交通体系的构建，让我们的出行更美好。

这本书不凭空立论，也不随意假设。它里面写到的，要么是已经发生的历史，要么是正在发生的事情，而后才是基于现实的预测。它要证明人工智能对社会、对交通、对人们的福祉和价值，是看得见、摸得着的。所以它必须做非常踏实的案头工作，也必须从大量实践中抽取真实、完整而又对未来有启示性的案例。

我之前谈到过自动驾驶的三重境界，在写智能交通这本书的过程中，我自己也经历了三重境界：

第一重境界是"研究和收集"，我认真地研究了人类的交通简史，并试图在书中呈现出这个领域信息和知识的丰富性，以及历史的颗粒度，也整理了不少国际交通领域的理念和实践。

第二重境界是"认知"，就是基于这些知识和实践，构建一个逻辑和认知的框架，这个框架可以用来解释书中所述人工智能和交通领域理念与实践背后的基本原理、基本规律。

第三重境界是"推演"，这里的"推演"，不是空想，而是基于现有的事实、结合前沿技术，去设想智能交通、智慧城市甚至智能社会，会带给我们怎样的改变，"以终为始"去寻求最优解。

我之所以选择智能交通作为人工智能"科普—思考—研究"的一个垂直和纵深方向，是因为当前这个领域最能够考验一家人工智能公司的全栈式能力、深度学习水平、行业解决方案的价值与综合社会效益。

被称为"未来学大师"的斯坦尼斯拉夫·莱姆曾说："我们总爱以一种直线的方式对新技术的未来发展作出延展，所以 19 世纪的空想家和蓝图描绘家们会构想出'满是气球的世界'和'全是蒸汽的世界'——这两个构想今天看来都很可笑。……历史与这种简化的呈现毫无关系。它绝不会把任何线性的发展路径展示在我们面前，只会用曲折迂回的线条来展示非线性的演化轨迹。"

同样，百度在人工智能领域的发展，也经历了一个起起伏伏并非一帆风顺的过程。但我能感到在这个过程中，一些关于未来如何打开的思考逐渐成熟了，若干重要历史事件到底为何产生叠加效应，什么是具有巨大的偶然性但实则有深层次的必然性——智能交通就是我们吃得比较透的领域，所以我也愿以此为例，贡献一些思考，希望能够帮助社会各界触类旁通地思考人工智能在各自领域的价值。

在我看来，智能交通时代的拐点已经到来。我非常庆幸，当我们国家有领先的科技人才红利，当我们有这么多的人工智能的应用场景，当我们有"先行先试""敢为天下先"这样的政策理念的时候，在其他地方没有的场景，在中国有；在其他地方没有解决过的问题和困难，在中国有机会首先去解决。

解决问题，就是创新。我们的实体经济转型升级、创新驱动，未来很大程度上要靠人工智能。我们也非常有信心，身处这样一个时代、身处这样一个环境当中，有机会通过技术创新为社会的进步作出自己的贡献。

我想再次强调，人工智能是一种实实在在的技术，而不是概念；人工智能也是一种思想，而不仅仅是具体的工程化问题。只有从思想体系的高度加以认识，才能谋全局；只有从实体技术的角度加以思考，才能更好地付诸实践。这个过程无疑是漫长的，这本书也不过是无数努力中的一点凝聚。

我要由衷感谢中国科学技术协会主席万钢、中国科学院院士白春礼、中国工程院院士潘云鹤为本书作序；由衷感谢中国公路学会理事长翁孟勇、中国工程院院士孙逢春、中国工程院外籍院士张亚勤、国家智能交通系统工程技术研究中心首席科学家王笑京、吉利公司董事长李书福为本书作荐语。

我要感谢百度市场与公众沟通部的袁佛玉、璩静、凡晓芝、杜军、黄策舆、韦成文、王翀等同学在内容和出版工作上的努力。感谢李震宇、王云鹏、尚国斌、陶吉、聂育仁、徐宝强、魏东、高果荣、陈卓，以及智能驾驶事业部的同学们。感谢李莹、季永志、黄际洲以及百度地图的同学们。因为大家不懈的努力，让智能交通、智慧城市的愿景，正在变成现实。

我还要感谢人民出版社的支持，感谢汽车之心团队和外部顾问在写作中给予的帮助。这本书完成的背后，是许许多多人参与、分享、奉献的结果。

继续向前思考，继续书写历史，不负与这个创新的智能时代相遇，是我们的承诺，也是希望。

李彦宏

2021 年 10 月 28 日于北京

责任编辑：郑海燕　李甜甜　张　燕　孟　雪　张　蕾
封面设计：曹　妍
版式设计：吴　桐
责任校对：刘　青

图书在版编目（CIP）数据

智能交通：影响人类未来10—40年的重大变革 / 李彦宏 著 . —
　北京：人民出版社，2021.11（2022.4 重印）
ISBN 978 - 7 - 01 - 023974 - 3

I.①智… II.①李… III.①交通运输管理－智能系统 IV.① U495

中国版本图书馆 CIP 数据核字（2021）第 230083 号

智能交通

ZHINENG JIAOTONG

影响人类未来 10—40 年的重大变革

李彦宏 著

人民出版社 出版发行

（100706　北京市东城区隆福寺街 99 号）

北京盛通印刷股份有限公司印刷　新华书店经销

2021 年 11 月第 1 版　2022 年 4 月北京第 5 次印刷
开本：710 毫米 ×1000 毫米 1/16　印张：28.75
字数：332 千字

ISBN 978 - 7 - 01 - 023974 - 3　定价：128.00 元

邮购地址 100706　北京市东城区隆福寺街 99 号
人民东方图书销售中心　电话（010）65250042　65289539